领导干部
应对重大突发事件能力研究

黄样兴◎著

·北京·

图书在版编目（CIP）数据

领导干部应对重大突发事件能力研究 / 黄样兴著. --
北京 : 国家行政学院出版社, 2024. 9. -- ISBN 978-7
-5150-2934-4

Ⅰ. D63

中国国家版本馆 CIP 数据核字第 2024N8J490 号

书　　名	领导干部应对重大突发事件能力研究 LINGDAO GANBU YINGDUI ZHONGDA TUFA SHIJIAN NENGLI YANJIU
作　　者	黄样兴　著
统筹策划	王　莹
责任编辑	马文涛
责任校对	许海利
责任印制	吴　霞
出版发行	国家行政学院出版社 （北京市海淀区长春桥路6号　100089）
综 合 办	（010）68928887
发 行 部	（010）68928866
经　　销	新华书店
印　　刷	北京九州迅驰传媒文化有限公司
版　　次	2024年9月第1版
印　　次	2024年9月第1次印刷
开　　本	170毫米×240毫米　16开
印　　张	16.5
字　　数	220千字
定　　价	58.00元

本书如有印装质量问题，可随时调换，联系电话：（010）68929022

前言

党的十八大以来,中国特色社会主义进入新时代。世界百年未有之大变局和中华民族伟大复兴的战略全局既是新时代的历史背景,也是新时代的历史际遇。中国实现由富起来到强起来,既是新时代的现实图景,也是新时代的必然归宿。这并非是一个轻轻松松、敲锣打鼓就能实现的目标,也非一段风和日丽、水波不兴的安逸旅程。习近平总书记指出:"最近一段时间以来,世界最主要的特点就是一个'乱'字,而这个趋势看来会延续下去。"① 在党的二十大报告中,习近平总书记强调:"我国发展进入战略机遇和风险挑战并存、不确定难预料因素增多的时期,各种'黑天鹅'、'灰犀牛'事件随时可能发生。我们必须增强忧患意识,坚持底线思维,做到居安思危、未雨绸缪,准备经受风高浪急甚至惊涛骇浪的重大考验。"② 当前,国际形势严峻复杂、波谲云诡,不稳定性不确定性明显增加;改革发展稳定、内政外交国防、治党治国治军各方面任务之繁重前所未有,我们党面临的风险挑战之严峻前所未有。新时代既是一个不断创造新辉煌迎接新辉煌的时代,也是一个不断面临各种风险挑战应对各种风险

---

① 习近平:《更好把握和运用党的百年奋斗历史经验》,《求是》2022年第13期。
② 习近平:《高举中国特色社会主义伟大旗帜 为全面建设社会主义现代化国家而团结奋斗——在中国共产党第二十次全国代表大会上的报告》,人民出版社2022年版,第26页。

挑战的时代，各种不期而至的重大突发事件就是各种风险挑战的集中表现形式，只有及时正确应对各种重大突发事件，才能有效应对挑战、抵御风险、克服阻力、解决矛盾，实现中华民族伟大复兴的中国梦。

领导干部在防范化解重大风险挑战中是一个非常重要的群体，他们担负着贯彻中央精神、执行上级指示，果断决策、组织动员、一线指挥等重要职责，对迅速有效处理突发事件、控制事态发展起着至关重要的作用。这一独特群体应对突发事件的能力关系到党和国家事业的全局。因此，加强领导干部应对重大突发事件能力建设意义重大。党的十八大以来，以习近平同志为核心的党中央明确将统筹发展和安全、增强忧患意识、做到居安思危，作为我们党治国理政的一个重大原则，十分重视党员干部尤其是领导干部驾驭风险、应对突发事件的能力建设，党的十九大报告提出的"八大本领"中就有"驾驭风险本领"，党中央还于2019年1月专门举办了省部级主要领导干部坚持底线思维，着力防范化解重大风险专题研讨班。党的十九届四中全会在"八大本领"的基础上，增加了"发扬斗争精神，增强斗争本领"和"提高治理能力"的要求。习近平总书记在2020年秋季学期中央党校（国家行政学院）中青年干部培训班开班式的讲话中提出"七种能力"，其中就有"应急处突能力"；党的二十大报告提出"着力增强防风险、迎挑战、抗打压能力"。

近年来，各级领导干部努力在实践中加强驾驭风险、应急处突能力建设，在处理各种重大突发事件中经受了考验，增长了本领，但也暴露出一些不适应的情况。例如，突如其来的新冠疫情，是对我国治理体系和治理能力的大考，也是对各级领导干部应对重大突发事件能力的大考，在抗疫斗争中各级领导干部组织科学防控、依法防控，敢担当、打头阵，发挥了重要作用，但也有少数干部表现不佳。再如，从甘肃白银景泰马拉松百公里越野赛公共安全事件、湖北十堰燃气爆炸事故等突发事件的应对来看，一些领导干部防范风险、应急处突能力仍缺乏。提高领导干部应对重大突发事件的能力，是当前一个十分紧要而迫切的现实问题。

加强新时代领导干部应对重大突发事件能力建设，无论从研究的维度还是实践的角度，都不可避免地涉及对四大因素的考量：新时代是历史方位，这个历史方位决定着重大突发事件的新特点，如类型、方式及处置的时空限制和时空突破；领导干部是特定主体，这个特定主体规定了能力构建的基本依据、特殊要求，也揭示着能力提升路径的选择；能力体系是鲜明特征，是呼应宏阔时代背景、针对主体现实需要的必需建构，构成总体性、综合性的各能力要素在这里渐次展开；提升路径是实践价值，体现目标导向、科学精神，中央的要求、领导干部的需求借此而实现、满足。本研究正是根据时代的声音、鲜活的实践，在对这四大因素的深入思考和探索中努力走出自己独特的逻辑理路，形成独特的学术和实践价值。以下，具体通过几个关键词对这一逻辑进路作简要揭示。

理论基础，内容建构的思想指引、理论依据，揭示领导干部这个特定主体能力提升的内在规定性及本研究的理论依据和理论工具。习近平新时代中国特色社会主义思想既是新时代各级领导干部的世界观、方法论，也是本研究的根本遵循。习近平总书记关于防范化解重大风险、提高应急管理能力的重要论述，既是领导干部能力提升的思想指引、根本要求，也是本研究框架布局、主要内容的内在逻辑指引。另外，风险社会理论，应在深刻审思的基础上用于研究的借鉴；治理理论尤其是国家治理理论，因应现代社会现代科技现代政治对国家治理的新要求，在我国治理体系和治理能力现代化进程中，治理现代化是领导干部应急处突能力构成及提升的时代要求，因而治理理论也是本研究的重要理论基础；领导力理论，致力于领导干部能力养成规律探究，也是本研究的一个理论视角和理论工具。

风险综合体，揭示风险交织叠加、连锁联动。德国著名学者乌尔里希·贝克（Ulrich Beck）在《风险社会》一书中曾指出，"在现代化进程中，生产力的指数式增长，使危险和潜在威胁的释放达到一个我们前所未有的程度"[1]。的确，由于我们处于全球化和现代化的发展背景中，各种风险挑战已然对全人类的生存发展构成了严重威胁。当前，地区冲突加剧、大范围天气异常等同时发生，用一种最直观的方式向我们呈现"风险社会"的现实状态。在"风险社会"中，以重大突发事件出现的各种风险呈现"风险综合体"的特征：一是风险的多领域性，"既包括国内的经济、政治、意识形态、社会风险及来自自然界的风险，也包括国际经济、政治、军事风险等"[2]；二是风险的叠加性，各类风险之间相互联系、交织叠加甚至"传递感染"，出现"牵一发而动全身"的情况；三是风险的多变性，各类风险处于动态演变的过程中，风险可能自然消失，但更多是变异或加剧，特别是信息网络时代，风险很容易被放大和变得不可控。当前，我国正立足新发展阶段、贯彻新发展理念、构建新发展格局，推动高质量发展，虽然整体形势大好但风险总是如影随形，这些风险既有来自自然界的也有来自人类自身的，既有来自国际的也有来自国内的，既有传统形态的也有非传统形态的。因此，在实际工作中，唯有从宏观整体层面出发，准确认识各类重大风险之间的联系，精准把握重大风险的整体性特征，才能对重大风险进行整体性治理，增强防范化解重大风险的有效性。总之，"风险综合体"涉及政治、意识形态、经济、科技、社会、外部环境、党的建设等多个领域，这就必然要求领导干部在应对的时候，需要具备综合能力。

制度效能，在呈现"风险综合体"特征的"风险社会"状态下，应对

---

[1] 乌尔里希·贝克：《风险社会》，何博闻译，译林出版社2004年版，第15页。

[2] 中共中央党史和文献研究院编《习近平关于社会主义经济建设论述摘编》，中央文献出版社2017年版，第324页。

各类重大风险和重大突发事件便成为一个复杂的、开放的、巨大的系统工程，而这个系统工程的背后是一个国家的治理体系和制度能力的支撑。因而，毋庸置疑，人们对各类重大风险和重大突发事件的应对成效，有赖于这个国家的整体治理体系和制度能力。新中国成立以来，中国共产党人在探索推进中国式现代化和国家治理现代化的进程中，取得了重大成果、积累了丰富经验。在这一历史进程中，中国共产党人始终坚持以马克思主义为指导、传承治国理政优良传统、植根中国治理现实土壤，带领人民建立了中国特色社会主义制度和治理体系。党的十八大以来，以习近平同志为核心的党中央深刻揭示中国共产党的领导是中国特色社会主义最本质的特征和中国特色社会主义制度的最大优势，大力推进国家治理体系和治理能力现代化并取得显著成效，推动党和国家事业取得历史性成就、发生历史性变革。可以说，中国特色社会主义制度和治理体系在资源汲取与整合、政府能力与社会调控等方面具有前所未有的优势。当然，依托制度优势应对重大突发事件和更好发挥制度效能，必须要靠各类治理主体特别是作为关键主体的领导干部的能力。

综合能力，着眼立体、全面构建领导干部应对重大突发事件的能力体系。重大突发事件具有突然发生、迅速扩展、严重破坏（危害）、处置紧迫的特点，应对重大突发事件是一项系统性的工程，涉及研判、决策、处置、保障、善后等一系列工作，需要在复杂严峻的情势前研判形势，在巨大心理压力下组织调度、有效执行。应对重大突发事件，对领导干部各方面的能力素质有非常高的要求，需要具备综合能力，或者说需要构建能力体系。这个能力体系的建构是一个非常复杂的课题。本研究从政治层面、专业层面、组织制度层面和保障层面展开分析，力求多层次、全方位、立体化构建领导干部应对重大突发事件的能力体系。

多措并举，强调思想淬炼、政治历练、实践锻炼、专业训练多个层面，组织和个体两个方面，内外兼修提升能力。提升领导干部应对重大突发事件的能力，既要有相关理论的整体指引，更要有成效可以预期的创新途径。根据党的十九届四中全会审议通过的《中共中央关于坚持和完善中国特色社会主义制度、推进国家治理体系和治理能力现代化若干重大问题的决定》、党的二十大报告对领导干部能力提升的路径要求，结合应对重大突发事件的特殊需要，从组织教育培养和领导干部个体努力两个方面着力，探索可行而有效的途径。组织培养提升路径，在着力将思想淬炼、政治历练、实践锻炼、专业训练具体化之外，对强化应对重大突发事件的保障条件也略作研究；个体努力提升路径，主要将学习深造、实践历练、日常养成细化为在学习贯彻党的创新理论中提升素质能力、从党的百年历史中汲取智慧和力量、从中华优秀传统文化中得到启发和借鉴、从学习掌握现代信息技术中提升、在工作实践中总结提升，以及自我修炼健康身心等，每个具体途径均努力探求切入点和着力点。

2021年2月，习近平总书记在党史学习教育动员大会上的讲话指出："我们党一步步走过来，很重要的一条就是不断总结经验、提高本领，不断提高应对风险、迎接挑战、化险为夷的能力水平。"[①] 在总结经验中提高应对风险、迎接挑战、化险为夷的能力，揭示了无限丰富的领导干部应对重大突发事件能力提升的资源和源泉，揭示了理论与实践结合产生的升华。本研究努力遵循习近平总书记重要讲话精神，以期对此升华奉献绵薄之力。

[①] 习近平：《在党史学习教育动员大会上的讲话》（2021年2月10日），人民出版社2021年版，第16—17页。

目录

第一章
研究概述

第一节 核心概念的界定 / 003

第二节 研究现状与述评 / 015

第三节 研究思路和研究方法 / 038

第二章
新时代风险的特点及相关理论

第一节 新时代面临风险的特点 / 043

第二节 风险社会与风险治理理论 / 058

第三节 治理理论、国家治理理论 / 065

第四节 现代领导力理论 / 083

第三章
新时代领导干部应对重大突发事件能力的构成要素

第一节 政治层面的能力要素 / 106

第二节 专业层面的能力要素 / 119

第三节 组织制度层面的能力要素 / 125

第四节 保障层面的能力要素 /138

第四章
提升领导干部应对重大突发事件能力的"组织培养"路径

第一节 强化领导干部思想淬炼 /152

第二节 强化领导干部政治历练 /159

第三节 强化领导干部实践锻炼 /166

第四节 强化领导干部专业训练 /170

第五节 强化能力提升的保障条件 /178

第五章
提升领导干部应对重大突发事件能力的"个人努力"路径

第一节 在学习贯彻党的创新理论中提升素质能力 /192

第二节 从党的百年历史中汲取智慧和力量 /200

第三节 从中华优秀传统文化中得到启发和借鉴 /207

第四节 从学习掌握现代信息技术中提升 /214

第五节 在工作实践中总结提升 /220

第六节 在自我修炼中健康身心 /225

参考文献 /232

附件 A
调查问卷1：关于领导干部应对重大突发事件能力体系的
调查问卷 /240

附件 B
调查问卷2：对领导干部应对重大突发事件能力体系认识的
　　　　　　调查问卷 /245

附件 C
访谈提纲 /248

后　记 /249

第一章
研究概述

本章首先对领导干部、重大突发事件、应对重大突发事件能力等核心概念进行界定，分析各概念之间的逻辑关系；接着以这些概念内涵及各概念之间的内在逻辑为研究起点，梳理国内外相关的研究文献，对已取得的研究成果进行全方位审视，分析既有研究的进展，探讨可能拓展的研究空间；在此基础上，提出本研究的主要思路、分析框架和研究方法，即着重从哪个角度、哪些方面和用什么方法展开研究。

第一章 研究概述

第一节 核心概念的界定

什么是"领导干部"、"重大突发事件"和"应对重大突发事件能力"?对这些概念的界定,是开展"领导干部应对重大突发事件能力"问题研究的学理前提和基础。从对学术界既有文献、各种政策法规的梳理和归纳来看,不少研究对干部和领导干部、突发事件和重大突发事件、应对突发事件能力和应对重大突发事件能力等概念进行了相关的界定,同时,还对这些概念之间的联系与区别进行了辨析。

一、干部、领导干部

(一)干部

"干部"最初是一个外来词,据考证最先源于法文的"cadre",最初为框架、军官、高级管理人员等意义,后来逐步演变为军队官员、社会团体和各类组织的首脑等含义,并在此后被越来越多的国家接受和使用。在我国,"干部"是一个来自日本的外来词汇,其最初的含义有广义和狭义之分,广义的干部是指为党从事政治、文化、经济活动等方面的工作人员和军队中排级以上的军政人员,狭义的干部仅指党的骨干和指挥人员。

在党的正式文件中,1922年党的二大通过的《中国共产党章程》最早使用了"干部"一词,其中规定"凡有党员三人至五人均得成立一组,每组公推一人为组长,隶属地方支部(如各组所在地尚无地方支部时,则由区执行委员会指定隶属邻近之支部或直隶区执行委员会；未有区执行委员会之地方，则直接受中央执行委员会之指挥监督）。每一个机关或两个机关联合有二组织以上，即由地方执行委员会指定若干人为该机关各组之干部"，又指出"干部人员由地方执行委员会随时任免之"①。由此，可以说"干部"一词在当时具有以下多重含义：（1）是指介于党小组组长和地方执行委员会委员之间的一种具体职务；（2）是指处于组织体系中间的一个层级，有一定领导职责但管理幅度有限；（3）其任命的方式较为灵活，可根据实际需要随时任命，当时尚未有严格组织程序的要求。此后，随着党的不断发展壮大，"干部"一词的含义逐步泛化，从最初的一个具体层级或岗位职务，渐渐发展演变为对一类群体的指称，如在1938年党的六届六中全会上，毛泽东曾提出"政治路线确定之后，干部就是决定的因素"②。显然，这里的"干部"已经不再是某个特定的职务，而是对组织中特定群体笼统的泛指。

（二）领导干部

"领导干部"是在"干部"及其后的"党的干部""国家干部"等概念的基础上，不断发展演变形成的。具体说，建党之初，在为数不多的党员中形成了零星的承担干部职务的先进分子，随着党的事业的发展和党员群体的壮大，这部分干部逐步发展成为一个专门的群体。③在当前的实践中，领导干部又可以分为广义的领导干部和狭义的领导干部两大类。

广义的领导干部，主要是《领导干部报告个人有关事项规定》界定的范围，指各级机关、人民团体、事业单位中的县处级副职以上的干部（含非领导职务干部），以及中央企业、国有企业的领导人员。这些人员具体

---

① 本书编委会编《中国共产党历次党章汇编1921—2017》（第2版），中国方正出版社2019年版，第65—66页。

② 《毛泽东选集》（第二卷），人民出版社1991年版，第526页。

③ 应验：《"党政领导干部"的概念辨析及其意义》，《中国人事科学》2022年第8期。

包括:"(一)各级党的机关、人大机关、行政机关、政协机关、审判机关、检察机关、民主党派机关中县处级副职以上的干部(含非领导职务干部,下同);(二)参照公务员法管理的人民团体、事业单位中县处级副职以上的干部,未列入参照公务员法管理的人民团体、事业单位的领导班子成员及内设管理机构领导人员(相当于县处级副职以上);(三)中央企业领导班子成员及中层管理人员,省(自治区、直辖市)、市(地、州、盟)管理的国有企业领导班子成员。上述范围中已退出现职、尚未办理退休手续的人员适用本规定。"

狭义的领导干部专指党政领导干部,根据《党政领导干部选拔任用工作条例》(2019年修订),党政领导干部主要包括:(1)按照管理群体,即文件明确规定直接、完全适用于相关规定的群体,包括"中共中央、全国人大常委会、国务院、全国政协、中央纪律检查委员会工作部门领导成员或者机关内设机构担任领导职务的人员,国家监察委员会、最高人民法院、最高人民检察院领导成员(不含正职)和内设机构担任领导职务的人员;县级以上地方各级党委、人大常委会、政府、政协、纪委监委、法院、检察院及其工作部门领导成员或者机关内设机构担任领导职务的人员;上列工作部门内设机构担任领导职务的人员";(2)参照管理群体,即以补充说明的方式规定的在管理事业单位的方式上有相似性的群体,包括"参照公务员法管理单位的群团机关和县级以上党委、政府直属领导成员及其内设机构担任领导职务的人员","上列机关、单位中的非中共党员领导干部","民族区域自治地方党政领导干部",此外还包括"办事机构、派出机构、特设机构以及其他直属机构"担任领导职务的人员,"乡(镇、街道)的党政领导干部","中国人民解放军和中国人民武装警察部队领导干部"。

二、风险、危机和突发事件

(一) 风险

目前学界一般认为,"风险"这一用语最早来自于意大利语的"risque",主要用于早期的航海贸易和保险业中,定义客观的危险,如"自然现象或者航海遇到礁石、风暴等事件"①。当时,为了规避商船航行中可能遇到的危险,人们创造出了"风险"这一关键性概念和范畴,并创设了一系列风险规避和分担机制,以降低风险带来的损失。也有学者认为,"风险"一词乃是汉语自源,中国古代"幾"和"微"的语义,可视为风险概念的萌芽;且与西方风险概念的产生和发展相似,风险意识在中国可谓源远流长。风险概念的提出和使用,反映了人类认识世界、改造世界能力的提升和进步,是人类逐步迈入现代化进程的重要标志之一。

此后,风险概念发展为既包括客观因素所致的危机,也包括人为主观因素所致的危险,如恐怖袭击、金融危机、核危机。风险强调一种潜在的威胁,一种正处于酝酿过程之中、有可能产生危害的征兆,是一种可能的灾难,意味着"损失的不确定性"②。风险通常包含着几个要素:不利的结果(即损失)、发生的可能性或不确定性、现实的状态,③以及人们的主观感知等。根据不同的划分标准,风险可以划分为多种类型:按照领域划分,可以分为政治风险、社会风险、经济风险、文化风险等;按照风险的来源划分,可以分为自然具有的风险、技术引发的风险、制度引发的风

---

① 杨雪冬:《风险社会与秩序重建》,社会科学文献出版社2006年版,第12页。
② 冯必扬:《社会风险:视角、内涵与成因》,《天津社会科学》2004年第2期。
③ Ortwin Renn, "Concepts of Risk: A Classification," in *Social Theories of Risk*, Sheldon Krimsky and Dominie Golding eds. (Westport, CO: Praeger, 1992), pp.53—82.

险、政策或决定造成的风险，以及个人造成的风险等。①

一般风险和重大风险都属于风险的范畴，是风险的两种不同类型。与一般风险不同，重大风险主要是指那些较高和最高级的风险。这些风险发生概率不低，发生后损失重大、影响重大，直至对国家安全造成威胁。②从内涵上来说，"重大"主要是从风险影响的范围、损害的程度、波及的人数和产生的后果进行界定的，是一种量的规定性。从风险矩阵指数来看，重大风险的界定主要通过两个方面指标来衡量：一是可能性，即风险发生的概率。二是危害性，即风险发生后所产生的社会危害状况。综合来看，重大风险至少包括如下几个重要特征：一是范围广，即波及的范围很广。一方面，涉及的人群多，防范化解时需要诸多部门和社会成员一起努力才能消除负面影响；另一方面，涉及的领域广，重大风险往往涉及政治、经济、文化、生态、科技等多个领域，这些领域之间的风险会相互交织、转化，形成风险的综合体，从而加重风险的严重程度。二是影响坏，即造成恶劣的舆论，具有较大的政治影响。三是危害大，即危及人民安全，甚至是政治安全和国家总体安全。重大风险一旦爆发甚至可能导致社会发展进程的中断。正如习近平总书记所指出的，"我们面临的重大风险，既包括国内的经济、政治、意识形态、社会风险以及来自自然界的风险，也包括国际经济、政治、军事风险等。如果发生重大风险又扛不住，国家安全就可能面临重大威胁，全面建成小康社会进程就可能被迫中断。"③

（二）危机

关于"危机"的概念，国内外学者根据各自的研究目的从不同的角度

---

① 姚亮：《中国民主化进程过程中的社会风险研究》，博士学位论文，中共中央党校，2010年，第18页。

② 李雪峰：《防范化解社会领域重大风险的若干思考》，《行政管理改革》2019年第4期。

③ 中共中央文献研究室编《十八大以来重要文献选编》（中），中央文献出版社2016年版，第833页。

对其进行概念界定。具体而言，主要有以下几种主要视角：一是从危机的紧迫性视角来定义。如罗森塔尔认为，危机是指对社会正常运行的价值体系和行为规范产生的威胁挑战，并迫切需要在非常规压力的状态下及时作出应对决策的事件。[①] 二是从危害后果来界定。如巴顿认为，危机是一种可能引起巨大社会消极后果的事件，它可能会对社会人员生命健康、财产资源、产品服务、社会声誉等造成巨大的损害。[②] 也有学者认为，危机是一种对社会、自然系统的各个不同层面突然释放冲击，从而造成社会或自然系统的破坏，生命健康、财产资源受到直接的损害，进而对社会系统或自然系统的运行目标构成巨大的威胁，从而要求各个系统快速反应并采取有效措施应对的突发事件。如严重天灾、大规模混乱、暴动、武装冲突、战争等。[③] 三是从个体视角的失衡性特征来定义。如罗伯茨认为，危机是一种个体心理失去常态化的稳定，即个体遇到了重大困难问题从而导致的危机状态，而又无法采取常用的策略来应对的情景。[④] 四是从动态的视角进行界定，这种研究主要强调可能性或不确定性因素，以及造成危机出现的主观和客观原因。如赫尔曼把危机界定为特定的形势，在这种"势"中，其行为主体的价值目标就会受到严重挑战，而且需要在极短的时间内作出艰难的决策，它的发生也常常出乎行为主体的意料。[⑤] 薛澜等认为，危机通常是行为主体的根本价值目标受到威胁和冲击时，相关的信息又极其不完整和不充

[①] Rosenthal Uriel, Charles Michael T.ed.*Coping with Crises.the Management of Disasters, Risk and Terrorism*（Springfield: Charles C.Publisher Ltd, 1989）.

[②] 劳伦斯·巴顿：《组织危机管理》，符海霞译，清华大学出版社2002年版，第52页。

[③] 付立红、于魏华：《税务机关突发事件应对》，东北财经大学出版社2018年版，第6页。

[④] Albert R.Roberts, *Contemporary Perspectives on Crisis Intervention and Prevention*（Englewood Cliffs NJ: Prentice Hall, 1991）.

[⑤] 付立红、于魏华：《税务机关突发事件应对》，东北财经大学出版社2018年版，第6页。

分，而且它的发展状态具有很强的不确定性，亟须果断决策的情形。①总的来看，危机具有不确定性、危害性、紧急性等特点。

危机通常有两种状态，即一般危机和重大危机。一般危机事件是指一般性矛盾纠纷，如消费者因产品质量问题与销售部门或商务组织发生的矛盾纠纷、员工因工资待遇与领导发生的纠纷等，均属于一般性危机。而重大危机事件主要是指在非战争的状态下，国家所面临的具有突发性、广泛性、持续性等特征的事件，并因此引起较大规模且具有破坏性的经济危机、公共安全危机、自然灾害等紧急事件。如地震、洪水灾害、重大交通事故、重大环境污染、罢工罢运罢课事件等均属于重大危机事件。重大危机的产生将会导致政府应急状态的出现，即政府与社会必须面临高度紧张的局面及各种紧张的关系。为了应对应急状态，政府决策者必须在相当有限的时间及物力、人力、信息资源约束下作出关键性决策和具体的应对措施。②

一般来说，重大危机事件与一般危机一样，从产生到发展，会经历潜伏期、萌芽期、爆发期和衰退期。③具有如下特点：一是其发生的不确定性和突发性。重大危机事件的爆发具有很大的偶然性，常常是瞬间爆发并带来众多的不可知性，导致人们惊慌失措，不知道它的发展趋势如何，更不知道如何有效应对和控制。二是其严重的危害性和波及的广泛性，这类重大危机事件一旦爆发，涉及的面很广，危及一个地方甚至更大范围人民群众的生命财产安全，如2003年非典事件、2008年汶川大地震、2020年新冠疫情等，这些都一定程度造成全社会或局部区域的社会危害。此外，重大危机事件还受公众的生命、利害、远近、兴趣、认知等因素影响。

---

① 薛澜、张强、钟开斌：《危机管理》，清华大学出版社2003年版，第25页。
② 朱光磊：《公共管理MPA知识精华读本》，天津人民出版社2006年版，第324—325页。
③ 梁春早、吕静：《四维领导力 锻造开启未来的力量》，天津大学出版社2017年版，第126页。

(三) 突发事件

"突发事件"是我国特有的一个概念，国外鲜有这种提法。有研究认为，广义上的突发事件是指一切具有突发性的，危害人民生命健康和财产安全，以及造成其他社会严重后果或负面影响的事件。① 也有学者研究指出，突发事件是指在某一区域范围内突发的，危及人民生命健康、财产安全、社会秩序和稳定，甚至影响国家安全和全球安全，并需要相应主体及时采取有效措施加以应急处置的公共事件。② 此外，对于这一概念，我国一些相关的政策法规进行了明确的界定。《中华人民共和国突发事件应对法》对突发事件的界定："是指突然发生，造成或者可能造成严重社会危害，需要采取应急处置措施予以应对的自然灾害、事故灾难、公共卫生事件和社会安全事件。"《国家突发公共事件总体应急预案》则将突发公共事件界定为，"突然发生紧急事件"。其类型主要包括自然灾害、事故灾难、公共卫生事件和社会安全事件。

总的看来，突发事件具有以下重要特征：一是爆发的突然性。当事物的内部矛盾和能量积累到一定程度，出现了质变飞跃，同时在外部诱因助推下，就会爆发突发事件。然而，这种诱因具有一定的偶然性和不易发现的隐蔽性，往往很难预测，一旦超过阈值就会瞬间爆发。二是影响的扩散性。一旦发生突发事件，就容易产生共振反应，引起多米诺骨牌效应。三是涉及的人群广。无论何种类型的突发事件，都至少与部分人的切身利益有关，若是发生后必然会对其心理产生消极影响，使相关人员产生精神紧张、焦躁不安等情绪，这也实属正常现象。四是行为的破坏性。不论什么性质和规模的突发事件，都必然不同程度地给国家和人民造成政治、经济

---

① 郭研实：《国家公务员应对突发事件能力》，中国社会科学出版社2005年版，第1页。
② 李明强、岳晓：《透视混沌理论看突发事件预警机制的建设》，《湖北社会科学》2006年第1期。

和精神上的破坏与损失，[①]甚至危害国家的政治安全、经济安全和社会安全等。五是应对的紧迫性。突发事件属于一种紧急事件，紧急事件本身强调事件的紧迫性、时间受限性。[②]无疑，一旦产生突发事件，就迫切需要采取有效措施来应对。

（四）风险、危机和突发事件的关系

风险是危机和突发事件的前期形态，是危机和突发事件的隐性表现；而危机和突发事件是风险演化爆发的后期表现，是风险的显性表现。从外延来看，风险的外延最广，所有的危机和突发事件都属于风险，而危机和突发事件两者相互交叉（见图1-1）。从确定性的程度角度来看，突发事件的确定性高于危机事件，风险事件的不确定性最强（见图1-2）。

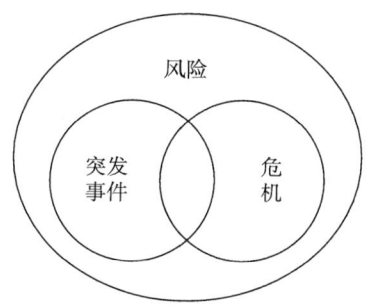

图 1-1 风险、危机和突发事件的关系

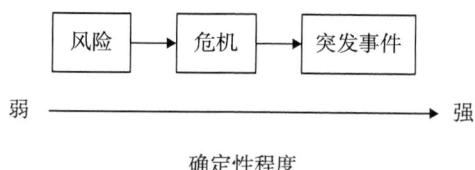

图 1-2 风险、危机和突发事件的确定性程度

[①] 陶淑艳、殷雅平：《基层领导必备能力十六种》，中共中央党校出版社2006年版，第123—124页。

[②] 孙梅：《危机管理：突发公共卫生事件应急处置问题与策略》，复旦大学出版社2013年版，第5页。

从风险和危机关系来看,两者紧密相关。从概念上看,危机包括两个层面的意思:潜伏的危险或祸患和严重困难的关头。第一个层面的含义实际上就是风险。从外延上看,危机是风险中的一种,风险包括危机,也就是说,所有的危机事件都是风险事件,但风险事件不一定是危机事件。从演变过程来看,二者有一种不可逆的先后顺序。风险在前,危机在后,任何风险一旦发生就不能再称为风险,而只能称为危机。"风险是前期形态,危机是后期表现,风险与危机之间是一个连续系统"。① 从可控性角度看,风险发生在前期,易于化解和控制;而危机发生在后期,难以化解和控制。

从危机和突发事件关系来看,两者之间既有区别又有联系。就联系方面来说,一旦危机得不到有效的预防和化解就会面临失控的危险,进一步就会出现突发事件的爆发,从而造成更为负面的影响和更大的损失。换言之,突发事件就是突发的已经形成危机的事件,而突发但并未出现危机的不能称之为突发事件。赵士林等人将两者作为一个共同的逻辑起点来阐述,危机是正在隐伏,或已露端倪,或已呈爆发的状态;而突发事件是指已经爆发的危机,突发公共事件包含在危机事件中。②

就危机与突发事件的区别来说,主要包括以下方面:其一,从成因方面来看,危机在大多情形下是人为因素所导致的,涉及的面比较广,一旦爆发会对较多人产生不利的影响,具有高度的不确定性和严重的后果;而突发事件既可能是人为因素,也可能是社会或自然因素所导致的。其二,从影响后果来看,突发事件所带来的社会影响和后果是现实和显性的,能被人们切实感受到的;而危机事件的社会影响和后果既可能是显性的、可

---

① 童星、张海波:《中国转型期的社会风险及识别》,南京大学出版社2007年版,第21页。

② 赵士林等:《突发事件与媒体报道》,复旦大学出版社2000年版,第4页。

察觉的，也可能是隐性、无法察觉的。① 其三，从时效性方面看，突发事件强调紧迫性和即时性，而危机强调趋势性和可能性，更具有一定弹性空间的概念。

三、本研究核心概念的界定

（一）领导干部

本研究依据《领导干部报告个人有关事项规定》和《党政领导干部选拔任用工作条例》（2019年修订）。两项党内法规规定，结合现实研究可行性，将领导干部范围界定为：省级以下党政机关、人民团体、事业单位、国有企业包括其内设机构中担负领导职责的干部。他们在应对重大突发事件中，均承担着贯彻中央精神、执行上级指示，果断决策、组织动员、沟通协调、一线指挥等重要职责。这些领导干部虽有层级、岗位的不同，应对重大突发事件的能力层次要求也有所差异，但对其基本能力建构及内核有着共同要求，本研究侧重于对这些共同要求的探析。

（二）重大突发事件

重大突发事件是与重大风险相对应的一个概念，它是重大风险的后期形态和表现。《中华人民共和国突发事件应对法》和《国家突发公共事件总体应急预案》根据事件的性质、危害程度、影响范围等因素，由低到高划分为一般突发（公共）事件、较大突发（公共）事件、重大突发（公共）事件和特别重大突发（公共）事件。依据两份法规文件的界定标准，就很容易确定重大突发事件的范畴。

本研究更多采取学术界的界定，重大突发事件泛指对社会和公众正常生活、生产秩序、社会财富及公众人身安全等造成严重损害甚至伤亡，需要动员、调动诸多职能部门和多方面的社会力量予以救援处置的突发

---

① 朱力：《突发事件的概念、要素与类型》，《社会学研究》2007年第11期。

事件。

(三) 重大突发事件应对能力

重大突发事件应对能力是国家治理能力的重要构成，也是领导干部必须具备的素质和能力。有研究者从要素构成角度出发，认为新时代领导干部应对重大突发事件能力由政治领导能力、思想引领能力、统筹协调能力、应急处置能力、依法防控能力、群众工作能力六要素构成。① 还有的研究者从工作要求角度出发，认为重大突发事件应对需要从防患未然、积极应对、扭转被动等方面来展开："防患未然"就是要加强重大突发事件预防工作，做到有备无患，尽可能地避免重大突发事件的发生，并在其发生时能够有充分准备减少其破坏力；"积极应对"就是在事件发生时，争取第一时间，积极地采取各种措施应对危机；"扭转被动"就是在事件发生后，要主动出击，化被动为主动，化危险为机遇，努力扭转重大突发事件造成的被动局面，掌握事件善后工作的主动权。②

本研究从综合系统的角度，认为重大突发事件应对能力是指领导干部在面对重大突发事件时，能够通过采取预测预警、研判评估、决策处置等方式方法，预防灾害、减少损失、降低影响，并促使"危"向"机"转变的能力。

第二节 研究现状与述评

应对各种风险和突发事件是古今中外皆有的人类活动，而如何提高领导者应对重大突发事件的能力，就成为世界各国政府和研究者所关注的

---

① 岳宗强：《领导干部提高应对重大突发事件能力的动因、要素及路径》，《理论导刊》2020年第6期。

② 贾忠杰：《国家公务员科学素养与行政能力教程》，中国传媒大学出版社2006年版，第120页。

重点议题。尤其是随着各国现代化进程的加快和社会信息化水平的提高，人类正在步入一个不同于以往社会的高风险社会，面临的风险和突发事件日益增多。乌尔里希·贝克在《风险社会》中写道："在现代化进程中，生产力的指数式增长，使危险和潜在威胁的释放达到一个我们前所未有的程度。"[①] 有研究称我们正"生活在文明世界的火山上"。若是不能妥善应对这些风险，可能会造成突发事件的爆发，甚至带来非常严重的后果。当前，学术界围绕突发事件问题展开了诸多研究，也形成了丰硕的成果。

一、国外研究现状

应对重大突发事件是国内外政府都要面对的一个难题，由于国情和制度不同，国外没有直接研究如何提高领导干部应对突发事件的能力，但在相关研究中依然突出了政府、行政人员和技术人员的重要性。

有学者（Comfort，2012）通过回顾美国联邦紧急措施署（FEMA）从1984年成立至今40年的变迁，指出在公共政府的责任和职责中，应急管理是其核心问题。有学者（Brian，2007）对美国政府的灾害政策进行了研究，认为制定应对不同灾难事故相关的政策将越来越迫切，同时也具有相当的挑战和难度。应急管理决策对效果具有决定性影响，有学者（Benjamin，2011）通过对比研究发现，智利发生地震后虽然没有国际援助，但是依然有效控制了当时的危机局势、大大减小了地震带来的损害，其主要原因就在于当地政府高效的应急处置能力，从而凸显了行政官员应急管理能力的重要性。

有学者（Thomas Drabek，2005）强调，广泛的社会共识、前期预测预警、应急演练、应对策略妥当等举措会形成行之有效的应急响应。有学

---

① 乌尔里希·贝克：《风险社会》，何博闻译，译林出版社2004年版，第15页。

者（William Waugh，2006）以2005年"卡特里娜"飓风为例，认为美国各级政府领导力差是最大的问题，指出FEMA应该更关注如何提高其领导力而不是组织改革。也有学者（Denise Thompson，2010）强调，组织有效与否是影响灾害应对的重要因素；同时，技术专家、专业性救援队伍、技术保障等因素比其他方面的因素显得更为重要。柯迪认为，突发事件是一种难以预料的事件，一旦出现就会对人类的道德伦理带来巨大的冲击。[①] 布伦南等研究者基于严重急性呼吸综合征（SARS）案例的分析，认为突发事件是一种需要动用非常规性的措施和资源来应对的事件，往往需要人们打破以往的惯性思维方式，并在体制机制上进行创新。[②]

二、国内研究现状

从国内的研究来看，截至2023年12月31日，在中国知网上搜索"篇名"为"突发事件"的文献共有35700篇，其中学术期刊24500篇，学位论文5040篇；搜索"篇名"为"重大突发事件"的文献共有2471篇。而搜索"篇名"关键词"重大突发事件"且"能力"的文献只有109篇。这些文献从学科分布上看，主要集中在新闻传播、公共管理、公共卫生与预防医学、教育、环境、法学、政治、社会等学科；而从内容分布上看，主要涉及突发事件的特征、成因及应对等方面的问题。

通过对既有文献的梳理统计和综合分析，当前国内学术界围绕领导干部应对重大突发事件能力的研究主要涉及以下几个方面。

[①] Coady, Terrorism, "Morality and Supreme Emergency," *Ethic* 114, No.4（2004）: 722-789.

[②] Brennan Day, Ruth Burnice McKay, Michael Ishman and Ed Chung, "'It will happen again': What SARS taught businesses about crisis management," *Management Decision* 42, No.7（2004）: 822-836.

（一）领导干部应对重大突发事件能力研究的主要视角

党的十八大以来，对于重大突发事件方面的术语也体现在下列几个方面：应急管理语境下的"重大危机事件"、风险治理视角的"重大风险事件"、社会治理语境下的"重大社会安全事件"和国家安全视角下的"重大安全事件"。相应地，围绕领导干部应对重大突发事件能力的研究涉及应急管理、风险治理、领导学等理论视角。

一是应急管理视角的研究。有的研究者将宏观的党组织和政府作为应急处置重大危机事件的主体，也有的研究者将微观的领导干部、党员干部或管理者作为应急处置重大危机事件的主体。孔祥涛提出要从三个方面充分发挥党和政府在防范化解重大风险和突发事件中的作用，即坚持和加强党的全面领导，提高党把方向、谋大局、定政策、促改革的能力和定力；建立统一领导、分级负责、协调联动、运转高效的社会风险管控领导体制；优化国家机构职能配置，分类建立调整重大风险管控协调机构，以有效应对重大风险和突发事件。[①]金太军、赵军峰认为，能否协调好各个主体之间的信息和行动，从而实现全方位、全过程、系统性治理，这是应对重大突发事件的重要考验。[②]颜晓峰认为，党是最高政治领导力量，坚持党对一切工作的领导，包括坚持党对防范化解重大风险工作的领导。党的领导效果如何，很大程度上取决于党的执政能力。在新时代，防控风险能力对于党的执政能力更加重要，提高党的执政能力必须更加注重提高防控风险能力，提高防控风险能力必须更加自觉地纳入提高党的执政能力之中。[③]魏芙蓉等认为，从应急管理的角度出发，领导干部应对重大突发事件应具备敏锐的鉴别、胸怀全局的科学决策、资源调配与协调和信息沟通与传播等

---

① 孔祥涛：《科学推进新时代社会风险治理》，《中国党政干部论坛》2019年第3期。
② 转引自童星《政府协调治理：一种新型的公共危机治理模式》，《中国行政管理》2019年第1期。
③ 颜晓峰：《坚持底线思维 防范化解重大风险》，《光明日报》2019年2月21日。

四方面的能力。①

虽然研究上涉及处置重大突发事件的主体较为多样，但最终都要落到领导干部这一执行者身上。这些研究者认为，领导干部能力和水平体现在处置理念、决策过程、执行策略、责任承担等各个环节，同时也融入各种制度建设和流程管理之中。刘晓玉研究认为，应急管理能力就是指领导干部应急处置突发事件的能力，具体体现在领导干部为应急处置突发事件而开展的指挥决策、组织动员、协调沟通、现场处置、善后工作等方面。②薛澜等认为，领导干部的应对能力强与弱和应对水平的高与低影响甚至决定着突发事件的发展走向和结果。③对此，不少研究认为领导干部个体要树立危机意识，不断提升突发事件应对能力。

二是风险治理视角的研究。这方面的研究主要围绕重大风险的特点、成因、社会影响及其治理对策展开剖析。对于领导干部如何提高防范化解重大风险的能力问题，主要涉及三个层面：在思想观念方面，不少研究者从领导干部的政治责任感、忧患意识、风险意识、思维方式等方面探讨如何提高重大风险的防范化解能力，如李雪峰在研究中指出，要强化忧患意识、风险意识，强化战略思维、历史思维、创新思维、辩证思维、法治思维、底线思维，以高超的思想理论水平把握大势。④在体制机制方面，社会各界都非常重视防范化解重大风险的制度化路径。习近平总书记强调，"要完善风险防控机制，建立健全风险研判机制、决策风险评估机制、风

---

① 魏芙蓉、于新恒：《新时代提升领导干部应对重大突发公共事件能力探析》，《桂海论丛》2022年第5期。

② 刘晓玉：《略论领导干部应急管理能力建设的理念、制度与实践》，《中共石家庄市委党校学报》2015年第3期。

③ 薛澜、张强、钟开斌：《危机管理：转型期中国面临的挑战》，清华大学出版社2003年版，第87页。

④ 李雪峰：《防范化解社会领域重大风险的若干思考》，《行政管理改革》2019年第4期。

险防控协同机制、风险防控责任机制。"① 有效防范化解重大风险的关键在制度，有的研究者还提到了国家公共安全管理体制机制、风险排查机制、培育市场机制、社会组织参与机制等。② 此外，还有的研究认为，防范化解重大风险的最大挑战来自于党员干部的形式主义和官僚主义。为此，要切实夯实党员干部防范化解重大风险的政治责任，每个风险单位的职责都要落实到位，形成完整的责任链，落实好责任追究制。③ 在应对能力方面，许多研究者在风险类型、特征及危害的基础上，提出了领导干部要提升风险应对的具体能力。钟开斌依据风险评估、风险处置、风险沟通、风险监测等风险治理环节，把全过程风险治理的核心能力划分为想象力、敏感力、责任力、引导力、察觉力等五个方面。④ 李宏等认为，要提高各部门、各层级与全社会的有效协同能力，预防为主和快速反应的平战结合能力，发动群众和有效组织资源的动员能力，遏制突发事件高发态势的超稳定能力。⑤ 此外，还有研究提到要提高领导干部的依法行政、语言治理能力、技术运用能力、网络舆情应对及危机公关能力等。

三是领导学视角的研究。随着20世纪80年代以来加强干部队伍建设要求的提高，出版了一批领导干部通用培训教材，这些研究将领导干部应对重大突发事件的能力研究纳入领导学、领导科学研究范畴，他们从领导

---

① 中共中央党史和文献研究院、中央"不忘初心、牢记使命"主题教育领导小组办公室编《习近平关于"不忘初心、牢记使命"论述摘编》，党建读物出版社、中央文献出版社2019年版，第225页。
② 李雪峰：《防范化解社会领域重大风险的若干思考》，《行政管理改革》2019年第4期。
③ 邢久强：《提升防范化解重大风险的定力和能力》，《共产党员》（河北）2020年第14期。
④ 钟开斌：《重大风险防范化解能力：一个过程性框架》，《中国行政管理》2019年第12期。
⑤ 李宏、邓芳杰、唐新：《论新时代政府应急管理的四大核心能力》，《中国人民公安大学学报》（社会科学版）2020年第3期。

主体、领导环境、领导体制、领导规律、领导方法、领导艺术、领导决策、领导力、领导心理、领导教育等方面探讨领导干部应对重大突发事件能力问题。常健认为，公共冲突是公共领导者经常要面临的难题，它既是公共领导者面临的危机，又是领导者展示才能、推动变革的机会，并提出通过竞争、迁就、妥协、合作、回避等策略来应对公共冲突。① 有研究者指出，如何有效而恰当地应对危机事件，常常不仅关系着领导者个人的成就与职位，也关系着整个组织的兴衰成败。据此，胡宗仁提出，由公共性、突发性、不确定性和破坏性等构成的危机情境，决定了领导干部应具有与之相应的非常态的公共危机领导力。② 此外，还有研究者指出，公共领域的危机主要是信任危机，它会演化为公众舆论谴责，进而导致领导者失去内部、外部公众的支持，所以领导者必须借助媒体澄清有关事实，营造有利的舆论形势，从而实现对危机事件的有效应对。③

（二）领导干部应对突发事件能力的构成要素研究

通过梳理已有文献发现，学术界围绕构成要素的研究视角非常多，学者们根据不同的研究目的对应对突发事件能力的构成要素有着不同的归纳。概括起来，主要有以下几种观点。

一是"过程说"。持这种观点的研究者认为，突发事件从产生到爆发再到化解消失是一个连续统的过程，在不同阶段领导干部需要不同的应对能力。概言之，这种研究依据突发事件的演化过程将领导干部应对突发事件能力概括为事前应对能力（如风险评估能力、预测预警能力）、事中应急处置能力（如决策能力、决断能力、执行能力、沟通能力、依法处置能力等）、事后处置能力（如善后处置能力、灾后重建能力、处置保障能力）

---

① 常健：《公共领导学》，天津大学出版社2009年版，第299—306页。
② 胡宗仁：《提升领导干部的公共危机领导力》，《中国党政干部论坛》2020年第4期。
③ 朱立言：《行政领导学》，中国人民大学出版社2011年版，第212页。

等。如边慧敏等研究认为，重大突发事件发生的不同阶段对领导干部应对能力的核心诉求不同：在萌芽期需要领导干部的危机洞察能力、预警能力和干预能力；在爆发期需要领导干部的信息甄别能力、决策谋断能力和危机公关能力；在扩散期则需要领导干部的应急指挥能力、危机协作能力、资源保障能力；而在恢复期还需要领导干部的灾后恢复重建能力、危机预防体系构建能力。① 再如王松德依据应急处置的环节，认为领导干部需要提高敏锐的现场洞察力、现场的决断力、处置能力、科学的沟通协调能力、科学的善后处理能力等。② 王玉提出，领导干部在应对突发事件时，要有情景构建的预见力、形势研判的洞察力、决策部署的决断力、危机沟通的信任力、调查分析的反思力。③ 边慧敏等认为，从危机生命周期的理论来看，领导干部应具备重大事件监测、预控、决策和处理，尽可能减少重大突发事件产生的影响，甚至将其转化为机会的能力。④ 王濛则从预防、应对、善后等几个方面入手，提出党的基层干部应对重大突发公共事件能力包括政治能力、风险预测能力、科学决策能力、应急处置能力和群众工作能力。⑤

二是"制度说"。这种研究主要把领导干部如何应对突发事件的能力概括为制度运用能力等。辛鸣认为，出现疫情时要能及时有力有效应对，这考验的是一个社会的制度安排，显示的是一个社会的治理能力。同

---

① 边慧敏、廖宏斌：《领导干部应对重大突发事件动态能力模型探析》，《西华大学学报》（哲学社会科学版）2020年第5期。

② 王松德：《新时期领导干部应急管理能力面临的挑战与路径选择》，《学习论坛》2013年第12期。

③ 王玉：《变革时代提升领导干部应急处突能力研究》，《中国应急管理科学》2021年第7期。

④ 边慧敏、廖宏斌：《领导干部应对重大突发事件动态能力模型探析》，《西华大学学报》（哲学社会科学版）2020年第5期。

⑤ 王濛：《党的基层领导干部应对重大突发公共事件能力浅析》，《中外企业文化》2021年第6期。

时,他还提出制度动员能力、制度协调能力、制度组织能力。①王宏伟专门从统筹协调视角来探讨如何提高领导干部的制度协调能力,认为统筹协调能力是新时代应急管理的核心能力,并提出要从三个层面来增强统筹协调能力:在内部统筹协调上,要构建调动救援队伍机制;在部门间统筹协调上,应急管理部门要与其他部门建立良好的协调机制、应急管理领域军民深度融合机制;在区域统筹协调上,要构建区域应急协调联动机制。②

三是"技术说"。这类研究指出,突发事件的有效应对不但要求领导干部具有政治能力、组织动员能力、应急处置能力等,还需要领导干部具有熟练的技术运用能力,如实训演练能力、舆情沟通能力、科技支撑能力、数字化能力等。梁红等研究发现,大数据技术可以在疫情溯源与预测、医学检测研究、居民生活、政府施策等方面发挥重要作用。例如,利用大数据可以快速准确地查询过去的位置信息,从而准确绘制个人的行动轨迹。这有助于大幅度降低病毒的传播和感染,即使出现感染者也能在极短的时间内发现,并及时隔离密切接触者,从而避免疫情的扩散。③魏霞研究指出,通过数字信息和资源的有效整合,可以打破信息垄断和封闭,避免信息孤岛的出现。各级政府部门可以通过以人工智能、区块链、云计算、大数据等作为信息技术支撑,构建起立体式的应急指挥平台,能够实现信息的及时传送和共享,同时也能确保精细化的指挥协调,从而将技术优势转化为应对重大突发事件的实际效能,提升治理现代化水平。④有研究者指出,无人机可以在防疫宣传、防控巡查、喷洒消毒、交通管控、远程测温等方面发挥重要作用。另据新华社报道,2020年1月底,江西省宜春

---

① 辛鸣:《用制度优势的光辉扫除疫情阴霾》,《学习时报》2020年2月10日。
② 王宏伟:《统筹协调:新时代应急管理的核心能力》,《中国安全生产》2019年第2期。
③ 梁红、王海亮、胡静娴等:《大数据在重大突发公共卫生事件中的应用研究》,《网络安全技术与应用》2020年第8期。
④ 魏霞:《增强应对突发重大公共事件的治理能力》,《当代贵州》2020年第18期。

市社区就借助无人机实现"入户测温",既高效完成测温工作,又避免人员接触,减少交叉感染风险。① 还有研究者指出,突发事件具有很强的突发性、波及面广、后果严重等特点,这使得个人或单个部门的力量很难应对这种事件,需要政府、市场、社会等各种力量的协作配合,既需要及时向上级汇报情况,又要请专家指导,还要及时进行舆情引导,这些都需要很强的沟通协调技巧。② 别蒙等认为,在重大突发公共事件发生后,网络更是成为负面舆情发酵的策源地和放大器,应该提升重大突发公共事件的舆情应对能力。③

四是"综合说"。这类观点认为,应对突发事件是一项系统性的工程,涉及各个方面的应对能力,尤其需要宏观的综合驾驭能力,包括科学判断形势的能力、总揽全局的能力、服务大局的能力、驾驭局势的能力等,并且认为在应急管理的不同阶段,这些能力所占权重有所区别。葛志华认为,对突发事件的处置事关大局,需要在兼顾各方面的前提下通盘考虑、统筹全局,开展工作谋划,这些因素都需要纳入考虑,如社会影响与经济影响、法律规定与群众习俗、举措力度与社会承受度、现场处置效果与后续影响等。④ 吴祖清等研究指出,2020年新冠疫情的暴发可以发现我国在重大疫情防控体制机制和应急管理体系等方面存在的问题,也凸显了领导干部在统筹驾驭、应急处置、工作作风等方面的不足。为此,他们认为,防范化解重大风险要求领导干部必须具备较高的综合驾驭能力。这种综合驾驭能力主要包含规律洞察力、预案演练力、研判识别力、科学决策

---

① 毛秋红:《民用无人机的"十八般武艺"》,《北京日报》2020年3月18日。
② 谢晓峰:《精准提升新时代领导干部应对突发事件的能力》,《领导科学论坛》2019年第1期。
③ 别蒙、刘刚:《全面提升重大突发公共事件舆情应对能力》,《传媒评论》2021年第6期。
④ 葛志华:《提高领导干部应对突发事件的能力》,《党建研究》2004年第6期。

力、物资调配力、组织动员力、沟通协调力等，是防范化解重大风险的必备素质。① 唯有具备这些综合性能力，才能有效应对重大突发事件，才能把各种社会损失降到最低。陈光针对高校突发事件的分析提出，应对突发事件的能力包括认知力、化解力和执行力等三个层面的具体能力。② 第一个层面包括预防、判断、反应等能力；第二个层面包括遏制、服务、创新、研究等能力；第三个层面包括贯彻、绩效、保障等能力。此外，还有的研究指出，领导干部应该具备极强的洞察力、快速的反应力、细致的疏导力、平和的内定力和深刻的反思力。武文莉等认为，在新发展格局下，领导干部应具备应对重大突发公共事件的政治能力、风险预测能力、调查研究能力、科学决策能力、统筹协调能力、应急处突能力、群众工作能力。③

五是"体系说"。这类研究认为，领导干部应对突发事件能力应该是一种能力体系，它是由多个层面要素所构成。如方铭勇等认为，领导干部应对突发事件能力主要由外部支持层、思想道德层、知识层和能力层四个方面的要素所构成，并具体把逻辑思维及反应能力、鉴别能力、决策能力、指挥能力、执行能力、沟通能力、协调和指导督察能力、依法行政能力、学习和总结能力等作为能力体系的构成要素。④ 李庆瑞认为，从城市治理能力体系出发，应该建构资源优化能力、灵活行动能力、联防联动能力、信息整合能力等能力。⑤ 同时，这些研究者还把这些能力构成要素分解

---

① 吴祖清、张莉彬：《提升领导干部防范化解重大风险能力探析》，《探求》2020年第3期。

② 陈光：《高校突发事件应对策略论》，光明日报出版社2011年版，第103—121页。

③ 武文莉、王濛：《领导干部应对重大突发公共事件能力分析》，《行政与法》2021年第8期。

④ 方铭勇、王效昭、陆柏：《领导干部应急管理能力素质模型研究》，《中国人力资源开发》2012年第1期。

⑤ 李庆瑞：《重大公共卫生突发事件下地方政府治理能力研究》，《华北理工大学学报》（社会科学版）2021第2期。

到不同的应急管理阶段中去,并认为它们有不同的权重。

(三)提高领导干部应对重大突发事件能力的障碍因素研究

阻碍领导干部应对重大突发事件能力提高的因素非常复杂,涉及各个方面。就学术界的研究来看,主要包括以下方面。

一是"责任论"。这种观点认为政治责任落实不到位是影响领导干部应对重大突发事件的关键因素,而政治责任落实不到位的实质也就是领导干部的政治能力欠缺问题。既有领导干部政治立场不坚定,缺乏忧患和危机意识,导致重大突发事件的监测防范能力不强;也有领导干部落实党的政治领导不力,造成执行力不强;还有领导干部没有责任担当,缺乏斗争精神。如李雪峰研究认为,有的党员干部缺乏忧患意识,未树立起安全发展的观念,在贯彻落实国家安全措施方面的责任感不强,这是导致一些重大突发事件产生的重要主观原因。① 王敏敏认为,领导干部应具备良好的应急观念,深刻了解和掌握各种应急方案,领导干部要熟悉对管辖范围内涉及的公共安全职责,摸清管辖范围内的各种安全状况,掌握各种应急资源。②

二是"知识论"。知识是能力的基础,领导干部应对突发事件同样需要有与自己职责相称的科学文化知识作基础。然而,在现实中,一些领导干部知识支撑不够,面对重大突发事件时惊慌失措、手忙脚乱、盲目行动,从而造成事件的进一步演化升级。知识储备在重大突发事件的应对中直接影响领导干部的决策行为,在现实中,领导干部由于自身的知识储备不足以支撑应对重大突发事件的现象屡见不鲜。有研究认为,在一些重大突发事件中,一些领导干部主要缺乏以下几个方面的知识:自然灾害防范

---

① 李雪峰:《防范化解社会领域重大风险的若干思考》,《行政管理改革》2019年第4期。
② 王敏敏:《提高领导干部能力有效应对突发事件》,《探求》2009年第6期。

和医疗卫生防疫知识、传播学知识、法律知识、危机管理知识等。① 还有研究认为，一些领导干部在应急管理中缺乏足够的认知度、专业知识和技能，存在知识储备单一、决策行为不够专业等问题，迫切需要建立制度化的应急意识培训体系。②

三是"经验论"。持这种观点的研究者认为，由于实战演练的不够和应急处置经验的缺乏，从而导致领导干部应对重大突发事件的能力不足：首先，由于处置重大突发事件的经验不足，领导干部往往缺乏足够的忧患和危机意识；其次，缺乏足够的处置突发事件的专门演练、训练，未能掌握应对重大突发事件的方法与技巧；再次，一些领导干部媒体沟通能力欠缺，不了解常态下与突发事件中应对媒体的状态不一致；等等。对此，有的研究认为，领导干部的经验和认知水平直接影响其判断的准确与否及决策的正确与否。在一些事件中，由于缺乏经验，一些领导干部对突发事件缺乏足够的认知度，对于一些经常发生的典型性突发事件的事前征兆未给予充分重视，使得面对突发事件时茫然不知所措，工作陷入被动。③ 还有研究认为，许多领导者尤其是机关领导干部，如果没有从基层干起，不是长时间直接面对管理环境和管理对象，则他们应对突发事件的经验会严重不足，从而导致防范意识不够强。④

四是"技术论"。这类研究认为，重大突发事件的应对有赖于一定的技术设备，而技术支撑不够是重大突发事件演化升级的重要原因。闪淳昌

---

① 陈群祥：《领导干部应对突发事件能力结构及提升路径》，《中共云南省委党校学报》2013年第4期。

② 李荣志、蔡建淮：《领导干部突发事件应急意识的现状调查与分析》，《中国行政管理》2013年第1期。

③ 王松德：《新时期领导干部应急管理能力面临的挑战与路径选择》，《学习论坛》2013年第12期。

④ 陈群祥：《领导干部应对突发事件能力结构及提升路径》，《中共云南省委党校学报》2013年第4期。

认为，我国公共安全与应急产业取得了长足进步，但与发达国家相比还存在较大差距，应急救援装备缺乏标准化和规范化、机动性不强、国产化率低。特别是自主创新能力不强，关键领域核心技术受制于人的格局没有从根本上得到改变。① 范维澄认为，从对近些年重大突发事件的应对分析来看，一些重要领域的核心装备和技术存在短板，这是影响重大突发事件应对的重要原因。具体包括如下因素：科技含量还不够高；自主创新能力不强；事前预防阶段的应急管理装备和技术较为薄弱，大多呈现出"事件推动型"的装备和技术发展；应急装备的可靠性与环境适应性主要参考国外标准，缺乏国内的经验和标准。②

五是"机制论"。持这种观点的研究者认为，体制机制的不健全是影响领导干部应对重大突发事件能力发挥的重要障碍因素。薛澜以2003年SARS事件为例，认为当时存在三个方面的机制不健全问题：在预测预警方面，缺乏统一的应急管理机构，从而导致难以对突发事件进行系统性的预警分析；在快速反应方面，尚未构建起各个部门间的协调指挥体系，从而使得各个部门、行业多头应对，难以实现资源整合，从而系统应对复合型突发事件；在信息公开方面，网络化、信息化和智能化使得舆情愈加复杂难控，对政府形成了很大的挑战。③ 同时，也有不少研究者以2020年新冠疫情为例，认为疫情暴发凸显了当时应急治理体系存在的短板和不足，如研判出现了失误、社会动员中暴露出动员机制灵活性不够等问题。李维安等认为，2020年我国新冠疫情的暴发并不是因为资源的问题，而是体制机制不健全的问题，即未能形成多种力量协同参与的风险防控机制。在这

---

① 闪淳昌：《提高应急管理能力　健全公共安全体系》，《中国应急救援》2015年第1期。
② 范维澄：《以科技为支撑推进应急管理装备能力现代化》，《学习时报》2020年2月17日。
③ 薛澜：《防范与重构：从SARS事件看转型期中国的危机管理》，《改革》2003年第3期。

其中，政府力量、市场力量和社会力量的相互协作关系没有理顺。在疫情突发初期医疗物资资源出现供求矛盾问题，其原因就在于未能充分发挥好政府、社会组织和企业组织之间的优势互补和协同应对作用。① 吴浩认为，领导者应对危机能力受公共危机情境的复杂性、能力素质的适应性、体制机制的有效性、应急理念与法治状况的综合影响。②

（四）提高领导干部应对重大突发事件能力的路径研究

目前，学术界围绕如何提高领导干部应对重大突发事件能力问题的研究，主要包括以下几个层面。

一是政治责任层面。不少研究者认为，政府作为现代社会的核心组织，提高领导干部防范化解重大风险、应对重大突发事件的斗争本领，并积极解决这些危机事件，以及迅速恢复社会的正常秩序，是各级党委、政府和领导干部责无旁贷的政治职责，也是衡量政府能力的重要标准。为此，要求领导干部树立政治意识、强化忧患意识和风险意识，增强政治敏锐性和政治鉴别力，对容易诱发政治问题特别是重大突发事件的敏感因素、苗头性倾向性问题保持高度警惕，善于从大局上把握方向，主动担当作为、强化斗争精神和转变工作作风。王敏敏等认为，各级政府的一把手是第一责任人，在应对重大突发事件中担负重大职责，如与上级部门的沟通与情况反馈；与同级单位之间的协调与共同工作，争取相关部门的支持和合作；统筹指挥下级各个系统和部门的行动，有效应对重大突发事件，如物资的调配、相关信息的授权或发布。③ 金太军等认为，政府能否统筹协调好各个参与应对重大突发事件的行为主体的信息和资源，

---

① 李维安、张耀伟、孟乾坤：《突发疫情下应急治理的紧迫问题及其对策建议》，《中国科学院院刊》2020年第3期。

② 吴浩：《重大突发公共卫生事件应对中的领导能力审视与优化路径》，《楚雄师范学院学报》2021年第5期。

③ 王敏敏：《提高领导干部能力有效应对突发事件》，《探求》2009年第6期。

从而达到最优化的行动,这是关系重大突发事件成功应对与否的关键所在。① 梁燕丽等认为,提升领导干部应对重大突发事件的能力需要掌握科学的方法,培养他们坚定的理想信念,提高他们的思想认识、责任意识和风险意识。②

二是学习层面。这类研究认为,要依托各级组织部门、党校(行政学院)、应急指挥中心、演练基地等加大重大突发事件的应对处置培训,以提高领导干部应对重大突发事件的能力,包括学习理论知识、应急管理知识、专门学科知识等;学习突发事件应急的法律法规和相关政策,在法治化中提高应对突发事件能力;学习处置策略,注重汲取国外处置突发事件的一些成功经验,不断提高战术水平,以及一些基本装备的使用等。③ 除此之外,加强个人自我学习也是提高领导干部应对重大突发事件能力的重要途径。陈群祥研究认为,加强学习、培训,强化知识支撑是提高领导干部应对突发事件能力最有效和最直接的途径,并提出要学习以下五个方面的知识:应对突发事件的基础理论,如危机管理理论;应对突发事件的科学知识,如传染病防治、地震救助、山林火灾、群体性事件防范等;突发事件应急处置经验;突发事件应急的法律法规和相关政策;其他地区和国家的有益经验。④ 吴浩认为,应从深化危机治理重要性的认知、重视领导干部能力的培养、完善领导体制与机制建设、夯实应急理念和法治基础等方面优

---

① 金太军:《风险社会的治理之道》,《决策》2020年第2期。
② 梁燕丽、颜吾佴:《提高重大突发事件应对能力的路径选择》,《党政干部论坛》2022年第3期。
③ 谢晓峰:《精准提升新时代领导干部应对突发事件的能力》,《领导科学论坛》2019年第1期。
④ 陈群祥:《领导干部应对突发事件能力结构及提升路径》,《中共云南省委党校学报》2013年第4期。

化领导危机治理能力。①

三是制度层面。制度建设是关键，要有效提高领导干部应对突发事件能力，就必须加快完善应对突发事件的制度建设，包括宏观的法律制度、微观的应对机制等。我国突发事件应急管理机制建设涵盖事前、事发、事中和事后各个阶段，主要包括预防准备、监测预警、信息报告、应急处置、协调联动、社会参与、舆论引导、恢复重建、调查评估、科普宣教等方面的应急管理机制建设。②闪淳昌在研究中指出，要加强法制建设，抓紧制定与突发事件有关的法律，针对公共安全与应急管理法制建设的空白领域和热点，研究制定相关配套法律法规和规章，进一步完善公共安全与应急管理制度建设。同时还指出，要建立健全符合我国国情的重大突发事件调查评估机制、绩效评价机制、利益引导机制、巨灾风险转移机制等。③薛澜等研究提出，要设立第三方性质的独立调查制度，公正甄别事件诱因；保持适度的新闻自由度，建立必要、有效的公共危机沟通机制。④还有的研究者提出，要建立预防机制、预警机制、处置机制、善后机制等。还有学者认为，可以建立国家公共机构分级征用机制，将各类公共机构进行评估分级后，纳入征用法律中并设立为优先征用级别，提高应对重大事件的能力。⑤

四是实践层面。从实践方面来看，主要可以通过突发事件的实际锻炼、演练和训练来不断提高突发事件应对能力。一方面，领导干部既要在

---

① 吴浩：《重大突发公共卫生事件应对中的领导能力审视与优化路径》，《楚雄师范学院学报》2021年第5期。
② 魏礼群：《中国应急救援读本》，国家行政学院出版社2016年版，第58页。
③ 闪淳昌：《提高应急管理能力 健全公共安全体系》，《中国应急救援》2015年第1期。
④ 薛澜等：《防范与重构：从SARS事件看转型期中国的危机管理》，《改革》2003年第3期。
⑤ 梁帅、赵立新：《建立国家公共机构分级征用机制提高重大突发事件应对能力》，《今日科苑》2021年第2期。

日常工作中锻炼自己的应变能力，积极在各种突发事件中接受挑战和检验，通过切身投入处理危机事件来锻炼能力和积累经验。另一方面，要有计划地安排领导干部、业务骨干进行培训锻炼，尤其是要强化实战演习，经常性地组织有针对性的训练和演练，使领导干部熟悉应对突发事件的职责任务、基本要求、处置方法等。如王敏敏指出，注重通过模拟现场演练，使各级领导干部真正熟悉掌握处置群体性突发事件的方法与技巧，① 从而提高组织指挥能力和现场处置能力。褚松燕认为，从治理体系和治理能力现代化层面反思重大突发公共安全事件的应对，我们更需要把功夫下在平时。②

五是技术层面。技术运用能力如何也会影响重大突发事件的应对状况。不少研究从技术层面探讨如何提高应对重大突发事件能力。如推进应急平台体系建设，为领导干部应对公共突发事件提供技术支持；不断更新和完善技术装备；提高运用网络新媒体的能力；等等。王松德研究指出，要提高科学的沟通协调能力。领导干部在突发事件沟通和协调中，首先要公开事态状况，杜绝媒体故意渲染，防止流言四起，稳定人心。③ 闪淳昌在研究中指出，要大力提升公共安全与应急管理的科技支撑水平；促进应急救援装备产业技术创新战略联盟的健康发展；大力发展公共安全与应急产业，加快制定公共安全与应急管理基础标准、行业标准和应急装备技术标准，促进应急装备标准化、规范化、国产化；高度重视信息网络在公共安全和应急管理中的作用。④

---

① 王敏敏：《提高领导干部能力有效应对突发事件》，《探求》2009年第6期。
② 褚松燕：《树立风险意识，提高应对重大突发公共安全事件能力》，《国家治理》2020年第2期。
③ 王松德：《新时期领导干部应急管理能力面临的挑战与路径选择》，《学习论坛》2013年第12期。
④ 闪淳昌：《提高应急管理能力 健全公共安全体系》，《中国应急救援》2015年第1期。

六是调研层面。这方面的研究指出,要通过调研提高领导干部应对重大突发事件的能力。葛志华在研究中指出,各级领导干部要每年定期深入基层一线开展调研,及时捕捉最前沿、深层次、时效强的信息,并提前做好相关预测和预防工作。还要以调研为突破口,通过经验交流会、案例分析会、业务研讨会等形式探讨应对方略,从而做到防患于未然。① 周小毛指出,各级领导干部要加强对本地区、本行业、本单位风险的调查研究,对这些风险的来源、性质、影响了然于心,这样才能未雨绸缪、防微杜渐,打好防范化解重大风险的主动战。②

(五)关于新冠疫情重大公共卫生事件的研究

因新冠疫情阻击战的紧急形势所迫,各级领导干部应对重大突发事件的能力再次被关注和推上研究热点。总的来说,目前学术界研究坚持问题导向,针对疫情而生,观点鲜活,但呈零星状,没有构建领导干部应对重大突发事件能力体系,对提高其能力的研究也较为宽泛。具体而言,主要包括如下几个方面的内容。

一是关于疫情特征与影响的分析。在疫情特征方面,新冠疫情网络舆情呈现井喷式发展、病毒式传播、舆论场对冲激烈、次生谣言层出不穷等特点。③ 也有研究者指出,此次新冠疫情造成的"信息疫情"具有发布渠道更多样、交互性传播更强、把关人角色的缺失等方面特点,对新冠疫情的防控工作带来了不良的影响与冲击。④ 同时,也有研究者对这次新冠疫情防控的特点展开了分析。杜志章认为,新冠疫情防控中充分展现了"全国

---

① 葛志华:《提高领导干部应对突发事件的能力》,《党建研究》2004年第6期。
② 周小毛:《增强防范化解重大风险的斗争本领》,《经济日报》2019年7月22日。
③ 陈毅:《新冠肺炎疫情网络舆情的特点及其治理启示》,《廉政文化研究》2020年第3期。
④ 张超、黄文森:《新冠肺炎"信息疫情"的概念、特点及应对策略》,《中国记者》2020年第5期。

一盘棋，调动各方面积极性，集中力量办大事"的体制优势，这是打赢战"疫"的根本原因。① 在疫情的影响方面，此次新冠疫情带来的影响是全方位的，涉及政治、经济、社会、文化、生态等各个领域，尤其是对经济贸易所带来的影响更为突出。一些研究者分析了新冠疫情对我国经济、中小企业、进出口和粮食安全带来的不良影响，尤其提到了对农业、旅游业、文化服务业等的冲击与影响。王晶鑫等研究认为，新冠疫情给中小企业带来了短期影响（如供应链与经营、人心等问题）和中长期影响（如复工难题、难以享受的红利等）。② 还有的研究者从安全角度展开了探讨，认为新冠疫情威胁危害的首先是国民安全，但同时也威胁危害了国家安全体系中的经济安全、社会安全、军事安全、政治安全，是对国家安全的一次全面挑战。③

二是关于疫情应对的分析。针对重大疫情的暴发和产生的各种影响，众多研究者从不同角度提出了应对的策略。傅达林等从法律的角度提出应对策略，指出要坚持运用法治思维和法治方式处理危机、管控危机、应对危机，在处置重大突发事件中提高依法执政、依法行政水平。④ 薛立强则从能力构成角度出发，指出领导干部处理"急难险重"任务需要一系列能力构成，具体包括提升服务大局能力、风险研判评估能力、果断决策能力、强有效的执行力、平战结合能力和应急处置能力。同时，他还指出这六大能力之间的逻辑关系，其中服务大局能力充分体现了我国的一大制度优势，是应对重大突发事件的必然要求；而风险研判评估能力、果断决策

---

① 杜志章：《中国新冠肺炎疫情防控的"得"与"失"》，光明网，https://theory.gmw.cn/2020-03/04/content_33617039.htm。
② 王晶鑫、于静淼：《新冠肺炎疫情对中小企业的经济影响》，《中国市场》2020年第31期。
③ 刘跃进：《新冠疫情与国家安全治理》，《河南警察学院学报》2020年第3期。
④ 傅达林、郑琦：《为疫情防控提供有力法治保障》，《解放军报》2020年3月16日。

能力、强有效的执行力、平战结合能力是应对重大突发事件的必备素质和能力；依法应急处置则是国家治理现代化对重大突发事件应对提出的根本要求。①高翔和郁建兴从政府的角度，提出政府应该在突发公共卫生事件中承担元治理角色，为多元主体有效互动提供规则、建立秩序、促成集体行动，②以此来提高突发公共卫生事件的应对能力。游志斌建议，把应对重大风险能力纳入干部考核体系，如年度考核、目标责任考核、绩效考核，以及其他考核中，把党组织和党员领导干部对应急管理工作的履职情况列入巡视检查的范围，探索建立日常与应对重大风险挑战相结合的干部绩效考核管理制度。③此外，还有研究从标准化的角度提出应对措施，侯俊军等研究认为，通过确定标准化的指标体系，既可以充分调动和协调社会力量参与突发事件的防控，又可以提供突发事件防控工作的标准要求，从而形成多元主体参与、及时有效的治理格局。具体而言，这种标准化的指标体系包括技术标准、社会标准、管理标准等。实行标准化治理的目标就在于激发各种社会力量参与的活力，并有效整合各种社会资源，从而快速转化为治理效能。④霍军亮等认为，新时代基层党组织建设应将提升应对重大突发事件的能力作为重要目标，进一步加强政治能力建设、治理能力建设、群众工作能力建设和网络能力建设，不断增强在重大突发事件中的政治领导力、社会动员力、群众组织力和舆论引导力。⑤鲁平俊等通过大量的文献研究和疫情观察，从认同理论视角将社区公共卫生应急管理能力的来源提炼

---

① 薛立强：《大力提升领导干部应急管理能力》，《天津日报》2020年3月16日。
② 高翔、郁建兴：《新冠肺炎疫情防控中的公共治理机制：信息、决策与执行》，《治理研究》2020年第2期。
③ 游志斌：《应急救援队伍建设的科学方向》，《学习时报》2020年2月24日。
④ 侯俊军、张莉、殷琪：《"标准化治理"在重大突发公共卫生事件中的理论与实践》，《中国标准化》2020年第8期。
⑤ 霍军亮、王永杰：《基层党组织在重大突发事件中的角色定位与能力建设研究》，《华中农业大学学报》（社会科学版）2021年第4期。

归纳为政治认同、胜任力认同、先进力认同和情感认同四种机制。①

三、研究评述与展望

（一）研究的评述

目前学术界涉及突发事件问题的研究，在学科上以管理学、传播学、社会学、政治学、领导学等学科视角的研究居多，在主题上使用"（公共）突发事件""应急管理""网络舆情""公共卫生事件""重大突发事件""重大突发公共卫生事件""群体性突发事件""非常规突发事件"等词语为多，在内容上主要围绕突发事件的特征、危害、成因及应对能力等问题展开，涉及的理论包含危机应对相关的公共管理理论、应急管理理论、危机生命周期理论和系统论等，在方法上多采用案例分析法、实证分析法和文献分析法等。

综合来看，围绕领导干部应对突发事件问题的研究主要取得以下几个方面的进展。一是厘清了相关的基本概念。通过对既有文献的梳理发现，学术界对风险、危机、突发事件，以及突发事件应对能力等相关概念进行了界定，尤其是对突发事件应对能力的科学内涵进行了阐释，这为研究者进一步开展相关研究提供了坚实的理论基础。二是概括了突发事件的主要特征。众多研究者从突发性、偶然性、复杂性、扩散性、危害性等方面剖析了突发事件的特征，这为突发事件的界定提供了重要的标准和依据。三是剖析了突发事件的演化逻辑。不少研究者围绕风险是如何演化为突发事件，突发事件又是如何演化为重大突发事件或重大危机事件的，以及在演化过程中主要会受哪些方面的因素影响，这些研究也得出了一些重要的结论，为有效应对重大突发事件提供了重要的理论参考。四是探讨了领导干

---

① 鲁平俊、唐小飞、丁先琼：《重大突发公共卫生事件下多形态基层社区应急管理能力研究》，《中国行政管理》2023年第2期。

部突发事件应对能力的提升路径。研究者从中观和微观的视角探讨了领导干部应对突发事件的能力构成和能力体系，这些也是领导干部应对重大突发事件必备的素质和能力。

但同时也应看到，目前学术界对领导干部应对突发事件能力的研究仍存在一些不足，还有进一步拓展的空间。归纳而言，主要表现在以下方面。

其一，重视对一般性突发事件问题的研究，而对重大突发事件问题的研究较少。一些研究认为，只要把一般性突发事件防控住，就可以避免重大突发事件的出现。这也就导致围绕领导干部应对重大突发事件能力问题研究的成果不多。实际上，重大突发事件除具有一般性突发事件的特征之外，还具有一定的自身独特性和个案性，更需要给予高度关注和展开深入研究。唯有如此，才能真正做到有效应对重大突发事件。

其二，围绕领导干部应对突发事件能力缺乏系统性的研究。大多数研究者站在中观和微观的视角来探讨领导干部应对突发事件的能力，关注更多的是具体能力。然而，从宏观整体的视角来探讨领导干部应对重大突发事件能力的研究较少，缺乏系统性的研究。尤其值得指出的是，不少研究者提出的一些突发事件应对能力未基于一定的理论分析工具，存在零散碎片化的现象，缺乏内在逻辑性，导致难以系统性地把握。这需要从科学内涵、构成要素、主要特征、影响因素、提升路径等展开全面系统的剖析。

其三，对领导干部应对重大突发事件的综合能力关注不够，尤其是对政治能力未给予高度重视。从实际情况来看，重大突发事件的产生是风险综合体的结果，涉及的范围很广，如若得不到妥善应对，会牵一发而动全身。无疑，要有效应对这类重大突发事件，需要领导干部有很强的综合能力。同时，政治能力是领导干部的首要能力，在应对重大突发事件时需要有很强的政治能力。但从既有文献来看，学术界围绕领导干部应对重大突发事件的综合能力和政治能力的研究较少。

（二）研究的展望

当前，针对新时代提高领导干部应对重大突发事件能力的研究还存在不足，迫切需要我们从以下几个方面进行深化研究。

第一，深入研究习近平总书记关于领导干部提高应对风险挑战能力方面作出的重要论述，这些重要论述包括哪些内容要素，它们之间呈现什么样的逻辑关系，需要作专门的深入研究。尤其是要针对领导干部应对重大突发事件能力的提升机理进行全方位的系统性研究。

第二，专门针对领导干部应对重大突发事件的素质和能力内涵有待明确和深化。针对目前研究成果较宽泛和笼统的现象，迫切需要把握新形势下重大突发事件的特点和习近平总书记对领导干部的要求，只有将两者结合起来研究，才能找到研究起点和工作抓手。同时，基于一定的理论工具，重点围绕新时代领导干部应对重大突发事件的能力内涵、能力构成、能力体系展开逐层递进的逻辑剖析。在微观层面，需要对重大突发事件应对能力的科学内涵进行阐释；在中观层面，需要对重大突发事件应对能力的构成要素展开分析；在宏观层面，需要对重大突发事件应对能力的结构体系展开研究。

第三，领导干部处置重大突发事件能力提高的路径有待理论化、系统化、立体化、科学化。目前的途径和方式方法研究处于平面化、碎片化状态，一般性描述多，系统性理论少，泛泛而谈多，可操作性弱。作为执政党建设、干部培训的一项重要工作，主体责任缺失。

第四，结合近年来重大突发事件从国家治理的角度来探讨领导干部应对重大突发事件能力问题研究仍待深入。在重大突发事件的应对过程中，领导干部的能力究竟有哪些短板，有哪些需要在未来可能的重大突发事件应对中加强。无疑，亟须围绕领导干部近年来应对重大突发事件的经验教训开展实证研究,并将提升领导干部应对重大突发事件的能力与推进国家治理体系和治理能力现代化目标、与执政党建设和干部队伍建设紧密结合起来,探讨如何提高领导干部应对重大突发事件的能力问题。

第三节 研究思路和研究方法

一、研究思路

本研究以习近平新时代中国特色社会主义思想为指导,以推进国家治理体系和治理能力现代化为价值导向,通过对提高领导干部应对重大突发事件的能力要求进行深度挖掘,寻求解决路径。具体来说,基本研究思路如下。

首先,基于习近平总书记关于提高领导干部应对突发事件能力的重要论述,对"领导干部""重大突发事件""领导干部应对重大突发事件能力"等科学内涵进行界定,并提出相应的界定依据和标准。从应对重大突发事件的能力来看,主体是领导干部,客体是重大突发事件,主体作用于客体时的能力,具有特定主体作用于特定客体的特殊情境所需要的能力;领导干部的能力与应对重大突发事件的能力具有普遍性与特殊性、共性与个性,既要从共性中找出特殊性,又要从特殊性来提炼共性。从重大突发事件这个客体来看,要厘清重大突发事件与风险、危机的关系,风险、危机是大概念,重大突发事件是风险中特殊的已经发生、烈度大的风险。本研究从主体和客体的视角深入探讨如何提高领导干部应对重大突发事件的能力。

其次,在能力内涵的界定基础上,分别从政治层面、专业层面、组织制度层面和保障层面等四个层面对新时代领导干部应对重大突发事件能力的构成要素进行由浅入深的逐层递进的立体化剖析。具体而言，每个层面的能力构成又由多种子能力构成。

最后，由理论到实际、由个别到一般，围绕重大突发事件的新特点，基于主体（组织和个体）与客体（制度）关系的视角，分别从组织培养路径、个人努力路径等两个方面来探讨如何提高领导干部应对重大突发事件的能力。

二、研究方法

以马克思主义方法论为指导，将规范研究和实证研究、历史研究与逻辑研究相结合，采用如下具体方法开展研究工作。

第一，文献研究法。通过全面梳理文献掌握国内外关于领导干部应对重大突发事件能力方面的相关论文、著作、研究报告、政府文件等已有成果，形成本研究的研究方向和基本框架。

第二，理论分析法。在文献研究的基础上，对相关资料进行分门别类的整理。对突发事件、重大突发事件、领导干部能力素质等核心概念进行界定，对习近平总书记关于新时代提升领导干部应对风险能力的重要论述、现代领导力理论、治理理论、国家治理理论等进行分析，为本研究奠定坚实的理论基础。

第三，问卷调查法。本研究分两批次，通过电子问卷的形式对全国多个省市、地区进行了问卷调研。第一批次问卷调研，对象主要是江西省的各级领导干部，发放调查问卷800份，收回有效问卷702份。第二批次问卷调研，对象包括云南、宁夏、山西等11个省市、地区的各级领导干部，发放问卷800份，收回有效问卷650份。通过对两次问卷调查结果进行信度分析和效度分析，结果显示信度系数均大于0.8，这说明研究数据的信度质量较高；KMO值均介于0.7~0.8，并通过了巴特利特（Bartlett）球形检验，这说明研究数据效度较好，比较适合信息提取。因此，本研究综合使用描述性分析、单因素方差分析等统计方法进行数据分析，试图揭示领导干部对构建重大突发事件能力体系的认知、实践和评价，以此为本研究的观点提供补充。

第四，深入访谈法。聚焦研究涉及的重点问题，本研究设计了含8个问题的访谈提纲，根据领域和行业，精心选择市厅级、县处级、乡科级等各层次领导干部，进行近30人次的深入访谈。通过访谈，完善基于文献分析提出的研究框架，并将其内容与问卷调查进行相互补充和印证。

第五，综合分析法。本研究基于实证调查数据，坚持历史和逻辑相结合，综合运用管理学、政治学、社会学、领导学等多学科的研究方法，对新时代领导干部应对重大突发事件的能力培养和提升路径进行归纳和总结。

第二章
新时代风险的特点及相关理论

本章从多维度分析新时代风险的特征,包括"两个大局"视域下的风险态势、新发展阶段面临的风险挑战、风险综合体维度下突发事件的新特征、重大风险系统性治理的新要求等。探讨与研究主题紧密相关的几个理论:一是与风险相关的理论,包括风险社会理论和风险治理理论;二是与治理相关的理论,包括西方治理理论和中国特色社会主义国家治理理论;三是与领导力相关的理论,包括界定现代领导力的科学内涵,分析现代领导力的构成维度,提出应对不确定性风险挑战的未来领导力构成。

第二章 新时代风险的特点及相关理论

第一节　新时代面临风险的特点

当前，风险无处不在、无时不有，乌尔里希·贝克将风险看作"系统地处理现代化自身引致的危险和不安全感的方式"[①]。现代系统安全的理论认为，"安全是系统的属性，不是个体与局部的属性，无论是安全性或者事故风险性都是系统的涌现性……大多数重特大事故灾难是在复杂系统内的非线性交互和多元耦合的情况下发生的"[②]，"越是现代社会，系统的复杂性越高，脆弱性越强，危机发生的风险也越高"[③]。

从概念上看，风险挑战的内涵较广，诸如自然灾害、恐怖袭击、疫情暴发等重大突发事件都是其所涵盖的主要内容。可以说，防范化解风险挑战的过程，包括了应对重大突发事件的过程，前者包含后者。中国特色社会主义进入新时代，这是一个千载难逢的历史机遇期，也将是一个前所未有的风险挑战期。习近平总书记站在党和国家事业发展全局高度、放眼国内国际发展大势，以前瞻性的眼光和整体性的思维看待重大风险挑战和重大突发事件的理论和实践问题，不仅认识到我们当前面临的风险总体可控、形势总体较好，还突出强调了当前面临风险的长期性、严峻性、复杂性，提出了系列防范风险挑战、应对突发事件的重要论述。因此，我们必须坚持整体性思维，将各类风险作为相互联系、相互作用的有机整体，统

[①] 乌尔里希·贝克：《风险社会》，何博闻译，译林出版社2004年版，第19页。
[②] 范维澄、闪淳昌等：《公共安全与应急管理》，科学出版社2017年版，第86—87页。
[③] 范维澄、闪淳昌等：《公共安全与应急管理》，科学出版社2017年版，第92页。

筹好国内国际两个大局，在坚持顶层设计、科学部署、统筹谋划的过程中"下好先手棋，打好主动仗"，防范各类风险连锁联动，有效应对前进道路上的重大风险挑战，营造和谐稳定的国内国际安全大环境。

一、"两个大局"视域下的风险态势

当前，世界百年未有之大变局加速演进，中华民族伟大复兴进入关键时期。国内国际两个大局同步交织、相互激荡，既带来千载难逢的良好机遇，也面临复杂严峻的风险挑战，点上风险系统化、局部危机全球化的态势越发明显，这些对我国经济社会发展带来了巨大的机遇和挑战。习近平总书记指出，"我们面临的风险挑战明显增多，总想过太平日子、不想斗争是不切实际的"①。党的二十大报告对我们即将面临的风险挑战进行了深刻分析，指出"我国发展进入战略机遇和风险挑战并存、不确定难预料因素增多的时期，各种'黑天鹅'、'灰犀牛'事件随时可能发生。我们必须增强忧患意识，坚持底线思维，做到居安思危、未雨绸缪，准备经受风高浪急甚至惊涛骇浪的重大考验"②，并就今后一个时期防范化解风险挑战作出重要部署，这是党中央基于国内、国际形势最新变化作出的科学判断。

从国际视角看，百年变局加速演进，局部冲突和动荡频发，全球性问题加剧，世界进入新的动荡变革期。习近平总书记指出："当今世界的变局百年未有，变革会催生新的机遇，但变革过程往往充满着风险挑战，人类又一次站在了十字路口。"③进一步来说，变革既会催生新的机遇，变革也会产生新的风险挑战。一方面，世界和平发展、合作共赢的大环境没有

---

① 《习近平谈治国理政》（第四卷），外文出版社2022年版，第533页。
② 习近平：《高举中国特色社会主义伟大旗帜　为全面建设社会主义现代化国家而团结奋斗——在中国共产党第二十次全国代表大会上的报告》，人民出版社2022年版，第26页。
③ 中共中央党史和文献研究院编《习近平关于防范风险挑战、应对突发事件论述摘编》，中央文献出版社2020年版，第18页。

变，新兴市场国家和发展中国家群体性快速崛起，中国在推动构建人类命运共同体的进程中赢得国际社会越来越多的认同与支持，在世界舞台的实力地位急剧上升；世界范围内新一轮科技革命和产业变革的势头没有变，为中国建设科技强国提供了广阔空间；国际秩序的大格局没有变，国际力量对比更趋平衡，中国发展理念、发展道路、发展模式的影响力显著增强，为中国未来发展赢得了良好的国际环境和新的战略机遇。另一方面，在世界经济处于深度调整期、世界多极化发展呈现新态势、世界文明多样性更为彰显等国际形势下，全球不稳定不确定性因素明显增多、全球安全风险隐患日益凸显，公共安全卫生事件易发多发，中国发展需要应对的风险挑战、需要解决的矛盾问题比以往更加错综复杂。具体表现在：地缘政治风险加大，霸权主义、强权政治和新干涉主义有所上升，一些大国竭力渲染意识形态对立，国际关系中不公正、不平等现象依然突出，这些都冲击着中国政治经济环境。从经济领域来说，经济全球化遭遇挫折挑战，全球金融市场风险持续累积、全球产业链供应链加快调整，逆全球化思潮抬头，各种形式的单边主义、保护主义不断有新的表现，部分发达经济体实施贸易保护政策，中国所面临的国际经济环境更为严峻。2020年8月，习近平总书记在经济社会领域专家座谈会上指出："今后一个时期，我们将面对更多逆风逆水的外部环境，必须做好应对一系列新的风险挑战的准备。"[1]另外，国际社会力量对比关系深刻变化、国际关系格局深度调整，传统安全威胁明显上升，"军备竞争、恐怖主义、网络安全等传统安全威胁和非传统安全威胁相互交织"[2]，地区热点问题尚未解决、局部战争此起彼伏，中国在大发展的同时也遭遇到来自一些西方势力的遏制，一些唱衰中国的舆论不绝于耳，一些阻遏中华民族伟大复兴进程的图谋从未停止。

---

[1] 《习近平著作选读》（第二卷），人民出版社2023年版，第328页。
[2] 《习近平谈治国理政》（第一卷），外文出版社2018年版，第272页。

总体来说，在国际权力结构转化期、全球发展格局调整期和科技革命蓄势期三大历史长周期叠加之际，具有新发展新变化的战略机遇与风险挑战并存，这些都要求我们必须始终准确把握世界大势、精准研判国际形势，时刻高度警惕各类或隐性或显性的风险挑战，有效防范一切危害国家核心利益、人民根本利益的风险挑战，不遗余力地拿起斗争武器迎难而上。

从国内视角看，中华民族伟大复兴进入了不可逆转的历史进程。我们正走在全面建成社会主义现代化强国的道路上，经济快速发展、社会长期稳定，使命光荣、任务艰巨。我们必须清楚地认识到，"中华民族伟大复兴绝不是轻轻松松、顺顺当当就能实现的，我们越发展壮大，遇到的阻力和压力就会越大，面临的外部风险就会越多。这是我国由大向强发展进程中无法回避的挑战，是实现中华民族伟大复兴绕不过的门槛"[①]。在国内国际多种因素影响下，我们党面临的新情况新问题新挑战日益增多，必然要应对重大挑战、抵御重大风险、克服重大阻力、解决重大矛盾。这些风险挑战，在内容上呈现越来越复杂的特点，在时间上则呈现长期而非短期的特征，"我们面临的各种斗争不是短期的而是长期的，至少要伴随我们实现第二个百年奋斗目标全过程"[②]。另外，由于独特的地理位置和自然条件，我国成为世界上自然灾害最为严重的国家之一，不仅灾害多发频发易发，而且种类多、分布广、影响大，这都是我们不得不面对的客观实际。习近平总书记指出，"加强应急管理体系和能力建设，既是一项紧迫任务，又是一项长期任务"[③]。虽然我们党在应对重大风险挑战的百余年实践中已

---

① 中共中央党史和文献研究院编《习近平关于防范风险挑战、应对突发事件论述摘编》，中央文献出版社2020年版，第4页。

② 中共中央党史和文献研究院编《习近平关于防范风险挑战、应对突发事件论述摘编》，中央文献出版社2020年版，第21页。

③ 中共中央党史和文献研究院编《习近平关于防范风险挑战、应对突发事件论述摘编》，中央文献出版社2020年版，第199页。

经积累了十分丰富的经验，风险治理能力得到显著提升，但也存在一些薄弱环节。虽然党的领导干部队伍整体上能适应新形势应对新挑战，但也要清醒认识到，由于受到思维方式和体制机制的制约，有些领导干部存在风险意识不足、风险治理能力不强的问题，加之科学决策能力、改革攻坚能力、群众工作能力等方面的不足，这就直接增加了有效防范化解风险挑战、应对重大突发事件的难度。可以说，提升领导干部应对各类风险挑战和突发事件的能力，是中国共产党人"赶考"过程中的必要准备，也是解决精神懈怠问题、本领恐慌问题的对症良药。

综合国内外形势，不难发现，我们越是发展壮大、越是接近目标，所面临的重大风险与外部环境就越是复杂，所遇到的阻力和压力就越大，不仅要破除自身发展进程中的痛点难点，还要应对来自外部的全新风险挑战，这是我国发展过程中无法回避的难题、无法绕过的门槛，也是需要长期关注、持续关注、重点关注的问题。同时，也要注意到，当前面临的风险挑战往往发生在我们不熟悉、不擅长的领域，其潜伏期、爆发期、持续期和解决期都更长。因此，身处这样一个高风险时代，领导干部必须保持战略定力，立足世情国情党情，准确识变、科学应变、主动求变，以"斗罢艰险又出发"的精神不断应对"两个大局"中已经出现和可能出现的新问题新挑战，协调推进各项事业发展，有效打好防范化解重大风险的主动战攻坚战持久战，坚定不移地把中华民族伟大复兴事业推向前进。

二、新发展阶段面临的风险挑战

我们所面临的风险，主要是由我国基本国情、现实条件、发展阶段、内外形势等因素综合作用产生的。立足新发展阶段，我国处于发展的重要战略机遇期，同时也处于"各种风险挑战不断积累甚至集中显露的时期"，无论是发展机遇还是风险挑战都前所未有。因此，防范化解重大风险也就变成了我们不得不面临的新课题。这主要是源自发展环境、目标等新情况，表现为风险的变化、演进、蔓延等新特征，体现为防范化解风险挑战、应对重大突发事件工作的新要求。

新的发展阶段意味着新的发展目标和环境。我们要实现新征程的使命任务，除了要战胜自身发展道路上的各种拦路虎、绊脚石，还要应对来自外部更加复杂、多元化和全球化的风险挑战。在党的十八届五中全会上，习近平总书记强调，未来五年我们面临的重大风险，"既包括国内的经济、政治、意识形态、社会风险以及来自自然界的风险，也包括国际经济、政治、军事风险等"[1]，并明确细分重大风险的具体类型和重点领域。国家安全是一个多层次、多领域、多类型的复杂系统。党的十九大报告将"坚持总体国家安全观"这一新时代防范化解重大风险的方法论，上升为新时代中国特色社会主义的基本方略，确立了其在国家安全风险应对中的指导地位。[2]2019年1月21日，在省部级主要领导干部专题研讨班上，习近平总书记就风险和风险的防范化解作出深刻分析，进一步明晰了当前七大重点领域存在的风险、产生的原因、呈现的特点，并对防范化解各领域重大风险提出了明确的要求。此外，习近平总书记还在不同场合对生物安全、重大公共卫生、军事、能源、粮食等其他领域的重大风险进行了分析，这些也同样是不容忽视的，甚至在某种程度上也是长期客观存在的重大风险。譬如，在公共卫生方面，习近平总书记早就指出"像非典那样的重大传染性疾病，也要时刻保持警惕、严密防范"[3]。重大传染病和生物安全风险事关国家安全发展和社会大局稳定，特别是传播速度快、感染范围广、叠加

---

[1]《习近平著作选读》（第一卷），人民出版社2023年版，第381页。

[2] 秦培涛、黄志高：《习近平新时代防范化解重大风险的方法论思想探析》，《深圳社会科学》2020年第3期。

[3] 中共中央党史和文献研究院编《习近平关于防范风险挑战、应对突发事件论述摘编》，中央文献出版社2020年版，第249页。

第二章
新时代风险的特点及相关理论

效应强、破坏程度猛、防控难度大的新冠疫情席卷了全世界，对全球社会治理、利益分配、政治格局等都产生了重大影响。我国在应对新冠疫情时，以习近平同志为核心的党中央采取精准有效的防控举措，不断提升领导干部应对重大突发公共卫生事件的能力水平，最终取得了疫情防控重大决定性胜利。习近平总书记指出："改革进入深水区，经济发展进入新常态，各种矛盾叠加，风险隐患集聚。"[①] 当前，我国全面深化改革进入深水区，经济发展进入新常态，深层次的体制机制问题日益显现，面临的风险隐患日益集聚，尤其是发展不平衡不充分、科技创新能力还不够强、城乡区域发展差距较大、生态环境保护任务艰巨、民生保障方面仍有短板等问题错杂缠绕。总之，在新发展阶段，风险的生成逻辑和应对措施都发生了改变，我们必须正视这些新情况新趋势，以全新的视角审视已经出现和可能出现的风险。

新的发展阶段还意味着风险挑战的新特征。新发展目标和发展环境使得不同领域风险所呈现的新特征，既有全局性风险也有局部风险，既有一般性风险也有颠覆性风险，既有突如其来的风险也有循序渐进的风险，既有可以预见的风险也有出乎意料的风险。具体表现为，政治领域的重大风险，呈现多维交织、错综复杂的新形态；意识形态领域的重大风险，呈现多重渗透、倒灌侵袭的新态势；经济领域的重大风险，呈现多边摩擦、隐患较多的新形势；科技领域的重大风险，呈现科技伦理问题凸显、外部打压遏制升级的新情况；社会领域的重大风险，呈现多发散点交互交织的新走势；外部环境领域的重大风险，呈现面散点多、高度关联的新态势；党的建设领域的重大风险，呈现多元诱导、勾连叠加的新情况；等等。另外，近年来令公众担忧的生态风险、公共卫生风险、高科技风险、金融系

---

① 中共中央党史和文献研究院编《习近平关于防范风险挑战、应对突发事件论述摘编》，中央文献出版社2020年版，第10页。

统风险等也已经具备新的特征。① 尤其是互联网和新媒体的迅猛发展导致舆论生态和媒体格局发生深刻变化，敌对势力利用互联网这个最大变量对我国经济社会发展进行渗透破坏。部分地区由于网络安全基础设施相对薄弱、网络安全技术手段不足，有害信息看不见、管不住、删不掉、堵不严的问题比较突出，网络安全风险预警、态势感知、应急处置难度加大，甚至发生有的官方微博、网站被盗、被篡改等现象，网络安全领域的风险日益加剧。当前，人工智能、大数据、量子信息、生物技术等新一轮科技革命和产业变革正在积聚力量，数字化、网络化、智能化快速发展，催生了诸多新发展动能，给我国经济社会发展各领域全过程带来了质的突破。面对科技革命引发的变革契机，我们也不能无视其带来的风险挑战，若是缺乏风险防范意识和忧患意识，则会为累积蔓延未知风险、深层次风险提供"温床"。

因此，我们只有充分认识和准确把握新发展阶段的"新"，才能清楚认识到当前面临的风险具有生成原因复杂、整体易发多发、类型复杂多样、结构连锁耦合等新特征，尤其是风险的系统化、全球化蔓延态势凸显，使我们深刻地领会到防范化解重大风险挑战、应对重大突发事件的重要性必要性紧迫性。领导干部作为防范化解重大风险挑战、应对重大突发事件的"关键少数"，既要客观认识我国发展面临的大好前景，又要清醒认识防范化解重大风险挑战的严峻性，认真分析当前形势的新要求，仔细研究当前风险的新特征，保持时时关注的工作状态，不回避推诿、不逃避责任，做到主动预防、主动解决、主动应对，防止在防范化解风险、应对突发事件的过程中制造新风险。

---

① 董石桃：《新时代科学防范和化解重大风险的五个维度——学习习近平总书记防范化解重大风险重要论述》，《社会主义研究》2021年第2期。

三、风险综合体维度下突发事件的新特征

当前,我们所面临的风险量大面广、流动快、关联性强,防范化解的复杂程度、艰巨程度明显加大。习近平总书记特别强调,"各种风险往往不是孤立出现的,很可能是相互交织并形成一个风险综合体"[1]。"风险综合体"是习近平总书记对当前面临各类风险内在规律的整体性认识,涉及政治、意识形态、经济、科技、社会、外部环境、党的建设等多个领域,集中于国际、国内和自然界三大范围,各种矛盾叠加、风险隐患集聚,相互之间的联动效应日益明显,牵一发而动全身。若是对某些风险不能做到有效防范化解,就会使得不同风险间发生相互转化、递增放大的后果,这也说明了防范化解风险挑战的复杂性。

从哲学视域来说,事物是普遍联系的,整个世界就是相互联系的有机整体。这些不同领域的重大风险,其类型既有隐性的也有显性的,其影响程度既有局部的也有全局的,它们不再是一个孤立的个体,而是相互间存在着一定的关联性,会在交织叠加、积累扩散、连锁联动中形成综合而复杂的风险体。例如,意识形态领域的风险与社会安全风险是相互作用、相互转化的,网络上的不当言论、不良思潮、负面舆论容易对社会大众产生消极影响,经过一段时间的酝酿发酵,可能会演变为社会安全事件。因此,我们必须打破传统思维的束缚,跳出一般的、局部的、单一的、静止的框架,从整体性视角、交织性关系、动态式结构来理解重大风险多层扩充和体系扩展的特性,将当前具有多样性、复杂性、联动性的重大风险作为一个有机联系的综合体。

进一步说,风险具有跨界性,如果对各种风险挑战源、矛盾风险挑战

---

[1] 中共中央党史和文献研究院编《习近平关于防范风险挑战、应对突发事件论述摘编》,中央文献出版社2020年版,第235页。

点的相互作用防范不及时、应对不力,很多矛盾风险就会通过合流效应、联动效应、放大效应、诱导效应等不断累积扩散、叠加升级,致使小风险发展为大风险、局部风险发展为系统性风险、单一风险发展为多领域交叉的风险、国内风险发展为国际风险等,继而量变引起质变,导致突发事件甚至危机灾难。在风险呈现综合体特征的情况下,公共安全与突发事件也表现出一些新的特点:一是突发事件频发,且伤亡损失大、社会影响大;二是突发事件的复杂性加剧,呈现自然和人为致灾因素相互联系、传统安全和非传统安全因素相互作用等特点;三是新隐患增多,各类潜在危险源增多,新材料、新能源、新工艺广泛应用,新产业、新业态、新领域大量涌现,防控难度增大;四是致灾因子本身是局地性的,但灾害和影响是大范围的,甚至是全球性的;五是突发事件的国内外背景也发生了重大变化,这些都非常值得我们重点重视。另外,当前高风险城市、低设防农村的状况尚未得到根本改变,加之网络信息技术日新月异,已经全面融入社会生产生活之中,深刻改变着全球经济格局、利益格局和安全格局,世界并不太平,各种矛盾交织。

我们必须认识到,防范化解每种具体风险、应对突发事件有其必须遵循的规律和原则,又有其独特的应对办法和主要措施。无论是哪个领域的风险挑战,其产生的原因都具有整体性,是主客观因素的综合,也是国际国内多种因素的叠加,仅仅依靠单兵作战、单打独斗是难以有效应对的,必须加强顶层设计以形成立体化的整体应对体系,提高领导干部体系化对抗能力和水平。因此,面对这些纷繁复杂的重大风险,面对已经形成或将形成的风险综合体,我们必须要从宏观上认识把握重大风险间的联系和整体性特征,将防范化解重大风险置于中华民族复兴的宏大历史进程中进行整体性考量与总体性把握,防止小问题变成大问题、小管涌变为大塌方,避免酿成全局性、颠覆性的灾难。

习近平总书记指出："真正实现社会和谐稳定、国家长治久安，还是要靠制度，靠我们在国家治理上的高超能力，靠高素质干部队伍。"[1] 领导干部是防范化解重大风险、应对重大突发事件的重要主体，如何发挥其关键作用是应对重大风险挑战、突发事件需要解决的重要问题。由于重大突发事件频繁发生、重大风险挑战此起彼伏，这对领导干部应对能力提出了更加专业、系统、综合的要求。具体到应急管理领域，就是要积极推进领导干部应急管理能力现代化，增强领导干部应对重大突发事件、处理急难险重任务、化解重大风险挑战的专业治理、系统治理、综合治理的能力本领。在防范化解重大风险的实际工作中，既聚焦重点问题、关键工作，又注重统揽全局、补齐短板，准确把握不同风险的特点和关联性，用整体思维和全局思维认真梳理其表现形式、产生原因，综合考虑、权衡利弊、分类施策，及时阻断不同领域风险挑战的转化通道，积极规避风险挑战的转移升级，从源头和根本上防止不同领域风险的蔓延、递增和放大，保障重点工作的不断推进和整体工作的深入开展。唯有如此，才能把风险控制在合理范围内，把损失降低到最小，最终赢得优势、赢得主动、赢得未来。

四、重大风险系统性治理的新要求

习近平总书记强调，"坚持科学统筹，始终把国家安全置于中国特色社会主义事业全局中来把握"[2]。因此，要统筹国内国际两个大局、发展安全两件大事，既聚焦重点、又统揽全局，才能有效防范各类风险连锁联动。正如在抗击新冠疫情的过程中习近平总书记所提出的，"疫情防控不

---

[1] 中央文献研究室编《十八大以来重要文献选编》（上），中央文献出版社2014年版，第548页。

[2] 中共中央党史和文献研究院编《习近平关于防范风险挑战、应对突发事件论述摘编》，中央文献出版社2020年版，第17页。

只是医药卫生问题,而是全方位的工作,是总体战"①。防范化解重大风险也是一项系统性工程,是一项全方位工作。在防范化解重大风险的实践中,既要有顶层设计和统筹规划,及时应对全类型的风险挑战;又要有"全周期、全主体、全手段"的治理方式,在综合治理、系统治理、科学治理中提高领导干部体系化应对风险挑战的能力和水平。总之,通过"全类型应对、全周期防范、全主体参与、全手段运用",能够从源头和根本上防范化解重大风险,为经济社会健康发展创造安全和谐的外部环境。

从"全类型应对"的视角来看,在实现中华民族伟大复兴的伟大实践中,我们会面临国际的国内的、自然的社会的、常态的潜在的新情况新问题新挑战,对于这些在经济、政治、文化、社会、生态等各领域出现的重大风险,必须要做到统筹兼顾、科学谋划,全方位防范化解。习近平总书记指出,"各种风险我们都要防控,但重点要防控那些可能迟滞或中断中华民族伟大复兴进程的全局性风险"②。对于重点领域的风险必须勇于担当、主动作为,树立"抢占先机、防范为先"的理念,构筑起防范化解重大风险的严密体系,绝不能让风险传染蔓延,"不让小风险演化为大风险,不让个别风险演化为综合风险,不让局部风险演化为区域性或系统性风险,不让经济风险演化为社会政治风险,不让国际风险演化为国内风险"③。党的十八大以来,以习近平同志为核心的党中央始终站在时代发展前沿、把握时代主题变化,在深刻分析国际国内形势深刻变革带来的新情况新问题新挑战的同时,准确洞悉一系列重大风险不断涌现、一系列重大突发事

---

① 中共中央党史和文献研究院编《习近平关于防范风险挑战、应对突发事件论述摘编》,中央文献出版社2020年版,第247页。

② 中共中央党史和文献研究院编《习近平关于防范风险挑战、应对突发事件论述摘编》,中央文献出版社2020年版,第16页。

③ 中共中央文献研究室编《习近平关于社会主义社会建设论述摘编》,中央文献出版社2017年版,第179页。

件频繁发生的严峻现实,把提高防范化解各领域重大风险挑战能力提到前所未有的战略高度。早在2012年,中央政治局会议审议通过中央八项规定,会议强调,全党全国要切实增强忧患意识和紧迫感,充分估计困难和挑战,扎实做好各方面工作。党的十九大报告明确把坚决打好防范化解重大风险的攻坚战作为"三大攻坚战"之一并摆在首位。2018年1月5日,习近平总书记提出"三个一以贯之",其中就包括"增强忧患意识、防范风险挑战要一以贯之"。2019年,习近平总书记围绕"坚持底线思维着力防范化解重大风险"的主题,对省部级主要领导干部提出要求,强调"必须坚持底线思维、增强忧患意识"。2020年,面对突如其来的新冠疫情,习近平总书记多次强调领导干部要增强忧患意识、强化风险意识。这些都充分体现出,以习近平同志为核心的党中央始终忧患意识在心、准备工作在先,积极应对各领域各类型的风险挑战,努力推动党和国家事业取得历史性变革和历史性成就。

从"全周期防范"的视角来看,由于风险是在不确定性情境、不利事件下发生的,往往存在潜伏期,从量变到质变、由渐变到突变,致灾因子的隐蔽性较强,只在小范围内出现预警或风险信号。另外,潜在风险转为现实的突发事件,是一个动态发展的过程。因此,防范化解风险不能只局限于出现风险后的应对处置,而是应该以宏观的视野分析影响和制约重大风险的因素,以全周期的视角审视风险演化的规律和过程,做好事前、事中、事后的全过程全流程管理,抓紧抓好源头治理。首先,在风险发生前,要未雨绸缪,下好先手棋。由于此时突发事件的影响范围较小、危害程度较低,如果能够采取有效措施,就更容易减少甚至避免危机的发生。因此,领导干部在这个阶段的主要任务是加强对重大突发事件的研判、预警、监测,对危机的预测快而准,迅速作出选择、下定决心,形成决策、果断处置,以控制事态的蔓延和恶化,尽可能把问题化解在重大突发事件的萌芽状态，主动防范和避免事态扩大造成的损失。其次，在风险发生时，要化危为机，打好主动仗。风险发生后会对经济社会和自然生态产生重大影响，危机可能会超出正常的可控范围，如若控制不力，极有可能引发更严重的系统性危机。在此阶段，领导干部要作出正确决策和判断，进行正确的应急指挥，控制危机事态发展，至少要具备统筹兼顾力、应急处置力、组织协调力、群众感召力和舆论引导力，找到关键紧迫问题，及时研究部署工作，快速作出最恰当的决策，以避免错失应对良机、影响防控大局。最后，在风险发生后，要总结反思，筑好防火墙。当风险基本得到控制后，危机状态逐渐解除，经济社会逐渐恢复正常。在此阶段，领导干部的重点工作就是要及时追因溯源、总结经验，建立更为完善的预防体系，防止发生次生灾害。根据有关政策方针进行调查评估，做好救济重建工作，查找根源漏洞、完善防控体制，堵塞漏洞、化危为机，制定更为科学、更为完善的防控机制，以推进经济社会恢复到正常状态。通过切实抓好风险识别、风险监测、风险处置、风险沟通、风险评估等不同环节的配合和管理，能够切断风险升级的链条，有效降低风险发生的可能性，做到防患于未然。

　　从"全主体参与"的视角来看，由于风险具有流动性、跨界性和分散性，其发生和演变往往会打破常态管理中的明确分工界限，会出现跨地区、跨部门、跨层级、跨主体的现象，防范化解风险也就成为一项多元共治的系统工程。因此，在实际工作中，必须转变治理理念，坚持部门协同、社会共治，加快建立多主体协同参与的响应机制，由政府单一主导的风险管控模式转变为全社会多元主体共同参与的风险防控模式，促进各方面、多部门相互沟通、相互配合、共同行动，形成共同防范化解风险的强大合力，以提升风险治理的协同效能。必须从社会系统的整体性出发，树立共建共治共享的社会治理理念，加强各地区、各部门的信息共享机制、沟通协作机制，实现跨地区、跨部门的重大风险防控有机协同联动，从而进一步健全完善党委领导、政府负责、社会协同、民主协商、公众参与、法治保障、科技支撑的共建共治共享治理格局。虽然各级党委、政府是防范化解本地区、本领域、本行业重大风险的首要主体，但是风险的特性要求全社会都必须共同参与、共同承担风险的防范化解和应急处置。由此，必须充分发挥社会力量的作用，有序动员体制外的社会组织、公众、企业及个人参与到风险治理中，加强不同行动主体间的协作，形成各行动主体科学分工、响应有序的协同治理格局，更好地灵活释放各参与主体的优势，高效有序地处理好重大突发事件中的焦点热点难点问题。

从"全手段运用"的视角来看，习近平总书记多次强调，要坚持多管齐下、综合施策，综合运用法律、经济、行政、文化、教育等方法，共同防范化解重大风险挑战。要在法治轨道上运用法治方式化解风险。也就是说，做好防范化解重大风险工作，必须坚持法治原则，运用法律规范和法律理念对防范化解重大风险所面临的种种问题进行认识、分析和决策，运用法治思维和法治方式化解矛盾、解决问题、维护稳定，依法处置各类风险问题。从立法、执法、司法、守法各环节全面发力，在提高依法防控、依法治理能力的过程中，为防范化解重大风险工作提供有力的法治保障。另外，习近平总书记还特别强调，要依靠科技支撑防范化解并最终战胜风险挑战。在防范化解重大风险和应对突发事件的具体实践中，为了适应科技信息化大趋势，要善于运用云计算、物联网、大数据、移动互联网、人工智能等现代科技手段，加强对风险问题和突发事件的精准监测、实时预警和及时决策，以科技赋能重大风险应对的全过程、全周期，以信息化推进风险应对现代化，提高防范化解重大风险工作的科学化、专业化、智能化和精细化水平，做到对各类风险趋势和风险问题及时管控和有效治理。

在中国式现代化进程中，我们将面临各种各样的长期性、严峻性、复杂性的风险，这些风险具有全局性影响，这也就需要我们有整体性的治理能力，即从事物发展的整体联系中来把握重大风险的防范和化解。正如习近平总书记重点强调的，领导干部"要增强综合能力和驾驭能力"。既要坚持总体性应对原则，提高体系化应对能力和水平，打好总体战；又要实施差异化策略，针对不同区域的具体情况，采取防范化解风险的差异化措施，统筹推进经济社会发展各项任务。

第二节　风险社会与风险治理理论

现代社会具有高度复杂性和不确定性，与风险共存已经成为人类社会的普遍共识。自从理论家提出风险社会理论后，人们逐步对风险达成一些基础性共识，即风险的本质是一种不确定性的挑战。同时，人类追求现代化的过程中也面临越来越多的风险。风险治理又属于更广泛的治理和国家治理的范畴。从治理角度来解释风险和风险社会，可以认为走出风险社会的根本路径在于有效的风险治理。风险社会理论和风险治理理论是本研究借鉴的重要理论。

一、风险社会理论

"风险社会"这一概念由德国社会学家乌尔里希·贝克在其1986年出版的《风险社会》一书中首次正式提出。贝克认为，风险社会是生产力高度发展的表现和现代社会进步的产物，并提醒人们要警惕科技发展对人类健康和生态环境可能造成的"潜在副作用"；贝克还从西方工业社会的整体景观出发，认为"风险可界定为系统地处理现代化自身引致的危险和不安全的方式"。[①] 此后，他还在《世界风险社会》《自由与资本主义》等著

---

① 乌尔里希·贝克：《风险社会》，何博闻译，译林出版社2004年版，第5—7、19页。

作中，对风险社会有进一步的阐释。贝克关于风险和风险社会的论述，勾勒出了风险社会理论的基本框架，以至贝克的名字通常已经被作为"风险社会"的同义词使用。在贝克看来，风险（风险社会）主要意味着：一种真实的虚拟而不是毁灭或危险；一种影响当前行动的具有潜在威胁的未来而不是当下发生的事实；在不确定性中表现出来的控制与失控；某种知识和无意识；全球性的风险；以知识、潜在影响和症候后果为核心要素；一个人造的混合世界；在数字化道德中得到陈述的事实和价值的统一。

在贝克之后，安东尼·吉登斯（Anthony Giddens）以现代性的视角，分析了风险产生的原因和风险社会的主要特点，并将风险划分为外部风险和人为风险。吉登斯提出，那些"来自外部的、因为传统或者自然的不变性和固定性所带来的风险"，就是所谓的"外部风险"；而那些"由我们不断发展的知识对这个世界的影响所产生的风险"，则为"人为风险"。[①] 在吉登斯看来，现代社会之前出现的风险大多属于外部风险，而现代社会中的风险则往往是以人为风险为主。此外，诸如斯科特·拉什（Scott Lash）等学者，着重探讨了风险社会的形成原因、核心特征及风险社会带来的挑战，进一步推进了风险社会及其相关问题的研究。国内学者对风险社会的研究始于20世纪80年代，风险社会理论也日益成为研究中国经济社会发展的重要理论视角之一。中国学者研究的焦点主要集中于风险社会的内涵、成因、本质、问题、对策，以及相关比较研究等。

透过贝克、吉登斯及国内外代表性的理论成果，可以总结出风险社会具有的特征：（1）风险的人为性。在传统社会阶段，人类所面对的风险主要来自于自然界的不可抗力，来自于人类本身科学技术发展水平的限制，如自然灾害、物资匮乏、战争冲突等，某种程度可以归结为吉登斯所说的外部风险。当人类进入工业社会后，风险的形成由前现代的自然因素、外

---

① 安东尼·吉登斯：《失控的世界》，周红云译，江西人民出版社2001年版，第22页。

在因素,转变为现代的人为因素,特别是人类科技发展、工业发展导致的社会危机、生态危机和人类本身的危机,如环境污染、气候变化、核战争的威胁等。(2)风险的全球性。随着全球化的发展,风险也搭上了这趟快车,快速扩散到全球的不同国家、地区和角落。在此背景下,风险的来源、扩散和影响都具有全球性,其造成的灾难也不再限于发生地,而是经常超越地域界线甚至波及全球范围,如2008年的国际金融危机、2020年的新冠疫情等,都是全球性的重大公共事件,造成全球性的影响和破坏。风险的全球性特征,意味着没有人能逃避现代社会风险,即使你没有直接参与或裹挟其中,也依然没法真正独善其身,同样不能免受风险的冲击或危害。(3)风险的无法预测性。风险社会的风险常常不是以显性方式存在的,而可能是隐藏在事物背后,并且以人们难以感知到的方式累积、增长、膨胀或爆发,使人们猝不及防。而现代社会风险带来的后果,往往不像传统社会风险,某种程度是"可计算"的,甚至是可以通过某种经济补偿的方式使其后果在"可控制"的范围,而往往是显现出时空界限模糊、变幻莫测的特性,超出了人们的预警、研判、检测和事后应急处理的能力,人们"无从体验、也无法依据传统的时间序列来估计",其发生及影响更加难以预测。正如人们知道的,资本主义难以避免经济危机,但人们却无法真正预测或确定其发生的具体时间、波及范围、剧烈程度和后果。(4)风险本身的诸多二重性。吉登斯为了克服社会理论中的各种二元对立(如主体与客体、个人与社会、行动与结构之间的对立)而创设了"结构二重性"的概念。现代风险社会中的风险,事实上也具有诸多的二重性:风险是"客观存在"与"主观认知"的统一,风险的客观存在是人们对风险进行主观认知的前提,但人们对风险现象的主观认知又是随着客观存在而变化的;风险是"外生因素"与"内生因素"的统一,人类的发明创造给人类自身带来风险,同时,人类行为还创造出自然界中不存在的风险或加重自然界已有风险的危害性；风险是"积极结果"与"消极后果"的统一，消极后果是指人类对风险带来的潜在不确定性、危害破坏的担心和恐惧，积极后果是指人类对风险认识的深化或能够成为推动人类社会发展进步的机会和动力，如果能采取得体合适的应对风险方式，就有可能做到趋利避害。

风险社会理论深刻而精辟地分析了现代社会的结构性特征，为人们理解、探索、推动经济社会发展提供了全新的观察视角和描述语境。需要明确的是，虽然在漫长的人类社会演化进程中，风险一直无处不在、如影随形，但风险社会理论视域中的风险却与传统社会的风险有所不同。风险社会理论中的风险概念虽然也属于广义范畴，是指人类面临的各种自然或社会的潜在威胁，但它特别强调现代化过程中带来的各种人为的致害威胁，如现代科技运用导致的各种技术性风险、社会性风险。需要特别明确的是，我们所说的重大突发事件应对处置中的"风险"，更多属于较为狭义的范畴，主要是指重大突发事件发生之前的各种可能或潜在的危险性因素。这两种风险概念属于不同层面，并各有侧重点，但其实也存在一些基础性共识。这些基础性共识包括但不限于：风险的本质是一种不确定性的挑战，包括一般的自然灾害、公共卫生事件、事故灾难、社会安全事件等。同时，特别强调人类追求现代化进程中带来的产物，如环境污染、基因技术、核能泄露等问题，这两个方面都被包含在这一基础性共识范畴中。本研究所指的"风险"，兼具广义和狭义的内涵，即上述风险本质的基础性共识。

当前，随着后工业化特征的出现和信息技术时代的到来，人类的生存环境变得更加动荡、复杂和不确定，在这种新社会情境下，风险的性质、表现也在演化迭代，出现了形式各样的新兴风险。一方面，诸如环境污染、传染病等传统风险具有跨界性甚至全球性的特征；另一方面，诸如基因技术、纳米科技、人工智能等新兴科技逐渐走进人类生活,给现实世界带来巨大的冲击和挑战。经合组织(OECD)于2002年前后的一项专题项目研究,系统性地分析探讨了经济、技术、社会、环境等问题,及其对国际投资可能产生的影响。此外,国际风险治理理事会(IRGC)也十分关注新兴风险问题,并定期发布一些与新兴风险相关的研究报告,主要探讨新兴风险的动态变化、如何有效开展公共安全治理及新兴风险治理等问题。① 这些关于新兴风险的分析和探讨,有利于进一步深化我们对风险社会的认识,并促进人们更好地思考如何治理风险社会时代的各类风险。

二、风险治理理论

现代社会具有高度复杂性和不确定性,与风险共存已经成为人类社会的普遍共识。当前,风险社会已经成为一种世界性的存在,任何国家和地区都难以置身事外,风险治理已经跨越了经济发展程度、政治发展水平和文化意识形态的差异,成为所有国家和地区面临的共同任务。根据国际风险治理理事会的定义,风险治理是指国际社会、政府机构、产业组织、学术团体,以及公民社会为了将社会风险的负面影响最小化而开展的内聚性合作行为,是将善治原则应用到风险识别、风险评估、风险管理及风险调整的综合过程。② 人们对重大突发事件的应对,属于广义的风险治理的范畴,需要以有效的风险治理理论为指导。

有关风险治理的研究,目前主要有两种视角:一种是以贝克、吉登斯等人为代表的"风险社会"视角,这种视角强调国家、政府及制度规则的功能和作用,认为现存的、不完善的社会秩序诱发或衍生了一系列结构化的风险,为此,有必要通过进行组织和制度方面的改革规避风险;另一种

---

① 曹海峰:《新兴风险治理体系:框架构建与路径选择》,《中州学刊》2020年第1期。
② "What is Risk Governance?", https://irgc.org/risk-gorernance/what-is-risk-governance/.

是以拉什等人为代表的"风险文化"视角,这种视角强调社会公众的风险感知与文化认同,认为不同群体对风险的认知和解释是不相同的,为此,有必要通过实现价值共享或建立一个"亚政治"的社会形态来实现治理风险。值得关注的是,上述两种视角后来已经进行了某种程度的融合。2001年,贝克、吉登斯和拉什三人合作完成了《自反性现代化:现代社会秩序中的政治、传统与美学》一书,标志着三位学者将各自的视角和主张融合起来。①

对以上两种理论视角的研究,都是从风险社会理论出发,探讨人类进行风险规避的有效方法,虽然作出了重要的理论贡献,却也受制于工业社会的时代局限,无法真正指导人类有效应对各类风险和突发事件。治理理论的出现,正好为人类成功跨越风险社会提供了新思路。"治理是各种公共的或私人的机构管理其共同事务的诸多方式的总和"②,这是关于治理最为经典的界定。从治理角度来看待、解释风险和风险社会,可以认为走出风险社会的根本路径在于有效的风险治理。与技术性、客观化、单向度的传统风险管理不同,风险治理强调多元的主体、开放的过程、明晰的责任、公正的目标,以及合作的方式等来应对各类现实风险。在风险治理视角下,需要我们更好地培育社会公众正确的风险意识观,建立多元主体在内的风险治理体制有与之相应的有效运行机制,以此来推动和实现风险社会的复合治理。

在实践中,1983年美国国家研究委员会(NRC)在广泛调研的基础上,发布了名为《联邦政府中的风险评估:过程化管理》的咨询报告③,报告建议风险治理需要包含风险评估、风险管理、风险沟通这三个前后相继

---

① 张海波:《风险社会与公共危机》,《江海学刊》2006年第2期。

② Pierre and Peters, *Governance, Politics and the State* (New York: St. Martin's Press, 2000), p.23.

③ US NRC, *Risk Assessment in the Federal Government: Managing the Process* (Washington, DC.: National Academy Press, 1983).

环节的全过程,以实现风险治理科学性、政治性和社会性的统一。其中,风险评估侧重于强调科学性,风险管理侧重于强调政治性,风险沟通侧重于强调社会性。报告所列建议,迄今仍被广泛引用。2005年,国际风险治理理事会在北京发布了《风险治理白皮书:迈向一种整合性的路径》咨询报告[1],提出了基于流程再造理念的整合性风险治理框架,致力于推动公共风险领域建立一套全面的、一致的、灵活的风险治理指南,将风险治理理念提升到前所未有的高度。

当前,随着各种新兴系统性风险的出现,对人类生存发展的社会环境系统造成了整体性冲击,对传统的政府风险管理或治理模式构成了严峻挑战。为了回应这种新兴系统性风险的挑战,避免治理失败和整个社会失序,一些国家特别是西方发达国家的政府部门、相关国际组织和智库,以及专家学者,近年来提出并发展了许多新的风险治理理念、框架。其中,"包容性"(inclusiveness)与"弹性"(resilience)是在各种研究中被大量讨论的核心议题,经由包容性风险治理过程提升系统弹性被视为改善系统风险应对能力的关键。[2]这恰似社会有机体理论所认为,新旧要素在相互"碰撞""交织""分离"中此消彼长,推动社会有机体不断自我修复并提高自身抵御风险的能力。强调包容性和弹性的风险治理理念、框架,为我们在风险社会进行各类传统风险和新兴风险的治理提供了重要借鉴。

西方的风险社会理论对于处于现代化进程中的国家如何合理规避风险、有效化解风险启示良多,但无论是制度主义、文化主义的阐释,还是治理论抑或系统论的阐释,其根本出发点与立足点都是维护资产阶级的统治与利益。中国在进行风险治理实践时,一方面要借鉴人类优秀文明成

---

[1] IRGC, *An Introduction to the IRGC Risk Governance Framework*(Geneva:International Risk Governance Council, 2005).

[2] 张海柱:《系统风险、包容性治理与弹性:西方风险治理研究的新议题》,《国外理论动态》2020年第4期。

果，批判地借鉴西方风险社会理论对现代性风险社会的有益思考；另一方面要避免照搬套用，应以中国的价值立场与实际情况来克服与超越西方风险社会理论的局限性。

第三节　治理理论、国家治理理论

重大突发事件的应对属于风险治理的内容，而风险治理又属于更广泛的治理的范畴。从理论发展来看，自20世纪90年代治理理论被提出后，其运用逐步扩展到经济、政治和社会诸多领域，成为近几十年来全球最具影响力的理论之一。治理理论强调在解决公共事务中的多元主体协同行动，同时承认政府的"元治理主体"地位，这既有对传统政治统治理论、政府管理理论的继承，更是对这两种理论的突破和超越。这一理论在现代社会的重大突发事件应对和风险治理中具有重要的指导意义，它倡导由政府大包大揽向政府主导、社会协同、公众参与、法治保障转变，以最大限度调动各方力量提升应对和治理的效能。不过，作为治理理论主要来源的现代西方治理理论，其背后隐含着新自由主义的基本价值立场和理论假设，表现为"去国家化""去政府化"的倾向，无论是在理论上还是在实践中，都与有效应对重大突发事件和治理风险存在一定程度的紧张关系。相比较而言，以马克思主义为指导、吸收西方治理理论合理内容、基于中国治理实践的国家治理理论，具有明显的理论优越性，成为我国应对重大突发事件的重要理论基础之一。

一、治理理论

（一）西方治理理论

现在我们常用的"治理"（governance）一词，通常认为来源于古希腊语（古拉丁文）"steering"这个词，指在特定范围内行使权威，具有领航、引导、控制和操纵之意。可以说，原初意义的治理概念隐含着一个政治进程，这一进程"在众多不同利益共同发挥作用的领域建立一致或取得认同，以便实施某项计划"①。不过，我们今天所谈论的治理主要来源于世界银行。1989年世界银行发布了一份有关非洲发展的报告认为，"非洲发展问题的反复出现"其背后深层次原因是存在"治理的危机"（governance crisis）。起草报告的世界银行专家们，目睹了不少发展中国家政府官员的腐败、对国际援助资金的侵吞、渎职和工作不力的现象，认为这些国家出现普遍性的国家失败，根源在于无能为力的政府。为此，他们提出鼓励社会力量、民间组织共同参与国家管理，监督和协助政府做好工作，并将这种新的多方参与的管理形式称作"治理"。世界银行的专家们甚至还进一步倡导"投资人民"，突出强调个人和社会对政府在公共事务管理中的替代性作用。其后，从时间进程的维度来看，治理理论的发展先后经历了三个阶段：（1）第一代治理理论（1989—1997年），这一阶段的治理理论强调公民社会、非政府组织的治理，代表性的理论有民主治理、公共治理和无政府的治理。（2）第二代治理理论（1997—2006年），这一阶段的治理理论开始强调以公众为中心、政府体制机制创新、整体主义，其代表性的理论有整体性治理、协同治理、参与式治理、合作治理等。（3）第三代治理理论（2006年至今），这一阶段的治理理论重点强调了最新的信息技术运用，直接回应的是互联网时代的治理，如网络治理、新公共治理、数字时代治理等。

治理理论兴起有其客观的历史条件，即当时的人类社会正经历着深刻的变革，如社会力量逐步在政府与市场之外生长、网络信息技术革命推动社会结构的网络化和扁平化、全球化过程中出现的新型治理问题等，但西

---

① 俞可平：《治理与善治》，社会科学文献出版社2000年版，第16—17页。

方国家基于掌握意识形态领导权而对该理论进行全球推广,可以说是更为重要的主观原因。自1992年起,世界银行将年度报告改称为《治理与发展》,这使得与治理相关的概念和理论影响力进一步扩大。此后,以世界银行为代表的一些国际组织,不仅专门组织对治理问题的理论研究,并且要求受援国按照它们确定的"善治标准"开展行动和接受评估,"对那些在它们看来没有良好治理状况的国家,它们就要求这些国家进行必要的改革,使之符合其善治的标准"[1]。与此同时,西方以市场化为导向的新公共管理运动(政府再造)席卷全球,作为新自由主义宣言的"华盛顿共识"在第三世界国家推广,这些强调"去政府化"的思潮和改革运动,加速了治理理论在全世界的流行。

各界关于治理的内涵众说纷纭、莫衷一是。其中,1995年全球治理委员会发布的《我们的全球伙伴关系》,将治理界定为"各种公共的或私人的个人和机构管理其共同事务的诸多方式的总和"[2]。治理呈现如下重要特征:一是治理的过程,是一个使不同的利益乃至相互冲突的利益得以调和,并由多主体采取联合协同行动的持续的过程;二是治理的主要依据,既包括有权迫使人们服从的具有强制力的正式性法规制度,也包括各种人们遵从的价值观念或认为符合其利益的非正式性制度安排;三是治理的主体,既涉及公共部门,也包括各类私人部门;四是治理过程的基础不是控制,而是持续互动的协调。与"治理"概念相关的另一个概念是"善治",相比治理"去政治化""去价值化"的工具性特征,善治则强调治理需要有更多的价值关注和规范预期。善治的目的是使公共利益最大化,但实现途径和评价标准具有多样性。世界银行的专家们对如何衡量现代民主

---

[1] 俞可平:《治理与善治》,社会科学文献出版社2000年版,第13页。

[2] Commission on Global Governance, *Our Global Neighborhood* (Oxford: Oxford University Press, 1995), p.2.

治理的好坏，提出了一套测量指标，包括公众认可与支持度、透明度、参与度、问责力、回应力、法治水平、有效性、稳定性、廉洁性、公平公正性、战略目标等。不过，这一套测量指标体系，并没有得到全球学界的普遍认可。我国著名政治学者俞可平将善治的评价标准概括为"合法性、法治、透明性、责任性、回应、有效、参与、稳定、廉洁、公正"十方面的基本要素。[①]

治理在不同领域具有不同的含义，我们通常所说的治理主要是公共领域的治理也就是公共治理。不同于传统的公共管理（行政管理），公共治理是指由政府部门、市场主体、社会组织、公民个人等组成的多元主体，通过目标确立、资源共享、合作协商、伙伴关系等途径，在权责互依、相互联结和彼此依存的环境中，为实现公共利益而共同管理公共事务的过程。公共治理理论既有对传统政府管理的反思批判，也有对新公共管理和新公共服务理论的合理吸纳。作为一种新型公共管理理论，公共治理理论着重强调如下几个要点：一是治理主体的多元性，即治理主体是由多元公共管理主体组成的公共行动体系；二是治理主体的依存性，即多元化的治理主体之间，存在着权力和资源的相互依赖，是一种互动的伙伴关系；三是边界的模糊性，即各个治理主体间的责任边界，存在相当的模糊性和不确定性；四是管理的网络化，即多元化治理主体之间的合作，是一种自主自治的伙伴合作关系，实行网络化的管理；五是政府的"元治理"，即虽然公共治理强调多元主体的责任共担，但政府在治理网络中始终承担着"元治理"功能。[②] 总而言之，公共治理理论强调政府部门、非政府部门和其他主体在管理公共事务、促进公共利益过程中的合作，突出强调治理主

---

① 俞可平：《敬畏民意——中国的民主治理与政治改革》，中央编译出版社2012年版，第128页。

② 丁煌：《西方公共行政管理理论精要》，中国人民大学出版社2005年版，第455—458页。

体多元化、治理结构扁平化、治理过程互动化和治理机制多样化，成为受理论界和实务界关注的新型理论。

近年来，随着以政府为中心向以多元主体协同行动的治理理念的转变，以及信息化、数字化的发展，作为对政府治理问题的新回应，治理理论开始强调重新整合、以需求为基础的整体主义和数字化过程。在现实中，随着信息技术、数字技术的发展，诸多国家和地区的政府尝试将这些技术与复杂的政府结构有机融合，以实现治理的数字化转型。处于数字时代的西方国家，已经出现新的政府治理理论，即数字时代治理。数字时代治理的基本目标是将信息技术、数字技术有机融入政府结构中，以更好地降低政府运行成本，提高公共事务处理能力和提供优质公共服务。自2020年全球性新冠疫情发生以来，为了应对疫情常态化后的治理需求，在传统的柔性治理和刚性治理之间，学者认为还存在应对重大突发事件的韧性治理，这一治理机制主要是以主动性、自发性、自适性的动态治理模式，进行治理主体和治理环境的韧性建构，以更好地应对风险社会的流动性、随机性、复杂性和不可控性。数字治理和韧性治理，可以说是治理理论最新发展的体现。

通过以上对西方治理理论的渊源和内涵的梳理和考察，可以发现，西方治理理论就主流而言往往对国家中心论或政府中心论持明显的批判态度，表现为"去国家化""去政府化""强社会"的倾向。在大多推崇西方治理理论的人看来，现代社会之所以出现诸多问题，其最为重要的原因是出现了"国家或政府的失败"。为此，面对越发多元化、复杂化、动态化公共问题的现代社会，需要多层次、多样化的协同行动加以解决，需要"更加多元的主体参与到治理过程中"[①]，难以像传统一样仅由国家（或政府）主导就能得到解决。在西方治理理论的推崇者看来，一个国家的政

---

① 杨光斌：《国家治理论超越西方治理论》，《北京日报》2020年1月6日。

府不再是所有公共事务的当然主体和唯一主体，诸如社会组织、各类团体等可以发挥重要作用，乃至关键性作用；有些论者甚至主张"没有政府的治理"，对政府在治理中的作用持否定性，甚至完全排斥的立场。这种"没有政府的治理"的治理理念，在西方政治哲学中有着悠远深厚的理论传统，也根植于西方国家传统治理和现实治理的特定实践。民众对政府不满，甚至某种程度的"政府失败"，在诸多国家的不同时期可能一定程度上存在，但因此就主张治理"去政府化"而一味地鼓吹社会力量的作用，其结果可能是另一种"表错了情"。需要特别关注的是，现实中在很多非西方国家即大部分的发展中国家，其国家与社会关系中本来就是"强社会和弱国家"，国家被各种社会力量左右而难得自主性，政府能力十分有限。在这种情况下，再主张进一步"去国家化""去政府化"，这可以说是"开错了药方"，结果往往是南辕北辙。

治理理论的最大价值在于，它是由多方面因素生成的一种关于多元主体协同互动的理论框架和组织框架，但这种框架是基于各种主体都能有效发挥作用的假设。然而，理论和实践都证明，"政府失败""市场失灵""社会失效"似乎难以避免。常识告诉我们，在政府、市场和社会组织都不能很好发挥作用的情况下，治理理论所倡导的合作治理也难以真正有所作为。政府主导机制以权力为主要驱动、市场主导机制以利益为主要驱动、社会组织主导机制以道德为主要驱动，而治理机制，理论上可以依靠三种驱动力量，事实上却是"谁都靠不上"。另外，治理想要实现多主体效应的最大化、最优化，就需要各主体、各组成部分以合理的结构方式组成有机系统，实现各主体的相互作用、相互补充和相互制约；而实际的情况是，无论是理论还是实践，治理都存在结构不明确甚至是结构不良的问题，这会导致治理的整体性失效。可以说，如果缺乏有效的整合机制与制度设计，治理各主体内部结构不明晰，不但政府、市场、社会三方难以发挥各自的比较优势，反而可能出现政府、市场、社会三者的比较劣势相互叠加，导致整体更大的治理失败。

虽然治理理论无论在理论还是实践中，都会遭遇各种难以克服的困境，但其倡导的是政府、市场、社会多元主体协同行动共同解决公共问题，其强调的治理是一个动态的过程，治理过程中责任的分担、先进管理技术和方法的使用，其彰显的是人们对公共事务治理方式持续不断的追求和精进等，给我们应对重大突发事件以重要启示。这些启示包括但不限于：应对重大突发事件和风险治理只有应急系统发号施令是不够的，即使是整个行政系统（政府系统）也是不够的，需要各级领导干部更新观念、开阔视野，更好地发挥社会组织、企业、群众的作用，构成更加有效的行动体系；应对重大突发事件不是静态和固定的工作，而是一个持续动态的过程；在应对重大突发事件过程中，各类社会组织、企业、群众可能是突发事件中的受救助方，也可能是相关方，他们同时还可担任风险治理的一方主体，成为重要的责任分担者；在应对重大突发事件过程中，要善于运用最先进的技术工具和方法，特别是通过数字技术和工具的运用，提升效率和效能。这些启示对于在应对重大突发事件过程中肩负特殊责任的各级领导干部来说，既需要集中整合政府应急系统相关应急处置资源，又涉及不同层级、不同部门、不同区域和不同主体等方方面面的协调；既要熟悉现场的应急处置，又要善于做好预防和善后工作，特别是要适应形势需要，提升使用现代技术和工具的能力。

（二）马克思主义治理理论

从学术思想传统看，西方主流政治思想发轫于柏拉图和亚里士多德的政治学说，不过从某种程度来说，"这一传统也很明显是在马克思的理论中迎来了它的终结"①。马克思主义作为一种批判的理论,对资本主义社会特别是其内在危机进行了全景式的深刻剖析,其中,包含关于国家治理、社会治理的一系列精彩观点和论述。马克思、恩格斯通过对国家、社会和个人,以及它们相互之间关系的政治哲学探讨,加上对现实治理问题的分析探讨,形成了以历史唯物主义为基础的全新的治理理论思路和分析框架,提供了一种不同于西方传统政治哲学基础的选择,实现了对西方治理理论内在缺陷和冲突的超越,展现了治理理论哲学层面的新的可能性空间,这不但具有深刻理论意义,也具有很强的现实实践意义。

关于国家与社会关系,理论上有社会中心主义和国家中心主义的不同理论流派。马克思、恩格斯最早提出了"工具主义"的国家理论,认为国家来源于社会又高于社会,并逐步演变成为社会中的统治阶级实现自身利益的一种工具。作为一种政治上层建筑,是由社会经济基础决定并为社会中生产资料占统治地位的阶级服务。"这种从社会中产生但又自居于社会之上并且日益同社会脱离的力量,就是国家"②;"现代的国家政权不过是管理整个资产阶级的共同事务的委员会罢了"③。不过,马克思、恩格斯通过经验性观察也发现了"例外情形",并提出了现实中"国家自主性"的存在。在《法兰西内战》一文中提出,社会最初通过简单的分工建立了一些维护大家共同利益的特殊机关(为首的是国家政权),但是随着时间的推移,这些机关"为了追求自己的特殊利益,从社会的公仆变成了社会的主人"④。马克思主义国家理论不是从抽象的个人与共同体概念去分析和考察,而是深入人类社会的历史现实之中去分析和考察,这与自由主义国家理论

---

① 阿伦特:《马克思与西方政治思想传统》,孙传钊译,江苏人民出版社2007年版,第87页。
② 《马克思恩格斯选集》(第四卷),人民出版社1972年版,第166页。
③ 《马克思恩格斯选集》(第一卷),人民出版社1995年版,第274页。
④ 《马克思恩格斯选集》(第三卷),人民出版社1995年版,第12页。

的出发点完全不同；不是从抽象的所谓"自然状态"出发来考察国家的产生发展过程，而是联系生产力发展、社会分工和物质资料生产的具体历史进程来考察。通过对人类文明演进具体历史过程的深刻洞察和科学分析，马克思、恩格斯认为，国家起源于生产力发展和社会分工基础上的阶级分化和对立，是社会中占统治地位的阶级为实现他们共同利益的特定工具和形式。国家在本质上可以说是阶级社会的一种政治结构，这种结构是由社会生产对治理秩序的需求所形成的。为此可以说，作为特定时代"整个市民社会获得集中表现的形式"①，国家是特定的历史阶段的必然现象和产物。建基于历史唯物主义之上的马克思主义国家理论，在对国家分离于社会的历史进程和相关状况的剖析基础上，实现了对西方传统关于国家与社会对立关系的历史性超越，也可以说是一次新的理论飞跃。

作为人类特定历史发展阶段的一种治理结构的国家，是治理领域必然存在的一种力量，但其作用也是有限度的，理想的治理状态是治理中既非无限依赖于国家的作用也非处处限制国家发挥作用。虽说国家由市民社会决定，但国家的作用并非完全被动消极的，也并不是说国家在治理中一定要对社会退让。在马克思主义理论家看来，人类发展的根本性的变革是"社会"本身的变革，而并不在于国家与社会关系的结构性变化。"与其说国家制度是一种特殊东西，倒不如把它看作整体的一部分。"②作为来源于社会并作为"一定的市民社会"的政治表现的国家，虽然日益与社会表现出相异的力量甚至是自主性，但也要清楚地认识到，马克思、恩格斯对国家的批判本质上是认为国家与社会的矛盾属于市民社会的一种内部矛盾。为此，治理的问题本质上存在于市民社会之中，而非存在于国家与社会之间，国家只是"作为市民社会的特性存在的"。在西方自由主义理论家看

---

① 《马克思恩格斯文集》（第一卷），人民出版社2009年版，第584页。
② 《马克思恩格斯全集》（第三卷），人民出版社2002年版，第73页。

来,"自利的人"在交易和相互依赖中,能最终产生"利他"的结果,社会本身能够建构起良好的公共秩序。不过,马克思、恩格斯认为,"市民社会不可能实现自足"已为人类历史发展进程所证明,个人权利与公共理性之间总是存在矛盾;仅凭市民社会的自我发展,不足以达到理想的治理状态,因为在市民社会中,"人作为私人进行活动,把他人看做工具,把自己也降为工具,并成为异己力量的玩物"①;治理的真正立足点不是国家而是社会,政治上的问题是市民社会中不同权利之间的矛盾,它内嵌于市民社会且是市民社会自身内在问题在政治上的反映。当然,这并不是说解决好治理问题要靠国家权力回归市民社会,而是强调治理的变革最终有赖于社会变革的推动。为此,良好治理的实现不能只靠简单地调节政治领域的"个人——共同体"的关系,而是要"改变治理的基础,深入到市民社会之中,改变社会生产生活中的不合理状况"②。

为最大多数人谋幸福是马克思主义的根本立场,体现在治理领域,就是强调治理的人民性。所谓坚持治理的人民性,就是要充分尊重人民群众在治理中的主体地位,切实做到在治理中相信群众、依靠群众和发挥群众力量。需要明确的是,马克思主义强调的治理的人民性与西方所倡导的公民社会有着本质区别。治理的人民性强调人民利益的整体性,而公民社会强调社会的碎片化多元主体利益。同时,坚持治理的人民性,与一些学者所倡导的"贤能政治"和"精英治理"也有着本质区别。"贤能政治"是一些研究者通过对中国政治传统和政治现状的研究,对不同于西方自由选举模式的中国的政治治理状况的一个概括。贝淡宁认为,"中国的政治模式是低层民主,越往高层,尚贤的程度就越高"③,并使用了"垂直民主贤

---

① 《马克思恩格斯文集》(第一卷),人民出版社2009年版,第30页。
② 李洋:《西方治理理论的缺陷与马克思治理思想的超越》,《哲学研究》2020年第7期。
③ 贝淡宁:《贤能政治》,吴万伟译,中信出版社2016年版,第153页。

能政治"一词来概括。这种采用中国传统话语所作的阐释，现在已得到部分人的认同，产生了一定的影响力。与此相对应，以帕累托、米歇尔斯、熊彼特、米尔斯等为代表的西方精英论者认为，不论什么性质的国家，本质上都是由少数精英掌握权力，国家行为在本质上是由少数权力精英来控制的。这些精英论者不认同马克思、恩格斯提出的拥有生产资料的统治阶级占据着领导权，也不认为资本主义国家只为资产阶级的利益服务。从历史发展进程看，虽然"精英"或"贤人"从某种角度来说，在治理中的作用可能会体现得突出一些，但从更宏观的视角来看，治理的最终依靠力量只能是"人民的伟力"。马克思主义强调治理的人民性，为我们应对重大突发事件找到了最根本、最坚实的力量来源。

马克思、恩格斯认为，资本主义城市化的盲目发展导致了空间异化，片面化的人口集聚和快速流动超越了自然的生态阈值范围，造成了人与自然物质变换的断裂。资本主义社会"对自然界的独立规律的理论认识本身不过表现为狡猾，其目的是使自然界（不管是作为消费品，还是作为生产资料）服从于人的需要"[①]。为此，马克思、恩格斯提出了社会有机体思想，通过历史辩证法的整体性与有机性相互交织，使社会有机体涵化为一个自我生成、自我发育、自我调节的辩证的历史总体，"使社会的一切要素从属于自己，或者把自己还缺乏的器官从社会中创造出来"[②]。社会有机体通过新旧要素的此消彼长，并最终实现新要素战胜旧要素，推动其不断自我修复和自我更新。不过，社会有机体"不是坚实的结晶体，而是一个能够变化并且经常处于变化过程中的有机体"，其向总体发展的过程本身是一个曲折前进的历史过程。社会有机体的自我更新就是在不断克服主客体矛盾的对抗中一路走来，这种对抗就是人类实践二重性风险效应在人

[①] 《马克思恩格斯文集》（第二卷），人民出版社2012年版，第715页。
[②] 《马克思恩格斯全集》（第三十卷），人民出版社1995年版，第237页。

类社会领域的展开与演化。马克思、恩格斯的社会有机体思想,为我们找到了内生于人类社会的预防重大突发事件发生、有效应对重大突发事件的内在动力,"是我们有力、有度、有效防范化解各种风险挑战的重要思路"[①]。

二、国家治理理论

尽管马克思、恩格斯所处的时代没有一个真正意义、完整意义上的社会主义国家,也自然没法真正经历和参与社会主义国家的治理实践,但他们的著作中蕴含的关于国家治理的丰富思想,为共产党领导的社会主义国家寻找治理价值和明确治理目标提供了重要的理论支撑。在中国特色社会主义国家治理中,作为官方指导思想的马克思主义理论的批判性叠加中国治理传统的特异性,共同构成了对西方治理理论的批判反思和重新审视,展现出不同于西方治理模式的现实治理可能性。中国的治理理论家一直尝试构建不同于西方的公共秩序理论,以实现国家治理体系和治理能力现代化,甚至更进一步认为是坚持和完善中国特色社会主义、实现中华民族伟大复兴的重要依托。可以说,马克思主义的治理思想拓展了治理的"理论可能性",中国国家治理则正在拓展不同于西方治理传统的"实践可能性"。

1949年,中国共产党领导中国人民建立了新中国的同时,也面临着如何治理这个国家的全新历史任务,当时并没有可资利用的现成的经验方法和成功模式。马克思、恩格斯的时代,全球范围还不存在社会主义国家全面治理的实践问题;列宁领导建立了世界上第一个社会主义国家并展开了相关治理实践,但没来得及全面深入下去就去世了,其后继者在社会主

---

① 杨海:《马克思社会有机体思想中的"风险治理"意涵》,《广东社会科学》2021年第1期。

义国家治理问题上虽然有进一步的探索，但始终没能很好地解决"如何治理社会主义国家"的问题。中国共产党取得全国政权以后，在国家治理领域的探索和国家建设领域一样，虽可以说经历挫折、路途坎坷，但总体上"在国家治理体系和治理能力上积累了丰富经验、取得了重大成果，改革开放以来的进展尤为显著"①。在这一历史进程中，中国共产党人始终坚持马克思主义的指导、传承治国理政优良传统、植根中国现实治理实践，领导人民建立了中国特色国家制度和治理体系。这一制度和体系"在合法性论证、资源汲取与整合、政府能力与社会调控等方面具有前所未有优势"②，不但有效解决了"能不能治国"的问题，还有力地推进了我国经济社会的繁荣发展，"创造了世所罕见的经济快速发展奇迹和社会长期稳定奇迹"③。中国经济社会发展和国家治理的实践证明，中国特色社会主义制度和国家治理体系适应了中国国情的需要，显示出具有巨大的优越性，其本身具有内生性的强大生命。

与治理实践相比，关于中国治理的相关理论一直存在某种程度的滞后。可喜的是，近些年来关于中国治理的理论研究无论是理论基础还是学术共识，都有较好的积累。我国相关领域的研究者逐渐建立起了具有中国特性的治理理论——国家治理理论。相比于西方的治理理论，中国的国家治理理论最主要的不同，在于其赋予"国家"在治理中的不同角色和功能。"国家治理"这一中国的官方话语，与理论界、学术界形成良性互动，并自党的十八大后得到了社会各界热烈呼应。党的十八届三中全会正式提出了国家治理体系与治理能力现代化，在党的十九届四中全会进一步研究

---

① 《习近平谈治国理政》（第一卷），外文出版社2018年版，第91页。
② 陈明明：《党治国家的理由、形态与限度：关于中国现代国家建设的一个讨论》，《复旦政治学评论》2008年第1期。
③ 《中共中央关于坚持和完善中国特色社会主义制度　推进国家治理体系和治理能力现代化若干重大问题的决定》，《人民日报》2019年11月6日。

并系统部署国家治理体系和治理能力现代化，使"治理"在理论界和实践界的热度进一步提高。中国语境中的"治理"是社会主义的国家治理，是将党的领导、人民当家作主和依法治国有机统一的进程，也是文化传承、民族国家现代化和制度建设相融合的历史进程。在这一进程中，形成了中国的国家治理方案，即坚持马克思主义的指导地位，坚持中国共产党的领导，"治理"是社会主义国家政治统治与政府管理的有机结合。在中国的国家治理中，可以看出，国家不是一种消极的力量，而是"积极地组织，大度地包容，并且规范、规劝、吸引、激励各种力量参与国家事务的管理、国家制度的维护"①，并以此来推动整个国家的经济社会发展。

中国特色社会主义制度和国家治理体系有着诸多独特优势、中国国家治理能力和政府能力独步全球，最重要原因之一就是有马克思主义这个科学理论的指导。构建基于马克思主义基本原理与中国具体实际和优秀传统文化相结合的中国的国家治理，既能高效地解决现实中的治理问题，又能有效地把成功的治理经验转化为稳定的制度性成果，"使我国国家制度和国家治理体系既体现了科学社会主义基本原则，又具有鲜明的中国特色、民族特色、时代特色"②。中国共产党人所倡导和实践的治理，既不同于中国传统的皇权统治者"家天下"的治国安邦，也不同于西方所倡导的分权制衡、多中心治理和社会自治的没有政府的治理，而是开创了有中国特色的治理之道。当代中国的国家治理是在中国共产党的领导下，在坚持中国特色社会主义道路的前提下，以美好生活的需要为导向，按现代政治价值的要求，人民群众科学、依法、有效地参与管理各类国家事务和社会公共事务的实践和进程。同时，当代中国治理十分注重整体性和均衡性，它包括政府治理、市场治理、社会治理乃至（参与）全球治理等多个领域，强

---

① 蓝志勇：《东西方历史经验中的治理思想》，《国家治理》2014年第9期。
② 《习近平谈治国理政》（第三卷），外文出版社2020年版，第122页。

调依法治理、综合治理、系统治理等全方位治理。在新的发展阶段和形势下，我们坚持马克思主义治理观，最重要的是坚持将马克思主义基本原理与我国的治理实践结合起来，以更好地推进和实现国家治理体系和治理能力的现代化。

习近平总书记指出："中国特色社会主义最本质的特征是中国共产党领导，中国特色社会主义制度的最大优势是中国共产党领导，党是最高政治领导力量。"[1] 党是领导一切的，与中国特色社会主义最本质特征是中国共产党的领导一样，当代中国国家治理的最本质特征也是中国共产党的领导。党的十六大报告首次提出了"党领导人民治理国家"；党的十七大报告表述为"要坚持党总揽全局、协调各方的领导核心作用"，"保证党领导人民有效治理国家"；党的十八大报告进一步表述为"要更加注重改进党的领导方式和执政方式，保证党领导人民有效治理国家"；此后，党的十八届三中全会正式提出了"推进国家治理体系和治理能力的现代化"的命题，党的十九届四中全会就"推进国家治理体系和治理能力的现代化"进行了系统研究和全部部署。实践中，中国各领域、各层级的治理工作也都是在党的领导下进行的。对于党与当代中国治理的关系，习近平总书记有着十分精准的概括："国家治理体系是在党领导下管理国家的制度体系"，"国家治理能力则是运用国家制度管理社会各方面事务的能力"。[2] 需要明确的是，我们强调中国国家治理要始终坚持中国共产党的领导，其实还有进一步的意义，即我们党本身也要提升执政能力和领导治理的能力，要坚持全面从严治党，始终走在时代前列，永葆革命性和先进性，切实以我们党自身治理的现代化领导和实现国家治理的现代化。

从中国国家治理理论来看，治理是政府、市场、社会共同的事业，需

---

[1] 《习近平谈治国理政》（第三卷），外文出版社2020年版，第94页。
[2] 《习近平谈治国理政》（第一卷），外文出版社2018年版，第91页。

要保持三者的平衡同时又要发挥各自的优势。我们的治理改革,并不是要用市场或社会替代政府,也并不是要削弱政府的作用,而是要做到有力政党、有为政府和有效市场的有机结合。就政府与市场来说,就是要将有效市场与有为政府更好结合起来,使市场在资源配置中发挥决定性作用的同时,更好地发挥政府的作用;就政府与社会的关系来说,则要"打造共建共治共享的社会治理格局"①;就市场与社会的关系来说,虽然它们各自运行逻辑不一,但也需要协同发挥作用。实践中,当前中国国家治理的基本特点就是在党的领导下更好地发挥政府、市场与社会这三个主体和三种机制的作用,以形成完善高效的国家治理系统。在国家治理的整体框架内,政府、市场、社会三者有不同的行为逻辑。具体来说,政府主要以垄断性权威、强制性权力和等级式控制提供公共服务和构建公共秩序,市场主要通过利益机制、竞争机制、价格机制等来优化资源的配置,以社会组织为代表的社会则主要通过公共道德、志愿服务、慈善事业和集体行动来参与公共治理。国家治理的理想状态是:政府、市场和社会既分离又合作,将公平导向、效率导向和公益导向有机结合起来,充分发挥三者各自的比较优势,实现公共利益和私人利益的最大化。

新中国成立以来,我们党之所以能带领人民取得经济快速发展和社会长期稳定两大奇迹,其中一个重要原因在于我们国家强大的现代治理能力。理论、道路、制度和文化固然都重要,但其发挥作用最终要体现到现代化的能力上来。同样是资本主义国家或社会主义国家,为什么治理绩效有很大差异甚至完全不同,有制度的原因,更是能力的问题。一个国家能否实现治理现代化,关键在于能否通过治理能力的提升来提高治理效能。有学者提出衡量治理现代化的三项指标或说三项条件,即是否是民主的、

---

① 习近平:《决胜全面建成小康社会 夺取新时代中国特色社会主义伟大胜利——在中国共产党第十九次全国代表大会上的报告》,人民出版社2017年版,第49页。

有效率的和低运行成本的。① 从这三项条件来说，我国的国家治理无疑是现代化。现代化在这里不只是代表历史发展阶段，更代表着一种治理的能力。在我国，强大的国家治理能力主要包括三个方面：一是党总揽全局、协调各方的领导能力和科学、民主、依法执政的能力；二是国家机构和党员干部履行职责、行使权力、开展工作及运用制度干事创业的能力；三是市场主体创新创业的强大活力、社会组织依法参与管理国家事务和管理自身事务的能力。习近平总书记指出，"要更加注重治理能力建设"，"提高党科学执政、民主执政、依法执政水平"。② 这也就是强调，要通过治理事务和治理行动的法治化、规范化和制度化，实现我国国家治理能力的提升和国家治理能力的现代化。

国家治理是一个复杂的工程，不同制度、不同文化背景、不同发展阶段对治理有着不同的要求。同时，一个国家的规模也会影响治理措施及其效果。一个超大规模国家的治理，面对的一个十分重要的问题就是治理对象的多元性、多层次性和非对称性。其中，多元性包括地域差异、民族差异、文化差异、发展程度差异等，多层次性是指系统由国家、地方、基层等多个具有权力关系的治理等级构成，多元性和层次性构成了权力的非对称性。在这种超大规模国家中，如何实现对各种主体、资源、渠道进行有效整合和协调，是提升国家治理能力的关键所在。中国作为一个典型的超大规模国家，涉及政党与国家、国家与社会、政府与市场等各方面关系，要确保国家治理各项制度、措施的协调性和整合性，需要有系统思维、采取系统措施推动这项重大系统工程。当代中国国家治理体系，呈现党领导下的"五位一体"总格局，即包括党的领导、经济、政治、文化、社会和

---

① 辛向阳：《用马克思主义指导国家治理体系和治理能力现代化建设》，《红旗文稿》2017年第6期。

② 《习近平谈治国理政》（第一卷），外文出版社2018年版，第92页。

生态文明六大部分的治理体系。同时，明确了党的领导体系、政府治理体系、武装力量体系、群团工作体系、中央与地方关系等在国家治理体系中的定位。正是这种系统观念和系统思维，使中国的治理能进行前瞻性思考、全局性谋划、战略性布局、整体性推进，做到坚持"全国一盘棋"，更好发挥中央、地方和各方面的治理积极性。

中国国家治理坚持以马克思主义为指导，坚持中国共产党的领导，强调政府、市场和社会的协同，注重治理能力的提升，强化治理的系统性，这些特征契合了有效防范化解各类重大风险挑战和应对各类重大突发事件的内在要求。党的十九届四中全会提出，"加强和创新社会治理，完善党委领导、政府负责、民主协商、社会协同、公众参与、法治保障、科技支撑的社会治理体系"。在我国，重大突发事件的应对和处置，需要有科学理论的指导，需要发挥党的集中统一领导优势，需要国家集中力量办大事，这正是中国国家治理的独特优势所在和重要体现。同时，十分注重治理的系统性，既强调治理的横向整体性，即发挥政府、市场、社会各方面的合力，也强调治理的纵向前瞻性，就是要居安思危，增强忧患意识，有效防范化解各种风险隐患。此外，中国国家治理强调制度基础设施的重要性，更强调各类治理主体运用各类制度进行治理的能力的重要性，以实现治理体系和治理能力一体的现代化。中国国家治理理论和实践的这些特征，对领导干部应对重大突发事件能力提出了新的更高要求，如注重党和政府集中统一领导和发挥社会各界力量的统一，注重敢于担当决断与运用法治思维、法治方法的统一，注重物质资源的准备与科技手段运用的统一，等等。

第四节　现代领导力理论

近年来,社会飞速发展、环境复杂多变,我国面临诸多挑战和压力,应对重大突发事件已经成为领导科学研究的重要议题。与一般性的突发事件不同,重大突发事件具有来势凶、攻势猛、时间长、危害大等特点,问题处置、矛盾排查和危机化解极具复杂性,这就对领导干部提出了更高、更专业、更系统的能力要求。对各级领导干部来说,增强应对重大突发事件能力的重点就在于提升领导力。领导力研究已经逐渐成为学界关注的热点,基于领导力理论与实践的重要性,根据现有领导力的相关研究成果,通过总结归纳、系统分析现代领导力理论,厘清现代领导力的基本概念和构成维度,结合中国本土情景特点探索提出面向未来的领导力,以回应各种突发危机、紧急事件频频发生背景下的领导力实践对理论研究的新要求,为扎实推进国家治理现代化、实现中华民族伟大复兴保驾护航。

一、现代领导力的科学内涵：三大视角

国内外学者对领导力做了大量研究,然而对于领导力的概念,学界尚未形成统一的定义,很难将其与领导能力、领导职位、权力等概念进行实质性的区分。早期的理论对领导力概念的研究可以归纳为以下三方面:一是领导特质理论,关注的是领导者的人格、特质及其属性特质,即一般的性格;二是领导行为理论,探讨的是领导者的行动及其采用的不同角色,侧重点在于领导者该做些什么及如何表现;三是领导情境理论,关注的是领导者特定于所处的环境,不同的情境需要不同的领导风格[①],如命令型

[①] 克雷纳、狄洛夫:《领导力的本质》,葛志宏、孟丽译,中国人民大学出版社2017年版,第7页。

领导、说服型领导、参与型领导、授权型领导等。以下将从综合性、过程性、关系性三大视角对领导力的概念进行界定，以此厘清现代领导力的科学内涵。

从综合性的视角来看，领导力表现为"一群力"，是领导者各种影响力的综合体现。早期研究领导力的学者更多关注的是权力和影响力，具体来说，就是领导者运用政治性、有影响力的手段行使权力的功能。基于此，现有的学者们提出了不同的观点和看法，强调现代领导力"内生于领导场并作用于领导资源配置过程的力量，即来源于领导结构、领导性质、领导方式，体现领导功能及领导规律要求，主要由领导机制来实现的多种力的总和"[1]。可以说，它是包括领导注意力、领导激励力、领导决断力、领导驾驭力和领导摩擦力五方面的力系，[2] 也是领导者的吸引力和影响力、被领导者的选择力和反作用力、环境的制约力等共同互动形成的力。在领导系统中，领导力是一个带有根本性、战略性的范畴，不仅能够引发、制约和改变个体的意志和行动，而且能够有效地影响和改变一个组织的意志和行动，[3] 以此能够科学有效地战胜因领导环境变化所带来的挑战，促进组织共同目标的实现。

从过程性的视角来看，领导力不仅包括领导者本身的特质，而且包括在领导过程中形成、发展，同时作用于其过程的能力总和。具体表现为通过非强制性手段，使某个或某些团体朝某个方向移动的过程。[4] 领导与下属的相互影响，是领导力的核心。[5] 具体来说，它是一个动态的过程，而非单向线性的过程，是领导者带领组织成员朝着共同目标而努力的过程。需要

---

[1] 王和修等：《领导力研究》，北京党建网，2002年12月25日。
[2] 王文学：《领导力新论》，甘肃人民出版社2012年版，第32页。
[3] 王文学：《领导力新论》，甘肃人民出版社2012年版，第25页。
[4] 约翰·P.科特：《领导力要素》，袁品涵译，中信出版社2019年版，第19页。
[5] 约翰·加德纳：《论领导力》，李养龙译，中信出版社2007年版，第27页。

区别的是，领导能力指的是领导者为了履行领导职责、实现组织目标所应具备的一般技能和素质，强调的是应然性；而领导力则主要关注的是领导者具体的行为过程，以及这一过程实际所带来的后果，让被领导者自觉接受的正向的、积极的影响力和凝聚力，更加强调的是实然性。[1]可以说，领导力的内涵更广，包含领导能力但又不限于此。另外，由于领导力突出的是领导者与被领导者双向互动、相互影响和及时回应的过程，所以领导力的大小不仅取决于领导干部的作用，也取决于领导干部的信誉，还取决于被领导者对领导干部的认同度和接受度。[2]在具体的领导活动中，领导者要通过领导力将团队成员集合起来，提升被领导者对组织目标的认同度，促进两者共同为团队目标而努力。

从关系性的视角来看，领导力是指在领导场中领导要素及各要素之间的关系发挥作用的力量总和。[3]领导者主体论认为领导活动是领导者专司的活动，这在一定程度上混淆了领导行为和领导者活动的概念。还有的研究者将领导力仅仅理解为领导者个人的地位和作用，这在一定程度上忽视了被领导者的作用。与此不同的是，英国学者约翰·加德纳认为，"领导力是领导者个人（或领导团队）为实现领导者自己及其追随者的共同目标，而通过说服或榜样作用激励某个群体的过程"[4]。这正是我们所赞同的，领导活动实际上是一种社会性、群众性的实践活动。也就是说，领导力是关系型的，在领导力的实践活动中，既包括领导者与被领导者之间的关系，也包括领导者和被领导者与领导环境之间的关系，还包括领导目标与领导环境之间的关系等。其中，领导者处于核心地位，发挥着统率作用；被领导者处于决定地位，发挥着主力军的作用。在特定的环境下，领导者

---

[1] 胡宗仁：《领导力释义与领导力发展》，《群众》2019年第20期。
[2] 刘峰：《新领导力》，国家行政学院出版社2014年版，第6页。
[3] 王文学：《领导力新论》，甘肃人民出版社2012年版，第32页。
[4] 约翰·加德纳：《论领导力》，李养龙译，中信出版社2007年版，第3页。

以组织赋予的职务权力为手段，以自身的品德、才能、智慧为基础，充分调动被领导者的积极性、创造性，以此共同实现领导目标。[①] 因此，领导力是需要双方积极建立的关系，在这种关系中可能存在冲突或矛盾，这就需要不断重建与修复双方的关系，而这个过程也是提升领导力的重要方式。

可以说，现代领导力是内涵更广、更动态的概念，然而它并不是固定不变的，会随着时代和社会的发展进步而具有新的内涵特征。结合学者现有的研究，基本已经得出以下共识：一是领导力是一种相互凝聚的合力。在领导场中，领导力并非一个人或者一个职位的力量，而是各种有机联系的力量聚集在一起产生的团队合力，是职位权力和非职位权力的叠加。二是领导力是一种相互作用的影响力。领导力的大小具有动态性，是随着被领导者和所处领导情境的变化而变化的，比如有的领导者在平常表现出的领导力很强，但是在危急关头体现出的领导力可能较弱。领导者的能力是有限的，必须通过激发被领导者的内在潜能，以增强团队能量，才能最终实现组织目标、推动事业发展。

在领导科学研究中，领导力存在于精神信仰、思想观念、规章制度等方方面面，既包括组织领导力，也包括个体领导力，[②] 两者相辅相成、高度融合。其中，前者是个体领导力积极作用而成，而后者则是领导者的一种内在素质和个人能力，也是领导干部在领导过程中的一种现实影响力，[③] 直接决定着组织领导力，因此本研究主要探讨的是领导干部的个人领导力。综合而言，为了有效面对和解决新时代多变环境中复杂化、多元化的突发事件，现代领导力是指在科学决策的基础上，领导者根据现有的条件和情境，因势利导调动和整合组织内外资源，行使组织赋予的权力，发挥自身

---

① 王文学：《领导力新论》，甘肃人民出版社2012年版，第18页。
② 胡月星：《提升领导力是聚焦点》，《人民日报》2016年4月15日。
③ 毕成良：《从五个方面培养领导干部个人领导力》，《中国党政干部论坛》2018年第9期。

的影响力,带领组织或团队的追随者共同发挥作用的力量总和。[①]

二、现代领导力的构成维度:四维模型

随着国内外关于领导力研究的发展,变革型领导、交易型领导、魅力型领导、关系型领导、整合型领导、共享型领导等有关概念不断涌现。依据不同的标准,国内外学者对领导力构成要素的划分也各不相同,由此产生了领导力三要素、四要素、五要素、七要素等不同说法。如领导者要具备始终致力于成功的目标、动员团队成员执行和拥有持续动力的三要素模型,[②] 具备以人民中心为导向的价值领导力、以解决难题为核心的目标领导力、以危机决策为关键的行动领导力、以激励人心为内驱力的精神领导力的四要素模型,[③] 具备感召力、前瞻力、影响力、决断力和控制力的五要素模型,[④] 具备操作控制、平衡控制、人际交往控制、变更控制、实质控制、个人控制和目标控制的七要素模型,等等。还有的学者将领导力的构成要素归纳为三种类型,包括"先天－后天"的品质性要素、"刚性－柔性"的技术性要素、"正式－非正式"的价值性要素,并提出现有的领导力模型是以上三种类型要素的筛选和重组。[⑤] 然而,我们探讨现代领导力的构成维度,不仅要尊重理论发展的新需要、领导实践的新问题,还要在顺应和契合中国本土情境下解决领导实践问题、满足领导活动的需要,以此真正地促进领导力的提升。

[①] 高兴国:《领导力概念辨析——领导力问题研究之一》,《生产力研究》2012年第11期。
[②] 马志坚:《IBM领导力评价体系解析》,《现代人才》2011年第6期。
[③] 胡宗仁:《提升领导干部的公共危机领导力》,《中国党政干部论坛》2020年第4期。
[④] 胡宗仁:《领导力释义与领导力发展》,《群众》2019年第20期。
[⑤] 胡宗仁:《领导力释义与领导力发展》,《群众》2019年第20期。

(一)变革型领导力

传统的领导力模式属于交易型领导力,即基于被领导者的不同目标,领导者为满足其需求作出相应的交换、履行相应的义务。然而,随着时代的快速发展和外部环境的复杂变化,交易型领导已经越来越难以满足被领导者多元化的目标,领导者想要作出有效决策、正确决策的压力也越来越大。为了回应组织与环境关系的问题,结合新形势新发展的特点,Burns 于1978年提出了变革型领导力的概念,就是指在组织经历变革时期,领导者为了完成组织既定目标和应对风险挑战,激励被领导者实现自我转变,引导组织变革以应对挑战和把握机遇的能力。与交易型领导力模式完全不同的是,他认为领导者与被领导者之间不应该仅仅只是利益交换的关系,而应当是被领导者由于受到组织内部共同使命和价值观的感召和影响,自动自发地去完成行动、达到目标、获得成就。

这一领导力模式刚提出,就得到国外很多学者的进一步研究。Bass 提出变革型领导力主要包括四个维度:一是领导者魅力,即领导者在领导实践中所透露出的自信、远见和能力,对下属产生的吸引力、感染力和影响力;二是感召力,即领导者通过向被领导者描绘和沟通组织愿景,靠人格和信仰的力量去领导和鼓舞被领导者共同努力;三是智力激发,即领导者在领导实践中坚持问题导向,激发被领导者提高创新解决问题的能力;四是个性化关怀,即领导者真心真意地关心被领导者的个人需求,愿意帮助其解决生活家庭中的难题,全力支持其实现自我价值。进一步地,变革型领导力更为强调的是领导者要有远见、有创造力和变革精神,能够及时捕捉变革气息,准确把握变革转型带来的新形势新发展新机遇,从而采取适当措施以积极能动地推动组织变革和自身发展。

可以说,变革型领导力是在变革时期和变革过程中持续发生的,是一种动态力,具有灵活性和应急性。它内在要求领导干部要有审时度势的先见力、快速把握机遇的先决力,也要有积聚资源的整合力、面对风险挑战的心理承受力,以及科学的创新力和有效的学习力。当前,随着国内外局势的深刻变化和调整,出现了许多不稳定性不确定性因素,使得我国逐渐进入了重大突发事件的高发期。作为应对重大突发事件关键主体的领导干部,当其所处的领导环境受到重大突发事件的影响而遭遇破坏、损失时,要想正确处理好突发事件的研判、决策、指挥、善后处理等各环节,就必须提高其应对重大突发事件的能力,这种应对能力本身就是一种重要的领导力。变革型领导力恰好能够满足时代发展变化的需要,提升领导干部应对重大突发事件的速度和效率,帮助领导干部更好地面对因时代发展所带来的新问题新挑战。唯有能够鼓励变革、推进创新的领导干部,才能用更为科学的眼光看待我们已经面对或即将面对的重大突发事件,用更为有效的方式在充满机遇、挑战和变革的环境中生存发展。

(二)伦理型领导力

最早提出伦理型领导力概念的是恩德勒(Enderle,1987),他认为伦理是领导的重要维度之一。特雷维尼奥(Trevino,2003)等人更为深入地指出伦理型领导力主要是领导者运用角色示范和道德管理影响被领导者行为的能力。关于伦理型领导力概念,最为大众所认可的是布朗(Brown)等人的界定,即指领导者通过个体行为和人际互动向下属表明什么是规范的、恰当的行为,并通过双向沟通、决策制定等方式,促使他们照之执行的领导方式。[①] 之后的研究都在逐步发展伦理型领导力的概念,如昆蒂亚(Khuntia,2004)等人认为伦理型领导会将道德准则融入员工的信念、价值观和行为中,麦达(Meda,2005)指出它是领导者通过榜样领导、道德行为的模范角色激励下属做出道德反应的行为,胡夫、哈托格

---

① 白洁、李秀峰:《公共领导力:概念界定与构成维度——基于领导力理论与中国情境的探索》,《党政研究》2021年第5期。

（De HoogH，Den Hartog，2008）则提出伦理型领导秉承着社会责任指导被领导者实现目标，这个目标有利于组织、成员、社会及各利益相关者。总之，大多数的研究都证实了布朗的结论，包括伦理型领导力中领导者应该扮演的角色、应该具备的特征，以及注重领导者与下属间的互动关系。

当然，由于对伦理型领导力的定义尚未统一，研究对象和文化情境也各有不同，因此学者们关于伦理型领导力的构成要素也有所不同。如诺索斯（Northouse，2001）指出伦理型领导力包括尊重他人、服务他人、关心公平、表现真诚、构建社群等；特雷维尼奥（Trevino，2003）等人提出其包括以人为本、采取伦理行动、设定道德标准、拥有道德意识、执行伦理决策等；雷尼克（Renick，2006）等人则认为其包括正直、利他主义、集体动机和鼓励；等等。这里尤为需要重点提出的是Eisenbeis的研究，他的研究主要是基于东西方文化背景的共性，认为伦理型领导力包括四个取向，具体地：一是人道取向，即领导者能够充分尊重他人、关心他人，具有利他主义和以人为本的价值观；二是公正取向，即领导者能够在尊重多样化和差异化的基础上，作出公平公正的决定，实现与多元利益主体的合作；三是责任与可持续发展取向，即领导者在作任何决定的时候，都能够处理好短期与长期、现实与目标的关系，重点关注社会、公共环境、后代发展的需要与利益；四是适度取向，即领导者具备谦虚、中庸的精神品质和行为方式。总体来说，伦理型领导力就是指领导者具备以人为本的特质，具有利他意识和集体意识，通过采取相应措施引导、鼓励和支持被领导者的伦理行为，进而形成组织内浓厚的伦理氛围。

伦理型领导力突破了个人和组织的层面，注重社会整体的长远目标实现和可持续健康发展，满足人民群众对领导者的道德期待，能够有效提升领导者的号召力和影响力。一直以来，我国就非常重视领导干部的思想道德建设。习近平总书记指出，"干部要想行得端、走得正，就必须涵养道德操守，明礼诚信，怀德自重"①。可以说，伦理型领导力是防治领导干部腐败的重要手段，不仅有利于实现其为民谋利、为民造福的公共价值，也有利于提升政府公信力。在当前风险多发易发频发的情境下，领导干部要充分发挥道德模范、榜样示范的角色，通过奖励和惩罚措施向被领导者表明什么是正确的行为，获得干部群众的信任，影响他们的道德行为，使得他们愿意主动付出额外努力，做出对领导和组织有力的行为，推动组织良性发展。

（三）协作型领导力

随着我国外部环境发展变化越来越复杂、越来越严峻，我们深刻认识到，靠单一机构进行单打独斗无法真正解决好困扰现代社会的公共问题，尤其是防范化解好重大风险挑战、有效应对好重大突发事件。然而，若是合作者来自政府、企业、市场、社会团体等不同组织，由于它们之间不存在传统的等级权力和愿景激励关系，此时就需要发挥协作型领导力，在跨部门的平等协商、良性互动、各司其职、各尽其能中，促进多元利益体合作的实现。

传统领导力理论强调的是领导者与追随者两者之间的关系，协作型领导力则强调的是网络、系统、环境、社区等多方面的协作关系。在促进多方协作、共同合作的过程中，需要重点注意以下几个方面：一是促进协作的机构和组织，要通过提供协作的内容和过程等资源，聚集不同机构和组织的参与者，关注其能力建设和长远价值，从而实现跨部门沟通合作；二是促进协作的过程，要通过沟通观念使合作者达成目标共识，基于可行性研究分析各自需求和现实可能，最终签署协议明确各自职责使命；三是促进协作的个体，协作型领导者必须具备坚定的信念和勇气、充满高昂的热情和活力，通过信息共享、凝聚力建设等方式，正确处理好协作中所遇到

---

① 习近平：《论党的宣传思想工作》，中央文献出版社2020年版，第363页。

的冲突矛盾，维护好协作者的相互信任。总之，协作型领导力是指领导者为了实现组织的公共价值和长远发展，跨越单一组织或部门的信息和资源框架，在公共环境中将不同的群体和机构组织在一起进行多部门协作的领导过程和领导行为，用以解决公共难题、实现公共目标，培养的是一种集体责任和开放信息共享的环境。

由于重大突发事件具有系统性、复杂性的特点，涉及各领域各方面各环节，发生后会对经济社会和自然生态产生重大影响，危机可能会超出正常的可控范围，如若控制不力，极有可能引发更严重的系统性危机。应对重大风险挑战的过程，往往是多元主体参与的过程，只有靠大兵团的攻坚作战才能凝聚强大合力、整合力量资源，才能在短时间内有效管控危机和风险。因此，协作型领导力在应对重大突发事件时显得尤为重要，领导干部必须能够把握全局、协调各方、凝聚力量，通过加强主体间的协作，高效有序地处理好重大突发事件中的焦点热点难点问题，控制危机事态发展。具体地，领导干部要具备统筹兼顾力，树立大局意识和全局观念，既抓紧抓实抓细重大突发事件中的各项具体工作，又统筹谋划、一体推进恢复经济社会发展的工作，努力保持经济运行平稳、社会安定有序。同时，领导干部还需具备组织协调力，在紧急状态下要有组织资源、协调四方、互通有无、相互支持的能力，以更好地保障应对重大突发事件时所需要的人、财、物等能够有充足的供应，以避免错失应对良机、影响防控大局。

（四）法治型领导力

法治型领导力就是领导者要将遵纪守法作为自己领导行为的最根本原则，增强尊法学法守法用法意识，以及善于运用法治方式治国理政的能力。领导者必须清楚地认识到，他们的权力来源于法律，只有建立在正式法律关系上的领导力和领导权威，才能最大化地实现领导绩效和领导目标。[①]因此，领导干部必须用法律给行政权力定规矩、划界限，不能以权代法、以权压法，不能以人治观念代替法治观念、以个人意志代替法律，而是要严格按照法律规章制度去履行职责、行使权力，不断提升决策公信力和执行力。

法治的核心是依法办事，关键是制约权力。作为现代领导力的重要组成部分，法治型领导力能够有效约束领导者的个人行为，是公共领域中的权力"安全阀"。在具体的领导实践中，领导者要具有法治意识，带头维护法律和制度规范的权威，带头遵守法律规范和相关规章制度的要求，并接受制约和监督，成为依法行政的表率。同时，还要做好法治建设，领导干部是全面推进依法治国的重要组织者、推动者和实践者，要把法治建设成效作为衡量领导干部工作实绩的重要内容，纳入政绩考核指标体系，使公共权力运行实现制度化和规范化。"权力不受约束，必然产生腐败。"[②]伦理型领导力对领导者权力的约束来自于其个人修养和社会舆论的监督，与此不同，法治型领导力对领导者权力的约束则来自于法律制度规范的要求和监督，前者是"软约束"后者是"硬约束"。然而，法治和德治不可分离、互为补充，在国家治理中需要坚持依法治国与以德治国相结合的原则，培育领导干部的伦理型领导力和法治型领导力协同发力。

党的十八大以来，以习近平同志为核心的党中央明确提出全面依法治国，从党和国家事业发展全局的战略高度作出了一系列重大决策部署，如组建中央全面依法治国委员会，强调构建职责明确、依法行政的政府治理体系，等等。法治型领导力是我国阶段性发展的客观需要，也是法治建设的现实诉求，提高领导干部运用法治思维和法治方式深化改革、推动发

[①] 萧鸣政、龙凤钊：《领导者领导力形成与发挥中的品德与法律》，《北京大学学报》（哲学社会科学版）2015年第1期。

[②] 孟德斯鸠：《论法的精神》，严复译，生活·读书·新知三联书店2019年版，第169页。

展、化解矛盾、解决问题、维护稳定、应对风险的能力，能够助推将依法治国落到实处。尤其是在应对重大风险、重大突发事件的时候，行政权力运用容易失序，这就要求我们必须始终坚持法治原则。进一步说，就是领导干部无论在何种紧急状态下都要坚持依法管理，在法治范围内行使各项权力，运用法律规范和法律理念认识分析防范化解重大风险所面临的问题，运用法治思维和法治方式依法应对各领域重大风险，提高应急管理的法治化、规范化水平。

总体来说，上述现代领导力的四个构成维度，不仅能够满足国内外环境日趋复杂多变的新形势对现代领导力的发展要求，而且能够满足中国本土化情境中应对重大突发事件的具体需求。其中，变革型领导力增强了领导者在应对重大突发事件时的适应能力和反应速度，其创新力和号召力能够有效提升组织内部的领导效能；伦理型领导力优化了领导者与被领导者间的关系，领导者的道德观念和价值追求有利于提升组织公信力；协作型领导力突破了单一组织的边界，领导者在跨部门协作的过程中能够更有效地应对好复杂情况、突发问题；法治型领导力强调了领导者要提高遵纪守法、廉洁奉公的自觉性，提升依法管理、依法行政、依法决策、依法办事的能力和水平，在转变领导方式和管理方式的过程中提高法治化水平，以适应时代发展需要。

三、面向未来的领导力：应对不确定性的风险挑战

IBM公司原副总裁王嘉陵教授曾说，"领导力是领导者带领组织或者下属处理不确定性时所需要的能力"①。领导力的本质就在于处理不确定性，这既是一种能力，也是领导者的自我选择。若领导者处理的不确定性问题

---

① 马洪海：《领导力的本质：应对不确定性的挑战》，经济日报出版社2018年版，第4页。

风险越大，在一定阶段内能够给不确定性指明某种确定性，则其对组织内外的影响就越大，说明其领导力也就越强。当然，领导力不只是体现在预防风险和化解风险的领导实践中，更重要的是，作为领导者面对大量不确定时如何完成资源的调配、人员的安排、流程的设计、外部的协作等领导活动，应对好重大突发事件、控制好不可预知结果。当前，国内外各种错综复杂因素相互交织、各种不稳定因素相互叠加，存在的不确定性问题越来越多，对领导力发展带来了新挑战新要求。在这种社会转型关键期，我们必须认真思考，领导者需要具备何种素质能力才能有效应对未来日趋复杂的挑战和变革。

（一）风险管理领导力

全球进入了复杂的、不确定的和相互联系的时代，风险无处不在、挑战无时不有，这是各个国家普遍面临的新形势。频繁爆发的重大风险和重大突发事件已经严重影响了社会的正常运转，这就迫切要求领导者要有防范风险、应对风险、化解风险的风险管理领导力。

风险管理是一个整体性的系统，包括风险识别、风险预警、风险评估、风险处置等各环节。做好风险管理工作，包括准确预判、合理处置好风险，主要是靠领导者实现的，需要他们具备风险管理的战略领导力。一方面，要从国家战略的高度进行风险管理，明确方向、清楚大势、掌握全局，建立完善风险应对的预案，改进风险管理的流程方法，明确防范措施和处置程序，不断增强预案的针对性和实效性，及时有效地消除各类潜在风险和现实隐患；另一方面，由于重大突发事件从量变到质变、从渐变到突变，往往存在潜伏期，致灾因子的隐蔽性较强，只是在小范围内出现预警或风险信号，这就要求领导者要有预警预测力，能够透过偶然性把握必然性，对警示和信号不迟钝、不武断，对危机的预测快而准，主动防范和避免事态扩大造成的损失。

另外，由于现代风险的高度复杂性和广泛影响性，风险已经扩展到社会各领域，尤其是社会风险和自然风险所带来的影响，甚至超出了国界。这就需要领导者具备合作领导力，即充分调动多元主体的积极性主动性，让他们能够有效地参与到风险认知、风险防范和风险控制的全过程中，构筑起包括政府、企业、社区、公民等多元主体在内的风险管理体系。同时，领导者的任务结构和工作特性具有跨组织性、工作任务具有相互依赖性，[①]这些都迫切需要领导者具备协同管理、共同开发以防范治理风险的能力，这也是未来领导力的重要构成部分。

（二）数字化领导力

随着信息技术的不断发展，处于数字化媒体盛行的时代，信息传递的速度、理念、质量都发生了前所未有的改变，在提高领导效能给领导者的管理带来诸多机遇的同时，也带来了不少风险挑战。具体包括：风险源头从过去较为单一的传播渠道转变为多渠道，信息传播速度更快、辐射范围更广、影响程度更深，还存在着信息安全管理方面的风险，等等。那么，领导者如何进行信息技术风险管理，如何利用信息技术提供有效的公共服务等，已经逐步成为需要重点关注的问题。领导力是各种关系的集合，信息技术改变了各种社交关系，为此领导力也要适应这种情况随之改变，以带领组织和群众迎接媒体与传播环境变革的新时代。

领导干部应该主动适应时代发展的需要，转变、凝聚和增强自身的领导力。要提高运用大数据、人工智能、区块链等技术手段的能力，以此进行数据的共享连接、形势的分析研判，通过整合多来源、多维度的信息，形成纵览全局的视角，为作出更高效、更科学的决策提供依据。要善用网络平台，创新群众工作机制，在与群众进行沟通交流的时候多用网言网

---

① 吴江、张敏：《应对公共危机与挑战　构建面向未来的领导力》，《行政论坛》2014年第5期。

语，以快速拉近民心、了解民情民意、即时回应诉求，建立和维护好网络空间，汇聚网络正能量、抢占网络主阵地。更为关键的是，领导干部要抓住开放、透明、多元与领导力之间存在的提升空间。尤其在面对重大突发事件时，要敢于发声、及时发声，多层次、高密度地公开与重大突发事件相关的信息，定基调、立主流、奏强音，严厉惩处发布错误言论、散布恐慌情绪等不法行为，确保发布信息的准确权威、真实可信，避免各类谣言和不良信息的迅速传播和快速扩散。同时，要进行正面的舆论引导，积极宣传党中央的战略决策部署，深入报道典型事迹、防控成效等正面信息，以此回应群众关切、安抚群众情绪，牢牢掌握舆论的领导权、管理权和话语权，为平息事态发展创造有利条件，在下好互联网时代网络舆论"先手棋"的过程中提升现代领导力水平。

（三）道德领导力

在风险社会，领导者的领导责任、道德水平的重要性越发凸显。此时，需要构建的领导力应当立足追求组织的公共利益最大化、承担社会责任的最大化。在国内外变动剧烈的环境中，风险的强度和频率日益增加，社会利益格局、个人生活方式、思想观念等也都发生了巨大变化，领导者应对复杂问题、解决突发难题、处理突发事件的能力理应有所提高，不仅要有胜任的技术和本领，还要有能够判断对错的伦理水平，即道德领导力。

在未来领导力建设的过程中，其一，注重开发领导干部的领导情商，具体表现为对被领导者的吸引力、感召力和凝聚力。高情商的领导者在领导方式上会更加人性化，在领导方法上也会更加讲究艺术性，在领导效用上更为追求持久性，这都有利于增强领导者和被领导者之间的和谐关系，增强政府与公众的相互信任和相互支持。其二，注重塑造领导干部的非权力影响力。要着力塑造领导者的个人魅力、领导素质、道德水平等，唯有如此领导者才能获得被领导者自觉自愿的追随。这种领导力不同于官本位、权本位所带来的影响力，而是领导者在责任意识和服务意识之下，有效实现领导者与被领导者的平等沟通，切实关心民众真实所需，最终提升政府公信力的能力。其三，注重领导干部思想道德建设。这无论是对于领导者个人领导力的提升，还是对组织效能的提升，都具有促进作用。领导者拥有较高的道德水准，才会在实现组织目标的过程中进行更强的自我约束，将价值观、理想信念外化为具体行为，用更具有包容性和公平性的政策和举措满足人民群众急难愁盼，使人民群众对领导者、对组织充满信心。同时，提升领导者个人的道德素质，还能对被领导者产生引领作用，无形中会促进整个组织道德水准的提升，促进社会发展。

（四）决策领导力

领导重在决策，决策重在选择，在限制中选择。[①] 领导决策需要信息和知识，更需要胆识、智慧和勇气，关键时刻最需要魄力和决断力。当前，面对诸多前所未知的领域、前所未有的问题，及时快速地作出高质量、优质的决策是对新时代领导者的要求。有些关键决策慢了或是错了，严重的可能会引发危机，甚至灾难。新时代领导者如何破局，绝对离不开决策领导力的提升。所谓的决策领导力，是指在整个决策过程中，领导者用思维的引领、批判性的提问、有效的决策流程，激发参与者在沟通交流中共同探讨最佳方案的能力，重在打开思维的空间、选择的空间。尤其需要注意的是，在决策时要杜绝"拍脑袋、搞不定、看不远"等问题，不能遇到新问题还用老一套经验来判断，不能遇到需要协同的工作还因利益冲突而争执，不能基于短期收益看不到未来风险而决断，掉入这些决策陷阱中就很难作出高效决策。在领导力理论中，比较著名的是次优决策理论及

---

① 全国干部培训教材编审指导委员会编《领导力与领导艺术》，党建读物出版社2015年版，第6页。

"三圈"决策模型，这对我们面向未来领导力的构建具有借鉴意义。

次优决策理论是诺贝尔经济学奖获得者西蒙提出的，它是相对于最优决策而言的，更为务实可行，也是领导决策的基本准则。其实，决策从来没有最优选择，大多数情况下需要兼顾的太多反而很难作出决断，这时就需要领导者从实际出发，从最优决策转为次优决策。毛泽东曾指出："领导人员依照每一具体地区的历史条件和环境条件，统筹全局，正确地决定每一时期的工作重心和工作秩序，并把这种决定坚持地贯彻下去，务必得到一定的结果，这是一种领导艺术。"[①] 领导决策时重在排序，要抓住机遇，缩短决策的时间和空间，提高领导决策的质量；还重在明确价值标准，什么最重要、什么最有用，价值标准的不同决定了我们决策的不同，而这种标准也不是绝对的，是根据具体时间和空间进行判断的。另外，把握和判断事件的基本态势，也是我们进行次优决策的基础。这就需要领导者要有信息运筹力和敏锐的洞察力。前者是指面对交集而至、零散模糊的信息，领导者捕捉、收集、梳理、分析、加工和利用信息的能力，以此发现核心问题、把握基本情况，做到对各种新情况新问题胸中有数；后者是指通过对信息的综合分析，领导者深入事物或问题的能力，以此分析主要矛盾、判断事件走向，切实找到解决问题的切入点和行动要点。唯有如此，才能在综合分析和准确研判当前形势的基础上，找到病灶和症结，做到科学预判、精准施策。

"三圈"是指价值圈、能力圈和支持圈，"三圈"决策模型是哈佛大学达奇·李奥那多教授提出的。他认为在制定一项公共决策时应当主要考量：一是决策目标是否符合公共价值，即该决策能否增进人民群众的利益，是否以满足公共利益为最重要的诉求，这取决于决策者的价值判断；二是决策方案是否可行，即实施和执行决策时人财物条件是否充足，这主

[①] 《毛泽东选集》(第三卷)，人民出版社1991年版，第901页。

要取决于决策者对拥有资源的客观分析；三是决策方案涉及的利益相关者是否支持，这主要取决于相关利益方的价值取向。最后"三圈"相交，就构成了"三圈"决策模型。只有当价值圈、能力圈和支持圈向中心靠拢并重叠时，才能使决策达到最优状态。这个理论能够帮助我们在制定政策的时候厘清思路、找准阻力，明确工作的着力点和突破口。从此理论中，我们必须明白在应对重大突发事件作决策时，首先要突出价值导向，始终站稳人民立场，把人民利益摆在至高无上的地位，认识到人民群众是价值主体、实践主体和评判主体，真正把经济社会发展建立在人民生命财产安全得到有力保障的基础之上，多鼓励干部群众的自我领导，避免过度领导、过度决策，要激发人民群众的积极性、主动性，构筑起应对突发事件的铜墙铁壁。

"当断不断，反受其乱。"决策领导力既要"策"，又要"决"。决策领导力的难点和重点在决断。众所周知，重大突发事件的发生往往都是出乎意料的，这就导致领导干部作决策的时间非常紧迫，若是有一丝一毫的犹豫不决、麻痹懈怠、优柔寡断，那么就有可能会错失良机、贻误战机，最终影响全局。领导者面对不确定因素时，要能临危不惧，把握好利用好决策实施的最佳时机，快速准确地评估决策效益，对各种问题和突发事件迅速作出正确决策和科学决断，争取处置突发事件的主动权，将被动困局化为主动优势。因此，领导干部必须建立快速反应的决策机制，尽早确定危机的性质、诱因、征兆和隐患，迅速作出选择、下定决心，形成决策、果断处置，努力避免产生"布利丹效应"，以控制事态的蔓延和恶化，尽可能把问题化解在重大突发事件的萌芽状态，着力突破全局、赢得最后胜利，在真正的领导工作实践中不断实现和提升领导力。

第三章

新时代领导干部应对重大突发事件能力的构成要素

　　本章在对领导干部应对重大突发事件能力的现有研究、理论基础等分析及调研基础上，主要从政治层面、专业层面、组织制度层面和保障层面四个层面，由浅入深地探讨新时代领导干部应对重大突发事件能力的构成要素。政治层面的能力，主要包括政治定力和政治自塑力，政治判断力、政治领悟力、政治执行力，政治担当和忧患意识，等等；专业层面的能力，主要包括专业化解决问题的能力、政策法规理解能力、应急管理方面的知识和能力等；组织制度层面的能力，主要包括组织管理能力、制度运用能力等；保障层面的能力，主要包括资源保障能力、技术保障能力、心理调适能力等。

第三章
新时代领导干部应对重大突发事件能力的构成要素

应对重大突发事件是一项系统性的工程，涉及研判、决策、处置、保障、善后等一系列工作，各个过程环节的工作也非常复杂，对领导干部的能力素质有非常高的要求，需要具备综合能力或者说需要构建能力体系。这种能力体系的建构确实是一个非常复杂的课题，可以从多个层面进行建构。本研究认为，领导干部应对重大突发事件的能力，包括政治层面、专业层面、组织制度层面和保障层面四个层面，而每个层面又包括多个构成要素。

这一能力体系模型得到了两次问卷调查和深度访谈的验证。第一次问卷调查结果显示，在"领导干部应对重大突发事件时，您认为哪个层面的能力最为重要？"问题上，排在第一位的是政治层面的能力，比率为53.13%；第二位是组织制度层面的能力，比率为23.79%；第三位是专业层面的能力，比率为15.24%；第四位是保障层面的能力，比率为7.83%。（见表3-1）第二次问卷调查，对四个层面的能力进一步细化，按照重要性排序，调查对象认为领导干部应对重大突发事件时所应具备的能力分别为心理调适力、应急平台支撑力、专业化解决问题的能力、应急社会救援力、社会动员力、政策法规理解力、应急物资保障力、风险评估力、应急管理方面的知识和能力、政治判断力、政治领悟力、政治执行力、决策指挥力、统筹协调力（见表3-2）。

表 3-1 关于"领导干部应对重大突发事件时,您认为哪个层面的能力最为重要?"的第一次调查结果分析

题目	选项	频数	比率(%)
领导干部应对重大突发事件时,您认为哪个层面的能力最为重要?	A. 政治层面	373	53.13
	B. 组织制度层面	167	23.79
	C. 专业层面	107	15.24
	D. 保障层面	55	7.83
合计		702	100

表 3-2 关于"领导干部应对重大突发事件时,您认为哪个层面的能力最为重要?"的第二次调查结果分析

题目	选项					平均分
	非常重要	重要	一般	不重要	非常不重要	
政治判断力	555 (85.38%)	68 (10.46%)	17 (2.62%)	2 (0.31%)	8 (1.23%)	1.22
政治领悟力	520 (80.00%)	93 (14.31%)	27 (4.15%)	2 (0.31%)	8 (1.23%)	1.28
政治执行力	555 (85.38%)	67 (10.31%)	19 (2.92%)	0 (0)	9 (1.38%)	1.22
专业化解决问题的能力	485 (74.62%)	120 (18.46%)	32 (4.92%)	5 (0.77%)	8 (1.23%)	1.36
政策法规理解力	497 (76.46%)	121 (18.62%)	24 (3.69%)	1 (0.15%)	7 (1.08%)	1.31
应急管理方面的知识和能力	524 (80.62%)	102 (15.69%)	14 (2.15%)	2 (0.31%)	8 (1.23%)	1.26
风险评估力	517 (79.54%)	106 (16.31%)	18 (2.77%)	2 (0.31%)	7 (1.08%)	1.27
决策指挥力	550 (84.62%)	76 (11.69%)	16 (2.46%)	1 (0.15%)	7 (1.08%)	1.21
统筹协调力	556 (85.54%)	70 (10.77%)	17 (2.62%)	0 (0)	7 (1.08%)	1.20
社会动员力	500 (76.92%)	117 (18.00%)	25 (3.85%)	0 (0)	8 (1.23%)	1.31
应急平台支撑力	469 (72.15%)	137 (21.08%)	33 (5.08%)	3 (0.46%)	8 (1.23%)	1.38

续表

题目	选项					平均分
	非常重要	重要	一般	不重要	非常不重要	
应急物资保障力	518（79.69%）	102（15.69%）	23（3.54%）	0（0）	7（1.08%）	1.27
应急社会救援力	500（76.92%）	112（17.23%）	28（4.31%）	3（0.46%）	7（1.08%）	1.32
心理调适力	466（71.69%）	127（19.54%）	44（6.77%）	5（0.77%）	8（1.23%）	1.40
小计	7212（79.25%）	1418（15.58%）	337（3.70%）	26（0.29%）	107（1.18%）	1.29

需要说明的是，在应对重大突发事件的过程中，对不同层次、不同领域的领导干部有着不同要求，如通常认为层级越高越强调决策和资源调配能力，而基层一线领导干部则更强调抓落实和信息掌握能力（访谈记录，2023年3月15日）。本研究定位于领导干部应对重大突发事件能力体系的研究，致力于领导干部这个特定群体在应对重大突发事件这个特定境况下能力体系的构建，从整体性视角进行探讨，侧重于共有能力体系，因而对分层分类能力问题未展开详尽的剖析。此外，相较于应对一般突发事件的能力要求，领导干部应对重大突发事件时，需要有更强的决策咨询力、组织协调能力、资源调动能力（访谈记录，2023年3月19日）。但整体来说，不管是一般突发事件还是重大突发事件，都需要领导干部具备良好的政治领导能力、科学决策能力、现场处置能力、依法防控能力、群众工作能力等（访谈记录，2023年3月25日），这些能力可纳入政治层面、组织制度层面、专业层面和保障层面的范畴。

第一节　政治层面的能力要素

习近平总书记强调，防范化解重大风险，要提高政治能力，增强政治敏锐性和鉴别力，善于从政治上分析问题、解决问题。政治能力是领导干部的第一能力，也是有效防范化解各类风险和应对各种突发事件的根本保障。什么是政治能力？习近平总书记多次明确指出，政治能力就是把握方向、把握大势、把握全局的能力，就是辨别政治是非、保持政治定力、驾驭政治局面、防范政治风险的能力。[1]总的来看，在应对重大突发事件中，政治能力是一种综合性能力，它具体包括政治定力、政治自塑力、政治判断力、政治领悟力、政治执行力、政治担当、忧患意识等。这些政治层面的能力构成要素，在整个政治能力中具有什么样的位置，不同岗位和职级的领导干部有不同的观点。然而，从调查数据来看，在"领导干部应对重大突发事件时，您认为在政治层面最需要提升的能力是什么？"问题上，结果的排序依次是政治定力、政治担当、政治判断力、忧患意识、政治领悟力和政治自塑力（见表3-3）。

表3-3　政治层面的能力构成调查结果分析

题目	选项	频数	普及率（%）	响应率（%）
领导干部应对重大突发事件时，您认为在政治层面最需要提升的能力是什么？	A.增强"四个意识"、坚定"四个自信"、做到"两个维护"，保持政治定力	566	80.63	18.75
	B.吃透中央精神，科学制定方案的政治领悟力	496	70.66	16.43
	C.牢固树立党章意识，严格遵守党的政治纪律和政治规矩的政治自塑力	370	52.71	12.26
	D.认真把握大势，准确明辨是非的政治判断力	522	74.36%	17.29

---

[1] 参见《习近平著作选读》（第二卷），人民出版社2023年版，第187页。

续表

题目	选项	频数	普及率（%）	响应率（%）
	E. 敢于担当负责、发扬斗争精神，驾驭复杂政治局面的能力	560	79.77	18.55
	F. 坚持底线思维、增强忧患意识，防范政治风险的能力	499	71.08	16.53
	G. 其他	6	0.85	0.20
合计		3019	430.06	100

访谈的结果也是如此，在"您认为领导干部在应对重大突发事件过程中，哪些方面的能力（如政治、专业、组织制度、保障等）最为重要？"问题上，绝大部分访谈对象表示，"领导干部在应对重大突发事件过程中，政治方面的能力尤为重要。必须坚持旗帜鲜明讲政治，把我们党的性质和宗旨在重大突发事件处置过程中加以鲜明体现，把'人民至上、生命至上'的理念贯彻应对处置全过程"。

一、政治定力和政治自塑力

政治定力和政治自塑力是政治能力的题中应有之义，也是政治能力的重要体现。从两者的关系来看，政治定力是政治自塑力的核心环节和根本保证，而政治自塑力则是保持政治定力的重要前提和基础。

（一）政治定力

政治定力是指在思想上政治上排除干扰、消除困惑，坚持正确立场、保持正确方向的能力。衡量领导干部政治上是否成熟的一项重要指标就是政治定力的强与弱。问卷数据显示，在"领导干部应对重大突发事件时，您认为在政治层面最需要提升的能力是什么？"问题上，选择"增强'四个意识'、坚定'四个自信'、做到'两个维护'，保持政治定力"的比率最高，为18.75%。

当前，面临经济的快速转型、社会的深刻变革和社会思潮的日趋多元化，如何锤炼自身过硬的政治定力，从而有效避免各种现实利益的诱惑，是新时代领导干部的政治必修课。① 从突发事件的应对角度来看，领导干部的政治定力主要体现在如下两个方面。

一是坚定的理想信念和必胜信心。政治定力，最根本、最紧要的是理想信念的坚定性。领导干部必须把锤炼过硬的政治定力作为工作中的必修课和个人的座右铭。无论遇到什么样的重大风险挑战和突发事件复杂局面，都要树立不断跨越"娄山关""腊子口"的信心，坚信在习近平新时代中国特色社会主义思想的指引和党中央的坚强领导下，一切困难都可以战胜。习近平总书记强调："保持定力、增强信心，集中精力办好自己的事情，是我们应对各种风险挑战的关键。"当前，世情日益复杂多变，需要引起高度重视。越是面对各种困难与风险时，越要沉着冷静，坚持以全面、发展和长远的眼光看待各种风险挑战，不断增强必胜的信心。换言之，领导干部在面对重大突发事件时要沉着冷静，战术上藐视战略上重视，用坚强的决心、坚定的意志、坚守的底气和坚实的能力有效应对重大突发事件，达到化危为机。

二是坚持以人民为中心的政治立场。为了谁、依靠谁问题，是大是大非的立场问题。作为领导干部，要始终把人民立场作为根本政治立场，把人民利益摆在至高无上的地位。在面对重大突发事件时，要站稳群众立场，以人民根本利益为重，以坚持和发展中国特色社会主义为本，始终将群众的切身利益摆在首位，不断提升预防风险和应对突发事件的能力，从而最大限度地维护好群众的利益，将群众的损失降到最低。只有这样，才能赢得群众的信赖和支持，才能真正依靠群众成功应对重大突发事件。对此，习近平总书记在2021年党史学习教育动员大会上强调："历史充分证

---

① 李玉智：《锤炼过硬的政治定力》，《中国组织人事报》2017年11月29日。

明，江山就是人民，人民就是江山，人心向背关系党的生死存亡。赢得人民信任，得到人民支持，党就能够克服任何困难，就能够无往而不胜。"

（二）政治自塑力

在"领导干部应对重大突发事件时，您认为在政治层面最需要提升的能力是什么？"问题上，选择"牢固树立党章意识，严格遵守党的政治纪律和政治规矩的政治自塑力"的比率为12.26%。政治自塑力主要是领导干部通过自我努力塑造而形成的一种个体性的政治能力，具体表现为意志力、坚忍力和自制力等。习近平总书记指出，"年轻干部是党和国家事业接班人，必须立志做党的光荣传统和优良作风的忠实传人，不断增强意志力、坚忍力、自制力"[1]。

首先，政治自塑力体现为意志力的塑造。应对重大突发事件会面临各种困难与挑战，需要领导干部具有强大的意志力，能经受得住各种挫折考验。在思想方面，就是要遵照一定的政治标准和政治要求，时刻保持头脑清醒，始终向党中央看齐、向党的理论和路线方针政策看齐、向党中央决策部署看齐，坚定政治方向不偏离。同时，培养专注、专心的精神品质和能力，集中精力攻坚克难，有"不取到真经不回头"的勇气。围绕重大突发事件的方方面面问题展开深入的调查和研究，找到能够破解难题的钥匙。在实践行动方面，要始终坚持以人民为中心，把人民的利益放在首位，实现好、维护好、发展好最广大人民的根本利益，以有效抵御各种重大风险挑战。同时，也要敢于在实际行动中抑制冲动行为，避免盲目自信而导致应对不力。在风险的不同演化阶段，都要把思想这根弦绷紧，将岗位职责落实到位，及时排查各个风险点，从而避免风险的进一步演化。唯有如此，才能在思想上政治上排除各种干扰、消除各种困惑，有效应对重

---

[1] 中共中央党史和文献研究院编《习近平关于全面从严治党论述摘编（2021年版）》，中央文献出版社2021年版，第352页。

大突发事件。

其次,政治自塑力体现为坚忍力的塑造。重大突发事件的应对,往往需要经历一个相对较长的时间,需要有很强的坚忍力,表现为忍耐力、抗压力、受挫力等。从忍耐力来看,领导干部要能够忍耐时间上的考验、公众的质疑、家人的不理解等,能够在耐心中坚持,不断提高主动作为、抓住机遇、走出困境的精神能力。从抗压力来看,领导干部要能够扛得住重大突发事件中的各种困难与压力、社会舆论的压力和自我心理的承受压力,培养知重而上、承压而行、负压而进的精神能力。从受挫力来看,领导干部要有"风雨过后是彩虹"的心态,微笑面对各种挫折,在波折和曲折中披荆斩棘、乘风破浪向前进,从而培养起正对曲折、淡对波折、笑对挫折的品质,从而在痛苦磨难中不断提高直面现实、忍辱负重、愈挫愈勇的精神能力。①

最后,政治自塑力体现为自制力的塑造。习近平总书记强调,要自觉加强政治历练,增强政治自制力,始终做政治上的"明白人""老实人"。所谓政治自制力就是指按照政治标准、政治要求对自身思想和行为的自主规制、自我约束。② 这是领导干部政治素养和能力的具体体现,也是衡量其政治品德和党性修养水平的重要标志。然而,政治自制力作为一种政治修为、政治自觉,不是与生俱来的,也不是一劳永逸的,而是领导干部在长期实践特别是政治历练中逐步培养和锻炼出来的。

具体而言,政治自制力包括以下三个方面内容:一是自我反思能力,即领导干部要有客观认识、科学评判和审视自我的意识,针对应对重大突发事件中的每一个环节和行为都进行及时反思,哪些方面做到位了、哪些

---

① 周新民:《全面把握增强"意志力、坚忍力、自制力"新要求真谛》,人民论坛网,2021年3月5日。

② 邓一非:《让政治自制力强起来》,《解放军报》2020年12月16日。

方面还需要改进,以此来不断推进重大突发事件的应对工作。二是自我控制能力,即领导干部的自我约束、自我管理、自我监督意识。在没有外部监督的情况下,领导干部也能在应对重大突发事件过程中自觉遵纪守法和依规依法,避免"埋钉子"和"留尾巴"。三是自我纠错能力,即领导干部的自主纠错和自我纠偏的能力。由于重大突发事件牵涉面广,存在很多临时性和突发性的情况,因而有些失误和偏差难以避免。因此,这就需要领导干部有很强的自我纠错能力,能够及时发现和纠正失误,不断完善各种应对措施,有效应对各种风险挑战。

二、政治判断力、政治领悟力、政治执行力

政治能力是领导干部第一位的能力,也是最根本的能力。习近平总书记强调:"要自觉加强政治历练,接受严格的党内政治生活淬炼,不断提高政治判断力、政治领悟力、政治执行力,使自己的政治能力同担任的工作职责相匹配。"[①]问卷数据显示,在"领导干部应对重大突发事件时,您认为在政治层面最需要提升的能力是什么"问题上,选择"吃透中央精神,科学制定方案的政治领悟力"的比率为16.43%,而选择"认真把握大势,准确明辨是非的政治判断力"的比率为17.29%。

(一)政治判断力

政治判断力是政治能力建设的基础和重要内容,而依托敏感高超的政治领悟力,才能产生具有前瞻性的判断力。[②]习近平总书记强调:"我们党领导人民进行革命、建设、改革的历史进程反复证明了一个道理:政治上的主动是最有利的主动,政治上的被动是最危险的被动。"政治判断力有

[①] 中共中央党史和文献研究院编《习近平关于全面从严治党论述摘编(2021年版)》,中央文献出版社2021年版,第156页。

[②] 林学启:《提高政治判断力政治领悟力政治执行力》,《大众日报》2021年1月6日。

赖于强大的理论学习力和高超的政治领悟力，需要深入学习党的理论、方针、政策和路线。在重大是非问题上保持头脑清醒、绝不含糊，坚定正确的政治立场；在重大问题上要从理论上弄明白、想清楚，透过现象抓住本质，以形成准确的政治判断力。

首先，政治判断力体现在形势研判上。科学判断形势是进行各项决策和部署的前提和基础，也是一百多年来中国共产党开展革命、建设和改革的成功经验。当前，站在世界百年未有之大变局和中华民族伟大复兴战略全局的历史大舞台上，各级领导干部要不断提高政治判断力，以及认真把握大势、准确明辨是非的能力，坚持底线思维、增强忧患意识，防范各种风险，"要有草摇叶响知鹿过、松风一起知虎来、一叶易色而知天下秋的见微知著能力"，对潜在的风险有科学预判，知道风险在哪里，表现形式是什么，发展趋势会怎样。见微知著，早期判别。善于在纷繁复杂的国内外环境中精准识别各种风险挑战，把握时机，探求有效应对之策，避免风险挑战的演化升级和全局性颠覆性失误的出现，实现行稳致远的目标。正如斯宾格勒所说："时机的把握，可以决定整个民族的前途，把握得当，其民族便能主宰其他民族的命运，把握不当，自身的命运便成为其他民族的目标。"①

其次，政治判断力体现在战略决策上。习近平总书记强调，"全党要提高战略思维能力，不断增强工作的原则性、系统性、预见性、创造性"。②战略思维是方向感，是预测未来，是观大势和谋全局。战略思维能力是各级领导干部必须具备的一项基本能力，直接关系到党和国家各项事业的兴衰。③战略判断准不准、决策谋划科学不科学直接关系到重大突发事

---

① 余源培：《忧患意识是一种强大精神动力》，《学习月刊》2007年第3期。
② 《习近平谈治国理政》（第二卷），外文出版社2017年版，第62页。
③ 石建勋：《着力提高战略思维能力》，《光明日报》2019年7月9日。

件是否能够得到有效的应对。

再次，政治判断力体现在问题导向上。习近平总书记提出："要深入分析，全面权衡，准确识变、科学应变、主动求变，善于从眼前的危机、眼前的困难中捕捉和创造机遇。"① 毫无疑问，领导干部要提高政治判断力就必须拥有强烈的问题意识，立足解决现实中的问题。各种突发事件的背后一定与某种社会问题相关联，直接关系着群众的实际利益诉求。因此，只有找到问题的症结、去除病灶，才能有效应对各种突发事件。

最后，政治判断力还体现在工作作风上。习近平总书记大力倡导"马上就办"的工作作风，他指出，如果在政策上左顾右盼，在工作上浅尝辄止，就会贻误时机。

（二）政治领悟力

习近平总书记强调，"必须增强政治意识，善于从政治上看问题，善于把握政治大局，不断提高政治判断力、政治领悟力、政治执行力"②。政治领悟力主要指各级领导干部在学习领会贯彻党中央决策部署上的把握能力和吸收能力。它是保证应对突发事件各项工作顺利完成的前提和基础。只有领悟了精髓和要义，做事才能直中靶心、事半功倍。若是缺乏政治领悟力，做事就会逻辑不清、主次不分、本末倒置，不但会延误应对突发事件的最佳时机，甚至会酿成重大损失。

一是领悟"上情"。领导干部是党的意志的贯彻者和执行者，只有深刻领会党中央精神和各项决策部署，才能更好地在实际工作中加以贯彻落实。领导干部只有对国家大政方针和党中央的决策部署了然于胸，把习近平总书记关于防范风险挑战、应对突发事件的重要论述学深悟透，才

---

① 中共中央党史和文献研究院编《习近平关于防范风险挑战、应对突发事件论述摘编》，中央文献出版社2020年版，第224—225页。

② 《习近平著作选读》（第二卷），人民出版社2023年版，第391页。

能切实做好重大突发事件的应对工作。要善于从政治上研判形势、分析问题，自觉在党和国家工作大局下想问题、做工作、防风险。提高领导干部应对处置重大突发事件的能力，必须加强马克思主义理论武装。习近平总书记指出，马克思主义是我们认识世界和改造世界的强大思想武器，马克思主义理论素养是领导干部领导素质的核心和灵魂。与此同时，要求各级领导干部"把系统掌握马克思主义基本理论作为看家本领"。为此，各级领导干部要认认真真深入学习马克思主义特别是习近平新时代中国特色社会主义思想，切实掌握贯穿其中的立场观点和方法，不断提高运用马克思主义分析和解决实际问题的能力，这是提升应对重大突发事件能力的前提和重要方面。

二是结合"下情"。"下情"就是各地的经济发展水平、教育就业、群众经济收入、社情民意、干部群众的思想状况等。政治领悟并不是生搬硬套党中央精神和各项决策部署，而是要一切从实际出发，将中央精神，各地具体实际结合起来，并根据事物的具体发展变化来灵活把握，从而不断调整对策思路，在实践中接受检验。领导干部不能整天浮在上面、泡在会里，而要真正深入实际、深入基层、深入群众，全面了解基层的情况，掌握翔实的第一手资料，深化对本地、本部门各项工作发展规律的认识。

三是善抓重点。"提衣要提领子，牵牛要牵鼻子。"政治领悟力的核心就是要善于抓住重点。领导干部要努力培养自身观察认识事物、果断决策和应急处置的能力。在面对各种风险挑战或突发事件时，要善于把握应对重大突发事件的时机，抓住重点、统筹安排，分清事情的轻重缓急，对症下药，提高风险的有效防范化解。

（三）政治执行力

政治执行力就是同党中央精神对标对表，把党的路线方针政策坚决执行到位、把党中央决策部署不折不扣落实到底的能力。"天下之事，虑之贵详，行之贵力。"中国共产党之所以能够不断发展壮大，领导中国人民不断取得新的巨大成就，一个很重要的原因在于我们党具有强大的政治执行力。政治执行力是领导干部政治能力的具体体现和实际检验，现实中主要体现为制度执行力和政策执行力两个方面。

制度问题是根本性、长远性的问题，同时，制度的生命力在于执行。中国特色社会主义制度是科学的制度体系，是推进国家治理体系和治理能力现代化的"基础设施"，是关系党和国家事业兴旺发达、国家长治久安、人民幸福安康的重大问题。严格执行制度、坚决维护制度，切实把我国制度优势转化为治理效能。现实中，突出体现在要坚持维护党中央权威和集中统一领导，确保党中央决策部署全面有效执行。各级领导干部要始终牢记自己的政治身份，增强"四个意识"、坚定"四个自信"、做到"两个维护"，坚决服从党中央的集中统一领导，确保中央和上级的决策部署落到实处。

政治执行力主要指各级领导干部在执行和落实党的路线方针政策过程中的行为表现和工作效率。领导干部政治执行力是保证党中央各项决策部署高效落地的决定性因素。政策和策略是党的生命。中国共产党之所以能取得一个又一个伟大胜利和辉煌成就，一个重要原因就是中国共产党人既有宏观科学的战略思维，又十分注重解决现实问题的策略方法。各级地方领导干部，首要职责是加强中央决策的执行，在抓落实上见成效。同时，善于根据中央和上级精神，坚持从实际出发和结合本地实际情况，创造性地开展工作，确保工作取得实效。

三、政治担当和忧患意识

中国共产党人的忧患意识是一种源于历史使命感的责任担当，体现了忧党、忧国、忧民的意识。不断增强忧患意识的目标就是不断提高领导干部的政治担当。问卷数据显示,在"领导干部应对重大突发事件时,您认为在政治层面最需要提升的能力是什么?"问题上,选择"敢于担当负责、发扬斗争精神,驾驭复杂政治局面的能力"的比率为18.55%,而选择"坚持底线思维、增强忧患意识,防范政治风险的能力"的比率为16.53%。

(一)强烈的政治担当

习近平总书记指出,"防范化解重大风险,是各级党委、政府和领导干部的政治职责"。在实现中华民族伟大复兴的新征程上,不可能是平坦的大道,会面临各种重大风险挑战,这就要求新时代领导干部要勇于承担起防范化解重大风险的政治职责和政治任务。

其一,敢于担当负责。领导干部要有担当负责的无畏勇气,"拎着'乌纱帽'干事,而不是捂着'乌纱帽'做官",敢于啃硬骨头和涉险滩,直面各种重大风险挑战。同时,时刻惦记人民疾苦,就会多一份责任;时刻忧党忧国,就会多一份担当,关键时刻才能站得出来,危难时刻才能豁得出去。在面对重大突发事件时,领导干部要有坚实的政治担当力。通过严格纪律规矩、强化政治操守和工作作风,在应对重大风险时要坚守政治责任,要有敢接"烫手的山芋"和敢当"热锅上的蚂蚁"的胆魄,拿出"狭路相逢勇者胜"的精神来应对风险挑战,并在严格遵守各项纪律规矩的条件下有效应对风险,避免留下后遗症。

其二,练就真本领。在应对重大突发事件时,要求领导干部在政治过硬的前提下,把自身锻造成全面过硬的行家里手,着力消除本领恐慌,善于应对各种突发情况和化解矛盾问题。同时,也要推进创新,创新是提高政治执行力的法宝。要有效应对和处置突发事件,既要按预定的程序办事,也要善于以创新思维、创新方法创造性地开展工作。此外,还要发扬斗争精神。领导干部在面对重大风险挑战和重大突发事件时,既不能惊慌失措也不能掉以轻心，而是在坚定信心的基础上，既敢于斗争，具有"踏平坎坷成大道，斗罢艰险又出发"的顽强意志，又善于斗争，练就"见招拆招的硬功夫"和"借力使力的软实力"。

其三，坚决贯彻落实。"一分部署，九分落实。"政策的生命力在于落实，要扭住政策执行这个关键不放松，不断把政策转化为实际行动。目标确定和政策制定出台后，最重要的是求真务实、真抓实干，不折不扣地抓好落实，确保取得实实在在的成效。中央的大政方针归根到底要通过各级领导干部来贯彻落实。为此，一方面，必须把狠抓落实作为重要任务，真正做到精力上投入、时间上保证，雷厉风行，一抓到底，扎扎实实地推进各项工作。另一方面，健全抓落实的体制机制，强化目标管理，完善考核、评价和监督检查制度，克服形式主义、官僚主义，杜绝失职渎职、不作为、乱作为等行为。正如毛泽东所言："抓而不紧，等于不抓。"

（二）强烈的忧患意识

习近平总书记指出："我们党在内忧外患中诞生，在磨难挫折中成长，在战胜风险挑战中壮大，始终有着强烈的忧患意识、风险意识。"[1] 回顾我们党成立一百多年来的厚重足迹，可以发现中国共产党始终有着强烈的忧患意识，经历各种腥风血雨，克服一个又一个的艰难险阻，才取得了一个又一个胜利。从哲学视角看，忧患意识是人类的意识或认识的一种重要形式，是人类理性追求真理的重要体现，还是一种关于辩证思维的问题意识、矛盾意识和批判意识。[2] 对于中国共产党而言，忧患意识是运用马克思主义的立场观点方法揭示治国理政内在规律的科学思维，是对社会发展的深层次矛盾和问题的科学判断。[3] 习近平总书记指出，我们共产党人的忧患

---

[1] 习近平：《增强推进党的政治建设的自觉性和坚定性》，《求是》2019年第14期。

[2] 魏继昆：《居安思危：中国共产党人的忧患意识研究》，人民出版社2009年版，第1页。

[3] 梁永勤：《忧患意识是必备的政治素养》，《学习时报》2020年4月20日。

意识，就是忧党、忧国、忧民意识，这是一种责任，更是一种担当。这种忧患意识体现了马克思主义的思想境界，是清醒的忧患、自觉的忧患、前瞻的忧患，是由我们党的性质、社会主义初级阶段的国情、现代化建设的宏伟目标所决定的。

一是保持头脑清醒。当前，国内外经济形势、政治环境、社会发展和文化发展都决定了我们必须保持清醒的头脑，不断增强忧患意识。我们必须看到，在全面建设社会主义现代化国家的新征程上，肯定会遇到各种风险挑战，绝不可能一帆风顺。在战略上，我们一定要保持头脑清醒，不断增强忧患意识，趁早做好各种准备工作，做到防范于未然；在战术上要高度重视，采取各种有效措施进行防范化解，以有效应对各种风险挑战。对此，习近平总书记站在国家总体安全的高度明确指出，"要增强忧患意识，做到居安思危，全面认识和有力应对一些重大风险挑战"。

二是坚持底线思维。忧患意识是对现实客观的底线思维反映，矛盾客观存在，忧患就客观存在，所以不能抛开现实空谈忧患，也不能无中生有、风声鹤唳。在推进重大改革和解决复杂矛盾困难时，既要坚定信心和必胜信心，又要立足底线思维，从最坏处着眼，做最充分的准备，朝着最好的方向努力，争取最好的结果。当前，我国正处于改革开放深水区和攻坚期，经济发展转型、社会建设不足，矛盾叠加和维护稳定的社会风险，风云多变的国际形势、复杂敏感的周边环境，都要求我们必须增强忧患意识。

三是统筹驾驭能力。忧患意识体现了党员干部对各种思维的统筹能力和对事物发展的驾驭能力。习近平总书记指出，"当前和今后一个时期，我国发展仍然处于重要战略机遇期，但机遇和挑战都有新的发展变化"[1]。

---

[1] 习近平：《新发展阶段贯彻新发展理念必然要求构建新发展格局》，《求是》2022年第17期。

领导干部要具有统筹和驾驭风险的能力，这种统筹驾驭能力的重要表现就是科学地预见，这也是党员干部能力本领的重要检验。1945年5月，毛泽东在党的七大上就指出"没有预见就没有领导"。各种历史经验表明，当具备统筹和驾驭风险本领的时候，各种风险挑战和突发事件往往远离你；当不具备这种统筹和驾驭风险本领时，风险挑战和突发事件就会找上门来。

第二节 专业层面的能力要素

领导干部专业化是党的十八大以来高素质干部队伍建设的明确要求，也是新时代党政领导干部更好履行岗位职责的需要。党的十八届五中全会提出："优化领导班子知识结构和专业结构，注重培养选拔政治强、懂专业、善治理、敢担当、作风正的领导干部，提高专业化水平。"2020年12月，习近平总书记在中央经济工作会议上强调，"各级领导干部要提高专业化能力，努力成为领导构建新发展格局的行家里手"[①]。同样，应对重大突发事件，领导干部也要有相关的专业化能力，"要努力成为所在工作领域的行家里手，不断提高应急处突的见识和胆识，对可能发生的各种风险挑战，要做到心中有数、分类施策、精准拆弹，有效掌控局势、化解危机。要紧密结合应对风险实践，查找工作和体制机制上的漏洞，及时予以完善"[②]。

"专业化"体现为专业思维、专业素养和专业方法。在应对处置突发事件中，对领导干部不仅有政治性要求，更有知识性、专业性要求。本部

---

① 《中央经济工作会议在北京举行》，《人民日报》2020年12月19日。
② 《年轻干部要提高解决实际问题能力 想干事能干事干成事》，《人民日报》2020年10月11日。

分的专业层面能力，包括三个方面：一是在对该突发事件领域有基本的专业基础、专业素养和专业知识的基础上形成的专业性技能，以及听取专家意见建议的能力，确保能够科学应对；二是政策法规理解能力，要有法治思维和依法行政能力，能够在事件突然发生、迅速扩展、严重破坏、处置紧迫、非常规情况下坚持依法办事；三是具有应急管理方面的知识和能力，面对突发事件时，知道如何按"一案三制"（突发公共事件应急预案和应急管理体制、机制、法制）进行有效处置，这是对领导干部应对重大突发事件的必然要求，也属于领导干部应对重大突发事件的专业化能力要求。领导干部只有具备这三个方面的专业能力，才能适应这个风险时代的治理要求，才能在面对突发事件时从容应对。

一、专业化解决问题的能力

专业化解决问题的能力是领导干部为了胜任本职工作，通过学习培训、实践锻炼等获取的精湛纯熟的专业思维、专业知识、专业技能、专业精神等。在履行岗位职责中展现出来的专业能力和水平，其实质是以政治能力为引领，以专业知识和专业技能为基础，以专业作风和专业精神为基石。专业化能力在应对重大突发事件中往往体现为应对处置的科学性。在"您认为领导干部在应对重大突发事件过程中，哪些方面的能力（如政治、专业、组织制度、保障等）最为重要？"问题上，访谈对象把政治能力放在首要位置，把专业知识与科学施策摆在第二位，认为现在党员干部要具有全灾种大应急专业能力。

在新冠疫情防控总体战阻击战中，我们坚持的"坚定信心、同舟共济、科学防治、精准施策"十六字方针，其中"科学防治、精准施策"就包含了专业化要求。可见，在应对重大突发事件中，专业化与科学精神密切相关，领导干部的专业化能力是科学应对的重要前提。

第一，自身解决专业实际问题的能力。指的是"兵来将挡、水来土掩"的问题解决能力，用专业能力解决专业问题。这种能力建立在对专业知识和专业技能熟练驾驭基础之上，即精通本职工作，成为本行业、本领域工作的行家里手。专业能力需要长期积累，而且要不断关注现实、面向未来，熟悉所在领域的基本方针政策及本领域的前沿理论、知识体系，对发展趋势心中有数。专业能力强调要善于对事件进行科学研究，找准问题的症结所在，科学制定方案；强调进行专业的可行性分析，创造性地推动专业问题的解决，以专业的执行，科学精准防范化解风险，取得良好的实际效果。

第二，吸纳专家意见的能力。善于听取采纳专业人士的意见，也是领导干部专业能力及科学应对重大突发事件的重要环节。领导干部需要不断提高自身的专业化水平，但对于内容高度复杂、专业性特别强的事项，毫无疑问，还是需要发挥该领域的专家及专家团队、智囊机构的作用，要善于借助外脑，尊重、听取、吸纳专业人员和智库的意见和建议。英国哲学家柯林斯提出了"互动型专长"的概念，即掌握了相关学科的专业语言但不从事科学实验的专长，或者说在缺乏实践能力的情况下，只通过与专家的语言交流来获得专家技能或实践能力。[①] 这为领导干部通过吸纳专家意见提升专业能力提供了一个注脚。要善于把专业问题交给专家。借助专家基于工具理性取向的知识或技术，进行充分论证评估，克服狭隘的经验主义及盲目的工作方式。要能够洞悉专家方案成立的前提条件，考虑其中的理想主义成分；还要注意专家对决策风险的感知、判断可能会受到外部利益因素和自我诉求的影响，不一定完全做到"价值中立"；有时还要面对不同专家基于不同利益视角和群体立场所给出的不同解释和建议，需要作出抉择。因此，领导干部自身的分析判断非常重要，既借助外脑又不完全依

---

① 张帆：《互动型专长：一种新知识类型》，《洛阳师范学院学报》2012年第9期。

赖外脑，通过专家提供的信息和分析，以及与专家的互动交流对话，尽快建构专业解决问题的框架，实事求是，作出科学决断。

二、政策法规理解能力

所谓理解力就是对某个事情或某类事物的认识、认知、转变过程的能力。政策法规理解力在应对重大突发事件过程中，具体包括思考力和解释力等。领导干部要通过增强对政策法规的理解，不断强化在应对重大突发事件中按党纪国法办事、按程序办事、按规则办事的意识，提高依法行政、依法管理、依法治理能力。

一是政策法规思考力。这种思考力就是领导干部能够将各种政策和法律法规的具体要求运用于认识、分析、处理重大突发事件的思维能力。领导干部要加强学习各种政策法规，为各种社会实践行为提供重要的理论指导，达到科学施政的目的。如果领导干部自身的政策法规知识掌握得都不扎实，又何谈依法应对和处置重大突发事件？当前，关于预防和处置突发事件的法律法规共有52部，其中涉及自然灾害类的有10部，事故灾难类的有20部，公共卫生事件类8部，社会安全事件类的有14部。领导干部要深入学习和了解这些法律法规的具体条款，并用来指导应对重大突发事件的实践。问卷调查数据显示，在"领导干部应对重大突发事件时，您认为在专业层面最需要提升的能力是什么？"问题上，选择"应对重大突发事件方面的法律法规"的比率为17.43%。同样，在"对于提升领导干部应对重大突发事件能力，您认为以下哪类课程帮助较大？"问题上，选择"政策法规类课程"的比率为16.65%。由此不难看出，在应对重大突发事件问题上，领导干部都非常重视运用政策法规来应对和处置。

二是政策法规解释力。完善的政策法规是依法应对重大突发事件的重要前提和基础。但在实践运用中还涉及如何适用的问题，因此需要很强的政策法规解释力，包括对政策法规条文内容和涉及范围对象的解释。就前者而言，就是在应对重大突发事件的过程中，需要对涉及的法规政策的内容，以及适用的情况进行解释。2024年6月28日修订的《中华人民共和国突发事件应对法》明确规定，制定本法就是"为了预防和减少突发事件的发生，控制、减轻和消除突发事件引起的严重社会危害，提高突发事件预防和应对能力，规范突发事件应对活动，保护人民生命财产安全，维护国家安全、公共安全、生态环境安全和社会秩序"。从法律理解来说，这告诉我们应对突发事件最好的方式就是预防和减少突发事件的发生，在实际工作中要本着这一要求采取有效措施，从源头上避免突发事件的出现。为此，在应对重大突发事件过程中，我们要始终坚持以人民为中心，从保护人民生命财产安全和人民利益的根本点出发，尽量控制、减轻和消除突发事件引起的社会后果。就后者而言，就是要对政策法规覆盖对象进行解释，使其对相关政策法规有所了解，从而有效避免各种社会越轨行为的出现，防止矛盾冲突事件的演化升级。对此，习近平总书记指出："政策实施后要跟踪反馈，发现问题及时调整完善。要加大政策公开力度，让群众知晓政策、理解政策、配合执行好政策。"①

三、应急管理方面的知识和能力

应急管理方面的知识和能力主要是指领导干部掌握应急管理的基础知识、熟悉应急管理的环节和流程、善于做好事件舆论的引导等方面的能力，这些是与重大突发事件处置最直接、最紧密相关的能力。

（一）掌握应急管理的基础知识

深入学习贯彻习近平总书记关于应对风险挑战、突发事件的重要论述。调查数据显示，在"从个人层面来说，您认为提升领导干部应对重大

---

① 《习近平谈治国理政》（第二卷），外文出版社2017年版，第363页。

突发事件能力最主要的途径是什么？"问题上，选择"加强应急管理的理论和专业学习"的比率达到18.24%。从风险角度来看，应对重大突发事件需要较强的风险识别力，即对风险的演化过程和规律的辨别、分析和预测能力，而这种能力有赖于专业的理论知识。

（二）熟悉应急管理的环节和流程

重大突发事件的应对是一项非常复杂而又系统的工程，牵涉应急预案、体制机制建设、现场处置、信息报告、信息发布、媒体沟通等各个方面的事项。这些方面的工作开展需要各级领导干部通过系统的理论学习来掌握知识。问卷调查显示，在"领导干部应对重大突发事件时，您认为在专业层面最需要提升的能力是什么？"问题上，回答"应对重大突发事件的预案编制"的比率最高，为19.81%；其次是"应对重大突发事件的体制机制"，比率为17.58%；再次是"应对重大突发事件方面的法律法规"，比率为17.43%；"重大突发事件现场处置的流程与方式"和"重大突发事件的信息发布与媒体沟通"紧随其后，分别占12.18%和10.30%。（见表3-4）

表3-4 专业层面的能力构成调查结果分析

题目	选项	频数	普及率（%）	响应率（%）
领导干部应对重大突发事件时，您认为在专业层面最需要提升的能力是什么？	A. 应对重大突发事件方面的法律法规	352	50.14	17.43
	B. 应对重大突发事件的预案编制	400	56.98	19.81
	C. 应对重大突发事件的体制机制	355	50.57	17.58
	D. 重大突发事件信息报告的流程与方式	125	17.81	6.19
	E. 重大突发事件现场处置的流程与方式	246	35.04	12.18
	F. 重大突发事件的信息发布与媒体沟通	208	29.63	10.30
	G. 重大突发事件的心理危机干预	71	10.11	3.52
	H. 重大突发事件应对过程中违规违纪违法行为的追责	33	4.70	1.63

续表

题目	选项	频数	普及率（%）	响应率（%）
	I. 应对重大突发事件保障体系构建（资金、物资、装备、设施等）	172	24.50	8.52
	J. 应对重大突发事件的管理信息技术（数字治理能力）	55	7.83	2.72
	K. 其他	2	0.28	0.10
	合计	2019	287.61	100

（三）善于做好事件舆论的引导

当前，在自媒体发达的舆论环境下，重大突发事件能否得到很好的应急处置也会受社会舆情的影响，其关键在于舆情引导的时机是否恰当、节奏是否合拍。尤为值得指出的是，自媒体的使用主体和范围越来越广，如果对重大突发事件的舆论把握不好和引导不当，就会增加应对突发事件的压力和影响事件的正常有效应对。因此，领导干部在面对重大突发事件时，要按照时度效的要求，把握主要与次要、分清一般与重点，区分轻重缓急、坚持突出重点，掌握分寸、控制力道、拿捏尺度，运用适当的方式进行舆情引导，从而为重大突发事件的应对营造良好的舆论氛围，以切实维护社会和谐稳定。这在一定程度上说明了舆论引导在重大突发事件应对处置中的重要性，它是应对重大突发事件能力的重要构成。

第三节 组织制度层面的能力要素

应对重大风险挑战和重大突发事件是一项系统性工程，涉及各个方面的综合应对能力。这些能力在应急管理的不同阶段，所占权重有所区别。从组织制度层面来看，领导干部既要具有善于引导群众、组织群众,并整合各方力量、科学排兵布阵等方面的组织管理能力,也要有强有力的制度运用能力,才能有效应对各种风险挑战和突发事件。习近平总书记强调:"改革开放以来,我们党开始以全新的角度思考国家治理体系问题,强调领导制度、组织制度问题更带有根本性、全局性、稳定性和长期性。"[①]关于组织制度层面的能力,本研究主要从组织管理和制度运用两个方面来阐述其构成:就组织管理而言,主要体现为风险研判评估能力、统筹协调能力、决策指挥能力、应急处置能力、社会动员能力等;就制度运用而言,主要体现为制度设计、制度认同、制度执行力等。

一、组织管理能力

组织管理能力是指领导干部按照既定目标任务和决策要求,进行统筹安排,组建一套科学合理的组织机构和团队,把各种资源有效地组合起来,协调一致地保证领导决策顺利实施的能力。在"您认为领导干部在应对重大突发事件过程中,哪些方面的能力(如政治、专业、组织制度、保障等)最为重要?"问题上,不少访谈对象表示要有如下几个方面的组织能力:一是考验反应速度,要抓住信息窗口期,作出决策,迅速进入状态,并释放信号,不能带负担进入状态,而考虑个人因素太多。二是要有很畅通的指挥体系,跟平时的框架要有所不同,要人岗匹配,专业的人做专业的事;此外体系权责一定要清晰,不能出现踢皮球的情况。三是信息的传播很重要。政府的信息一定要跑在前面,想到民众可能的关切,不然,小事可能引发大事。

---

① 《完善和发展中国特色社会主义制度 推进国家治理体系和治理能力现代化》,《人民日报》2014年2月18日。

（一）风险研判评估能力

在风险研判方面，领导干部要见微知著，早发现早防范，防止风险的演化升级。要深入剖析各种重大突发事件的生成机理、演进规律和特点，并预测其演化的趋势，从而增强风险研判能力，为有效应对重大突发事件提供重要的理论指导。

在风险评估方面，领导干部在进行重大项目决策时，要对该项目可能对利益相关者的生活、生产、财产等方面造成的影响和损失进行科学的量化评估。具体而言，风险评估能力包括：一是风险前期的调研和情况摸查能力。没有调查就没有发言权，不少重大突发事件的出现与一些重大项目前期调研和情况摸查不到位，导致一些关键性因素被忽视有关。因此，领导干部要善于做调查研究，从中发现和找出问题。二是数据统计分析能力。针对调研中摸查到的资料和数据及时进行分析和研究，从中识别出相关的风险因素。三是评估预测能力。在分析数据材料的基础上，进行风险预测和评估，即预测和评估可能会发生什么样的风险、风险发生的概率、可能带来的负面影响，以及主体承受风险的能力等。

（二）统筹协调能力

唯物辩证法认为，任何事物的存在都不是孤立的，而是同周围其他事物相联系的。统筹协调是马克思主义系统论的内在要求，而统筹协调能力就是指洞察事物、工作谋划、整体部署、衔接沟通、整合协调等方面的能力。只有把各个方面的社会力量统筹和整合起来，并将其应有的作用发挥出来，才能全面提高应对重大突发事件的能力。问卷调查显示，在"领导干部应对重大突发事件时，您认为在组织制度层面最需要提升的能力是什么？"问题上，选择"统筹协调力"的比率为24.89%。由此可见，统筹协调能力在应对重大突发事件中的地位作用（见表3-5）。

表 3-5　组织制度层面的能力构成要素调查结果分析

题目	选项	频数	普及率（%）	响应率（%）
领导干部应对重大突发事件时，您认为在组织制度层面最需要提升的能力是什么？	A. 风险研判评估力	524	74.64	26.29
	B. 统筹协调力	496	70.66	24.89
	C. 组织动员力	352	50.14	17.66
	D. 媒体沟通力	150	21.37	7.53
	E. 依法治理力	104	14.81	5.22
	F. 应急处置力	366	52.14	18.36
	G. 其他	1	0.14	0.05
合计		1993	283.90	100

其一，要善于统筹全局。领导干部在面对重大突发事件时，要坚持系统观念，站在全局的角度统筹各项工作，并作出科学的决策。达到既能有效应对重大突发事件，又能实现促进当地经济社会发展的目标。从哲学角度来看，就是把涉及应对重大突发事件的方方面面联系起来看，并从中找到各个方面的关联性，揭示事件的本质，找到事件的发展规律，从而促进整体性决策的形成，以有效应对重大突发事件。

其二，要善于组织协调。统筹协调并不等于各项工作平分秋色、一线平推，而是坚持两点论与重点论的统一；同时，还要对人力资源和物资资源进行协调分配，使各个应急管理主体之间相互融合，从而实现组织目标。

（三）决策指挥能力

决策指挥是应急管理工作的重中之重，其基本原则是"快速反应、科学决策，统一指挥、综合协调，属地为主、条块结合，灵活机动、经济高效"。而决策指挥能力就是决策者所具有的参与决策活动、进行方案选择，以及组织实施的技能和本领。

其一，敢于果断决策。领导干部要敢于在错综复杂的情况下直面问题，进行科学和果断的决策。当然，这种果断决策能力并非凭空而生的，是来源于平常的积累和实践锤炼。在实践中，具体表现在以下几方面。一是善于搞调研。习近平总书记强调，"调查研究是谋事之基、成事之道。没有调查，就没有发言权，更没有决策权"，加强调查研究，提高改革决策科学性。二是善于抓本质。领导干部要能够在众多复杂的表象中抓住事物的本质和核心，从而形成正确的判断。三是善于作比较。领导干部要通过对多种应对方案的权衡比较，确定最优方案，并实现应对重大突发事件的效能最大化。四是善于作决断。领导干部要在调研、比较的基础上，敢于和善于对看准的问题果断决策，并付诸实施。

其二，善于组织指挥。在进行果断决策之后就需要有效地组织指挥，这是领导干部组织指挥能力的重要体现，同时也是随机应对能力的体现。这种组织指挥能力具体表现在以下几方面。一是迅速制订阶段性计划。根据应对重大突发事件的目标要求，及时组织人员制定出阶段性实施方案，并根据实际情况进行调整和完善。二是快速有效组织人员实施应对方案。领导干部要能够根据工作任务的要求和应急人员的特长特点，进行各项应对工作的部署，以最大限度调动相关人员的积极性和主动性，进而发挥出整体效能。三是随机解决问题。领导干部要具有随机应变的能力，能随时解决决策指挥过程中出现的各种问题，并能够追踪原来的决策目标进行不断调整和修改。

（四）应急处置能力

习近平总书记强调，"干部特别是年轻干部要提高政治能力、调查研究能力、科学决策能力、改革攻坚能力、应急处突能力、群众工作能力、抓落实能力"[1]。应对处置重大突发事件需要高超的应急处突能力，这也是

---

[1] 《年轻干部要提高解决实际问题能力　想干事能干事干成事》，《人民日报》2020年10月11日。

领导干部的必备素质与能力。问卷调查显示，在"领导干部应对重大突发事件时，您认为在组织制度层面最需要提升的能力是什么？"问题上，选择"应急处置力"的比率达到18.36%。

从能力的内容构成来看，应急处突能力需要具备这几方面要素。一是勇于面对突发事件。领导干部不能惊慌失措，要临危不惧、处乱不惊、顶住压力，在这样的思想基础和精神准备下，冷静思考，果断谨慎地决策。二是迅速查明事件的原因。要求领导干部在保持清醒和理性的基础上迅速查明突发事件的原因，并搞清楚事件的性质、演化趋势及发展后果，在此基础上提出应对策略。三是采取灵活的应对举措。重大突发事件原因错综复杂，突变性强，决策具有很强的不确定性和风险性，这对领导干部的应变和决策能力提出更高的要求，也要留有回旋的空间。

（五）社会动员能力

强大的社会动员能力是有效应对重大突发事件的重要法宝。通过有效的社会动员，能够促进社会共识的形成，整合各种社会资源，进而凝聚成强大的社会力量，极大地促进重大突发事件的应对。因而，这种社会动员能力也被广泛运用到各种自然灾害、公共卫生危机、群体性事件等的应对工作中。毫无疑问，社会动员能力是领导干部应对重大突发事件能力的重要组成，也是领导干部必备的重要能力，更是党的执政能力的综合体现。社会动员能力是动员主体对动员对象的影响力和号召力，决定着社会动员的效果，是研究社会动员的一个重要变量。[①] 问卷调查显示，在"领导干部应对重大突发事件时，您认为在组织制度层面最需要提升的能力是什么？"问题上，选择"组织动员力"的比率达到17.66%。可见，社会动员能力在应对重大突发事件中的重要作用。

通常情况下，社会动员包括由政府主导的社会动员和民众自发的社会

---

① 贺治方：《社会动员能力影响因素初探》，《湖南行政学院学报》2019年第1期。

动员两种。在我国的各种风险危机处置中，以政府主导的社会动员为主，而相应社会力量的优势没有得到有效发挥。重大突发事件涉及面广，仅仅依靠政府是不够的，必须动员社会力量，最大限度地集结和合理配置社会资源。从动员主体的角度来看，要进一步完善以政府力量、市场力量和社会力量为主体的社会动员体系，尤其要通过扩大各级基层党组织的影响力，将更多的群众动员组织起来，共同参与到应对重大突发事件中来。从动员客体的角度来看，要通过"熟人圈""趣缘圈""业缘圈"搭建纵横交织的社会网络，建构多元化力量广泛参与的社会动员响应体系。社会动员的对象包括党员干部、群众、专家学者、工会、企事业单位、志愿者服务团队等。要充分利用动员对象的资源优势，发挥不同的动员功能，明确各自的分工和职责，以保障关键时刻能够临危不乱、各司其职，有效化解风险危机。从动员媒介的角度来看，应借助互联网等途径，如微信、微博、抖音等新媒体，加强与民众的直接互动和交流，以进一步引导社会舆论，凝聚社会共识，动员社会力量。

二、制度运用能力

"经国序民，正其制度。"制度是有效维护社会秩序和社会正常运转的重要保障，也是实现国家治理体系和治理能力现代化的政治基础。[①] 制度的重要功能之一就是预防和化解风险，尤其是重大风险。制度本身就包含着对抗风险的意蕴，恰当的制度有助于降低复杂系统中的协调成本，有助于限制并消除人们之间的冲突，还有助于保护个人的自由领域。习近平总书记指出，"我们要打赢防范化解重大风险攻坚战，必须坚持和完善中国特色社会主义制度、推进国家治理体系和治理能力现代化，运用制度威

---

① 曾汉君：《把握好制度运用的几个维度》，《南方日报》2020年1月20日。

力应对风险挑战的冲击"①，"为保障人民生命安全和身体健康筑牢制度防线"②。要有效应对重大突发事件，就必须提高领导干部的制度运用能力。

（一）坚持党的领导制度

习近平总书记明确指出："中国共产党领导是中国特色社会主义最本质的特征，是中国特色社会主义制度的最大优势，是党和国家的根本所在、命脉所在，是全国各族人民的利益所系、命运所系。"③党是我们国家的政治领导力量，党的领导是做好党和国家各项工作的根本保证，是我国政治稳定、经济发展、民族团结、社会稳定的根本点，绝对不能有丝毫动摇。党的十九届四中全会系统概括了中国特色社会主义制度体系，把党的领导制度作为根本领导制度，并把它摆在我国国家治理体系的统摄性地位。可以说，党的领导制度是我们国家的根本制度，是其他制度运行的基础。

同样，防范和化解重大风险，党的领导是一项根本原则，必须始终坚持风险防控党的领导制度。要战胜前进道路上的各种重大风险挑战，从根本上讲还是要靠党的领导、靠党把好方向盘。习近平总书记指出，"有力应对重大挑战、抵御重大风险、克服重大阻力、化解重大矛盾，进行具有许多新的历史特点的伟大斗争，实现中华民族伟大复兴，最根本的保证还是党的领导。坚持党的领导，最根本的是坚持党中央权威和集中统一领导"④。中国共产党所具有的无比坚强的领导力，是风雨来袭时中国人民最可靠的主心骨。权威有效的领导制度是一种组织化的有力机制，在面对重

---

① 习近平：《关于〈中共中央关于坚持和完善中国特色社会主义制度　推进国家治理体系和治理能力现代化若干重大问题的决定〉的说明》，《人民日报》2019年11月6日。
② 习近平：《在湖北省考察新冠肺炎疫情防控工作时的讲话》，《求是》2020年第7期。
③ 习近平：《毫不动摇坚持和加强党的全面领导》，《求是》2021年第18期。
④ 习近平：《贯彻落实新时代党的组织路线　不断把党建设得更加坚强有力》，《求是》2020年第15期。

大风险的紧急时刻，组织的领导动员对于集体有效行动至关重要。在应对重大突发事件时，要始终坚持"全国一盘棋"，各级党委和政府必须坚决服从党中央统一指挥、统一协调、统一调度，做到令行禁止，以对党忠诚和高度的政治执行力，从政治上大局上处置突发事件。"实践证明，党中央集中统一领导，是风雨来袭时全党和全国人民的坚实依托，是战胜前进道路上一切艰难险阻和风险挑战的可靠保证，是党保持团结统一和强大战斗力、不断取得胜利的关键所在。党的集中统一领导能够统筹各种力量和资源，形成强大合力，集中力量办大事，是中国特色社会主义制度的显著优势，是战胜风险挑战的有力保证。"[1]

（二）推进科学的制度设计

制度设计是制度运用的重要前提和基础。制度设计是否科学和合理，直接决定着制度的生命力及其治理效能。习近平总书记指出："发展环境越是严峻复杂，越要坚定不移深化改革，健全各方面制度，完善治理体系，促进制度建设和治理效能更好转化融合。"[2] 在制度设计时，要深入基层调研，听取各方面意见，了解和掌握实际情况，从而为设计出合理的制度打下坚实的基础。同时，设计制度时要考虑具体性和可操作性。从具体性来说，就是规定明确而具体，不会产生歧义，让人一目了然。从可操作性来说，就是一旦遇到突发事件，就马上能够用得上并见效的制度。此外，还要看到，明确制度设计是完善和创新的双重过程：既要废止与现实不相适宜的制度，不断健全和完善已有制度；又要善于将一些成功的经验和做法上升为新的制度，在实践中推动应对重大突发事件的体制机制更加成熟更加定型，切实将制度优势转化为治理效能，从而有效应对重大突发

---

[1] 应急管理部编写组：《深入学习贯彻习近平关于应急管理的重要论述》，人民出版社2023年版，第37页。

[2] 《深化改革健全制度完善治理体系　善于运用制度优势应对风险挑战冲击》，《人民日报》2020年4月28日。

事件。

  首先，要健全应急管理体制机制。习近平总书记指出，"现在要把着力点放到加强系统集成、协同高效上来，巩固和深化这些年来我们在解决体制性障碍、机制性梗阻、政策性创新方面取得的改革成果，推动各方面制度更加成熟更加定型"①。将"统一指挥、专常兼备、反应灵敏、上下联动、平战结合的中国特色应急管理体制"真正落实到位，打通由上到下的应急管理通道，推动基层应急管理体制实现优化协同高效。一旦发现问题，根据事件类型、级别等因素启动相应预案，推动各部门快速反应、果断处置，将风险消灭在萌芽中，将损失减少到最低程度。实时监测动态变化，充分发挥应急治理系统的集成效能。基层应急治理工作复杂，涉及面广、环节众多，要注重应急治理的系统性，统筹谋划，形成"大安全大应急"的治理框架。同时，强化基层应急系统整体治理，加强构建"统一指挥、专常兼备、反应灵敏、上下联动、平战结合"的基层应急体系。从整体着眼、从一般着手，由原来的单风险、单领域、单要素的应急治理向风险综合体、全领域和全要素的综合治理转变，下好整体性治理"先手棋"。此外，还应强化应急动态治理。要从全周期角度开展工作，根据风险产生和演化的不同阶段，提供不同情况下的应急预案和政策工具。既要打好强化责任、警示教育、安全培训、隐患整改、预案演练等政策"组合拳"，又要用好风险监测识别、预报预警、应急响应、社会动员、应急处置、综合保障的"连环招"。

  其次，构建基层应急治理制度。面对突发性事件，基层的应急治理效率尤为体现在及时性动员与敏捷性参与两方面。从这一角度来看，基层社会在突发事件的最佳解决时间内，组织的回应与反馈速度、资源的集中及分配速度和人员的自觉配合程度，成为基层应急响应效率实现的关键抓

---

① 《习近平谈治国理政》（第三卷），外文出版社2020年版，第179页。

手。当务之急应建构网络化的基层应急行动主体结构,调整并明确基层治理的多元主体间的权责关系,激发基层多元主体参与应急治理的公共精神,逐步调适基层应急治理的行动规则,有效整合科层体系和多中心体系的各种优势,达到"1+1＞2"的效果,真正建成"人人有责、人人尽责、人人享有的基层应急治理共同体",推动基层社会应急治理效能的充分释放。一是坚持基层党建引领。以党的领导为核心,形成全局"一盘棋"。基层党组织要做好各部门协调和任务分工,充分调动各部门、各方积极性,形成统一指挥、齐抓共管的工作格局,以政府主导、社会组织中坚、人民群众主体、市场力量补充为治理体系,健全"市(县区)-街道(乡镇)-社区(村)-小区(小组)-楼栋"等纵向贯通多层级治理架构,统筹落实基层安全生产、消防安全、自然灾害防治等工作,做到指挥高效、反应灵敏、处置精准。同时,促进联动协作,拧成一股绳。既要发挥组织优势,加强应急、公安、宣传、综合治理、民政、卫生等部门联动配合,促进跨部门、跨层级合作;又要充分激活具有专业特长、应急救援经验丰富、整合能力强的市场、社区、公益组织、慈善机构、志愿者等组织的参与活力,形成应急治理合力。尤其是要加强区域间应急协作,盘活闲置资源,通过搭建平台、对接需求、优化程序,实现数据归集和共享,打通数据堵点和壁垒,避免重复投资,实现提质增效。二是建立健全情报信息搜集制度。建立多数据、全方位、广覆盖的人、物、地多点应急触发机制,形成纵向到底、横向到边的应急预警监测体系,有效获取苗头性、倾向性、预警性信息,实现基层应急治理快速灵敏的风险预警。三是建立应急治理专家智库制度。加强风险会商研判,通过深入基层调查研究找准基层应急治理的难点、堵点、盲点,及时对风险点、危险源等开展研判和排查,准确把握风险演化的趋势,从而形成科学的决策。四是建立健全实时监测机制。通过实时监测动态变化来充分发挥应急治理系统的集成效能。五是用好科技手段赋能基层应急治理。将智治赋能深度融入基层治理格局，构建集数据信息共享、风险监测预警、分析研判、应急指挥等功能于一体的"人防＋技防"智能应急治理平台，确保"发现＋上报＋推送处理＋评价"的全闭环管理，并以可视化、图层化方式进行展示，用"最强大脑"破解"最后一厘米"难题。从决策效能看，通过智能化应急治理平台，推动基层从依靠经验决策向依靠大数据决策的转变。从处置效能看，运用智能化技术增强对各类风险的事前监控、关联性分析、危险源隐患的预警，科学研判风险的来龙去脉，提高风险处置能力。从服务效能看，通过"全域覆盖、全网共享、全时可用、全程可控"的智能化设施，促进精准防控风险和强化治安防控。①

（三）加大力度培育制度认同

制度认同是制度运用的关键要素。制度认同是广大社会成员对某一制度及其运行方式作出了属于正当的价值判断后，内心产生的一种对制度的高度信任和主动接受。② 各种应对重大突发事件的制度设计出来之后，唯有得到尊重和认同，才能有效地内化为领导干部和群众的价值理念和行为遵循，从而为应对突发事件提供坚实的价值基础。为此，要培养领导干部的制度意识，让制度成为规范各种行为的准绳。制度认同一旦形成，就有助于在思想上划出红线、在行为上明确界限，从而实现领导干部思想上的自觉，真正从内心深处敬畏和认同制度。

（四）增强制度执行力

党的十九届四中全会指出："制度的生命力在于执行。"习近平总书记强调，"要强化制度执行力，加强制度执行的监督，切实把我国制度优势

---

① 周燕妮、姚亮：《抓住关键环节扎实推进基层应急治理工作》，《学习时报》2023年1月18日。

② 曾汉君：《把握好制度运用的几个维度》，《南方日报》2020年1月20日。

转化为治理效能"①。制度执行是制度运用的核心环节。要更好发挥制度优势，就必须拥有强大的制度执行力。

其一，自觉维护制度权威。习近平总书记指出："各级党委和政府以及领导干部要增强制度意识，善于在制度的轨道上推进各项事业。广大党员、干部要做制度执行的表率，引领全社会增强制度意识，自觉维护制度权威。"②在应对各种突发事件过程中，各级领导干部要带头维护制度权威，作制度执行的表率，确保党和国家重大决策部署、重大工作安排都按照制度要求落到实处。在面对重大突发事件时，领导干部还要敢抓敢管，敢于担当，敢于运用制度的威力来做好重大突发事件的应对工作，从而维护制度的刚性。这里要求的是对党忠诚的政治品质，唯有对党绝对忠诚，才能在任何情况下都坚持党的领导制度。

其二，主动履行自身在应急管理体制中的职责。习近平总书记强调："要发挥好应急管理部门的综合优势和各相关部门的专业优势，根据职责分工承担各自责任，衔接好'防'和'救'的责任链条，确保责任链条无缝对接，形成整体合力。"③制度是一个多结构要素，有效应对各种重大风险，除了整体的结构性制度，还有各种交叉连接的具体制度。领导干部要熟悉相关制度情况，明白自身在应急管理体制机制中的角色定位、职能责任，主动履职，多方协调，使上下指挥顺畅，左右协调有力，将"统一指挥、专常兼备、反应灵敏、上下联动、平战结合的中国特色应急管理体制"真正落实到位。

其三，实现应急力量在基层的整合。要坚持系统观念，树立全盘统筹

---

① 习近平：《坚持、完善和发展中国特色社会主义国家制度与法律制度》，《求是》2019年第23期。

② 习近平：《论坚持人民当家作主》，中央文献出版社2021年版，第278页。

③ 中共中央党史和文献研究院编《习近平关于防范风险挑战、应对突发事件论述摘编》，中央文献出版社2020年版，第243页。

的整体思维,释放社会活力、优化组织架构,将基层社会治理新格局转化为基层应急新机制,实现政府治理和社会调节、居民自治良性互动,激发基层多元主体参与应急治理的公共精神,发挥这种机制及时性动员与敏捷性参与的效率,打造"人人有责、人人尽责、人人享有的基层应急治理共同体",推动基层社会应急治理效能的充分释放。这里强调的是整合性能力,整合的效果要达到"1+1>2"。

第四节 保障层面的能力要素

重大突发事件一旦发生,需要在短时间内高强度地投入大量的人力、物力和财力,还需要与此相匹配的运输、通信、心理疏导等保障措施。可以说,没有强大的物资、技术和心理保障能力,想要真正应对好重大突发事件只能是空谈。有效应对各种重大突发事件,亟须提升领导干部的资源保障能力、技术保障能力和心理调适能力。

一、资源保障能力

应急资源主要涉及应急物资和人力资源等,具体到重大突发事件的应对工作中,就包括应急平台支撑能力、应急物资保障能力和应急社会救援能力。

(一)应急平台支撑能力

面对重大突发事件时,要提供强有力的资源保障力,就必须建立"资源整合、应急联动、平战结合、平灾兼容"的应急平台体系。这种应急平台体系由中央、省、市和县等多级应急平台组成,建设和使用机构是各级政府应急机构的应急运行中心。这种应急平台体系是网络化、信息化、数字化的综合集成,具备风险分析、实时监测、预测预警、动态决策、综合协调、应急联动、事后评估等功能，以实现重大突发事件应急的一体化、实时化、精确化与快速反应。问卷调查显示，在"领导干部应对重大突发事件时，您认为在保障层面最需要提升的能力是什么？"问题上，选择"应急平台支撑能力"的比率为25.20%。（见表3-6）

表3-6 保障层面的能力构成调查结果分析

题目	选项	频数	普及率（%）	响应率（%）
领导干部应对重大突发事件时，您认为在保障层面最需要提升的能力是什么？	A. 应急平台支撑能力	495	70.51	25.20
	B. 应急资金保障能力	325	46.30	16.55
	C. 应急物资保障能力	508	72.36	25.87
	D. 应急技术运用能力	235	33.48	11.97
	E. 应急物流运输能力	157	22.36	7.99
	F. 应急社会救援能力	242	34.47	12.32
	G. 其他	2	0.28	0.10
合计		1964	279.76	100

（二）应急物资保障能力

古人云："兵马未动，粮草先行。"习近平总书记指出，要健全统一的应急物资保障体系，把应急物资保障作为国家应急管理体系建设的重要内容，尽快健全相关工作机制和应急预案。建立国家统一的应急物资采购供应体系，推动应急物资供应保障网更加高效安全可控。[①]在实践中，应急物资保障能力主要包括以下三个方面。

一是资金保障。一方面，将应急管理纳入公共财政预算优先领域，加大对应急管理的资金投入力度，保障突发事件应对工作所需经费。这些资金投入主要用于硬件设备购置、设备更新维护、宣传培训、应急演练、日常工作经费、物资储备等方面。同时，要构建政府组织、企业组织和社会

---

① 习近平：《全面提高依法防控依法治理能力　健全国家公共卫生应急管理体系》，《求是》2020年第5期。

组织等相结合的多元化筹措机制，为突发事件的防范、应急处置和善后处置提供坚实的资金保障。另一方面，设立应急管理工作和突发事件应对工作专项经费，并纳入本级财政年度预算，健全应急资金拨付制度。问卷调查显示，在"领导干部应对重大突发事件时，您认为在保障层面最需要提升的能力是什么？"问题上，选择"应急资金保障能力"的比率达到16.55%。此外，利用好社会力量筹集资金。如《中华人民共和国突发事件应对法》明确规定："国家鼓励公民、法人和其他组织为突发事件应对工作提供物资、资金、技术支持和捐赠。"

二是物资保障。在"领导干部应对重大突发事件时，您认为在保障层面最需要提升的能力是什么？"问题上，选择"应急物资保障能力"的比率最高，为25.87%。一方面，要切实做好应急处置所必需的重要物资储备、管理工作，建立和完善基本生活必需的食品、药品、衣物、饮用水等相关物资的调集和发放机制，提供应急基本生活保障；同时，还要保障应急救援物资和装备的生产供应。另一方面，在保障重大突发事件物资供应的基础上，要尽可能降低应急物资储备成本，着力提高储备资源的利用效率。

三是运输保障。要适应对重大突发事件的需要，有针对性地完善重要应急物资调拨配送体系，切实提高物流运输能力。这就需要交通运输、公安等部门健全公路、铁路、航空、水运紧急运输保障体系，完善应急联动工作机制，保障应对重大突发事件时所需人员、物资、装备、器材等的运输。

（三）应急社会救援能力

从人力资源保障方面来看，最主要的就是要建立一支综合素质能力强的应急社会救援队伍，从而全面提升应急救援的协同性、整体性和专业性，切实提高防灾减灾救灾能力，有效预防各种重大突发事件的发生。社会应急救援力量是当前我国应急救援体系的重要组成部分，在防范和应对突发事件中发挥着不可替代的作用,但同时面临着管理不规范、人员素质参差不齐、物质资源保障不足、专业化水平不高等现实困境。① 在"领导干部应对重大突发事件时,您认为在保障层面最需要提升的能力是什么?"问题上,选择"应急社会救援能力"的比率为12.32%。

二、技术保障能力

重大突发事件的有效应对需要强大的技术支撑。对此,习近平总书记指出:"要强化应急管理装备技术支撑,优化整合各类科技资源,推进应急管理科技自主创新,依靠科技提高应急管理的科学化、专业化、智能化、精细化水平。要加大先进适用装备的配备力度,加强关键技术研发,提高突发事件响应和处置能力。"②

(一)应急技术支撑

健全应急技术支撑体系,能够满足各种复杂情况下处置各类突发事件的要求。加强应对突发事件技术支撑体系的研究,建立突发事件管理技术的开发体系和储备机制,制订研发计划,借鉴国际先进经验,加强智能化的应急指挥通信技术装备、辅助决策技术装备、特种救援技术装备的研制工作,对提高重大突发事件应对能力具有重要的现实意义。这些技术支撑系统包括通信系统、计算机网络系统、图像接入系统、移动应急平台、安全支撑系统、备份系统等。为此,要着力加强这些支撑系统的建设,更好发挥其在应对重大突发事件中的作用。例如,加强应急通信与网络系统建设,以切实形成可靠的通信保障能力,确保在应对重大突发事件时通信联络和信息传递及时准确。

---

① 王心甲:《社会应急救援力量建设探析——以福建省为例》,《安全与健康》2020年第2期。

② 中共中央党史和文献研究院编《习近平关于防范风险挑战、应对突发事件论述摘编》,中央文献出版社2020年版,第81页。

（二）数字治理运用

习近平总书记指出："面对各国对数据安全、数字鸿沟、个人隐私、道德伦理等方面的关切，我们要秉持以人为中心、基于事实的政策导向"，"携手打造开放、公平、公正、非歧视的数字发展环境"。[①] 如何提高数字治理能力是摆在世界各国政府面前的一项重要课题。无疑，领导干部数字治理能力的高低关系着重大突发事件的应对效果。在"领导干部应对重大突发事件时，您认为在保障层面最需要提升的能力是什么？"问题上，选择"应急技术运用能力"的比率为11.97%。

当前，亟须破解社会关键数据获取不足、数据分散和难以共享、数字应用效果不理想等问题。首先，要促进跨部门、跨层级、跨地域的政府数据融合，并加强对舆情、通信、医疗、科研、交通、物流、制造等关键社会数据的采集。其次，要健全法律法规，加强标准和规范建设，有效提高应急数据共享的规范化水平。最后，要切实提高领导干部的应急数字治理能力，领导干部要善于运用科技手段防范化解重大风险，特别是运用云计算、物联网、大数据、移动互联网、人工智能等现代科技手段，加强对风险的动态监测、实时预警，提升应对中分析研判、评估决策、资源调配、指挥调度的科学性和有效性，切实提高防范化解重大风险工作、应对重大突发事件的科学化、智能化和规范化水平。

三、心理调适能力

党的十八大以来，习近平总书记在多个场合强调加强社会心理疏导和支持。习近平总书记指出，"加强社会心理服务体系建设，培育自尊自信、理性平和、积极向上的社会心态"，"要发挥社会工作的专业优势，支持广

[①] 中共中央党史和文献研究院编《习近平关于网络强国论述摘编》，中央文献出版社2021年版，第170页。

大社工、义工和志愿者开展心理疏导、情绪支持、保障支持等服务","要加强心理干预和疏导、有针对性做好人文关怀"。通常情况下，重大突发事件的发生会对救援人员和受灾群众的心理带来极大冲击。因此，在应对突发事件的过程中，要采取有效措施及时进行心理干预和疏导，深入了解突发事件给人们身心健康所造成的焦虑、抑郁影响及危害，通过增强应急救援人员的心理支持能力，进而提高对受灾群众的心理疏导和支持能力。在调查中，不少被调查者表示心理调适能力也是领导干部最应具备的核心能力（见表3-7）。

表3-7 心理层面的能力构成调查结果分析

题目	选项	频数	普及率（%）	响应率（%）
领导干部应对重大突发事件时，您认为在心理层面最需要提升的能力是什么？	A. 自我心理调适能力	373	53.13	31.80
	B. 帮助被救助人员的心理危机应对能力	369	52.56	31.45
	C. 帮助被救助人员的心理创伤修复能力	298	42.45	25.40
	D. 心理互助能力	131	18.66	11.17
	E. 其他	2	0.28	0.17
合计		1173	160.08	100.00

（一）自我心理调适能力

心理调适能力就是指人们在面对环境压力时，通过多样化的反应形式，舒缓紧张情绪、有效化解压力，提升个体或群体走出困境的能力。奋战在应对重大突发事件一线的党员干部、公安干警、社会救援人员和志愿者们，工作压力和强度大，生理和心理负荷高，需要进行心理调适。

尤其是在重大突发事件应对中，由于应急管理和救援人员经常直接面对生死离别的情景，往往容易引起如焦虑、情绪起伏、注意力不集中等心理层面的一系列应激反应，严重的情况下甚至无法正常工作。对此，需要通过有效的心理干预，更好地帮助应急救援人员在较短时间内、较顺利地稳定心理和心态。同时，更要加强领导干部进行自我心理调适，通过自我缓解、自我调适、自我化解来释放心理压力，从而以良好的心态和饱满的热情继续投入到应急救援工作中。问卷调查显示，在"领导干部应对重大突发事件时，您认为在心理层面最需要提升的能力是什么？"问题上，选择"自我心理调适能力"的比率最高，达到31.80%。相较而言，在应对重大突发事件中，领导干部的心理健康显得尤为重要。

（二）心理危机应对能力和心理创伤修复能力

实践中，领导干部要将心理干预和支持纳入到应对工作中去，以减轻事件所导致的心理危害。但必须看到的是，加强心理疏导，需要针对不同群体的特点，实施分类干预。

一是帮助被救助人员的心理危机应对能力。重大突发事件作为一种境遇性危机，由于具有突发性、破坏性和震撼性，很容易让人感觉个人的力量渺小进而丧失希望。这时如果有心理介入，可以帮助他们树立积极乐观的情绪、健康向上的心态，从而纾解焦虑情绪，消除恐慌心理。问卷调查显示，在"领导干部应对重大突发事件时，您认为在心理层面最需要提升的能力是什么？"问题上，排第二位的是"帮助被救助人员的心理危机应对能力"，比率达到31.45%。

二是帮助被救助人员的心理创伤修复能力。在防控新冠疫情的工作时，习近平总书记指出："病人心理康复需要一个过程，很多隔离在家的群众时间长了会产生这样那样的心理问题，病亡者家属也需要心理疏导。这个问题解决不好，会带来社会稳定隐患。要高度重视他们的心理健康，动员各方面力量全面加强心理疏导工作。"[①] 对此，要做好人文关怀，让被

---

① 中共中央党史和文献研究院编《习近平关于统筹疫情防控和经济社会发展重要论述选编》，中央文献出版社2020年版，第101页。

救助人员处于有效的人际联结，并从这种人际联结中寻求自我存在的意义和价值，从而发挥其重要的疗愈作用，实现心理创伤的修复。问卷调查显示，在"领导干部应对重大突发事件时，您认为在心理层面最需要提升的能力是什么？"问题上，选择"帮助被救助人员的心理创伤修复能力"的比率为25.40%。

（三）心理互助能力

心理互助就是各个行为主体之间的心理安慰、鼓励、劝导、支持等相互帮助活动。在应对重大突发事件中产生的心理问题，除了自我的心理调适之外，还需要从事应急管理的领导干部相互之间的心理互助。心理互助采用的方式可以是倾听与面谈、接受与宣泄、接纳与尊重、理解与共情、支持与鼓励、解释与疏导等。通过各种方式的心理互助，可以实现相互之间的心理压力释放，并缓解负面情绪，进而更好地投入到应急救援工作中去。问卷调查显示，在"领导干部应对重大突发事件时，您认为在心理层面最需要提升的能力是什么？"问题上，选择"心理互助能力"的比率为11.17%。由此可见，提高心理互助能力在应对重大突发事件时也显得非常重要。

第四章

提升领导干部应对重大突发事件能力的"组织培养"路径

依据新时代党的创新理论蕴含的思想方法，结合对领导干部的问卷调查和深度访谈的情况分析，本研究认为，提升领导干部应对重大突发事件能力，需要外因内因共同作用，其现实路径归结起来就是"组织培养"和"个人努力"两个方面。本章着重探讨新时代提高领导干部应对重大突发事件能力的"组织培养"路径，实践中主要包括强化领导干部的思想淬炼、政治历练、实践锻炼、专业训练，以及强化能力提升的保障条件等。

第四章
提升领导干部应对重大突发事件能力的"组织培养"路径

党的十八大以来，在以习近平同志为核心的党中央坚强领导下，全国上下坚定信心、迎难而上，一仗接着一仗打，解决了许多长期想解决而没有解决的难题，办成了许多过去想办而没有办成的大事，经受住了来自各方面的风险挑战考验，推动我国迈上全面建设社会主义现代化国家新征程。正如习近平总书记深刻指出："可以预见，在今后的前进道路上，来自各方面的困难、风险、挑战肯定还会不断出现，关键看我们有没有克服它们、战胜它们、驾驭它们的本领。"① 领导干部是我们党执政兴国、治国理政的骨干力量，也是有效防范化解风险和应对重大突发事件的关键群体，提升领导干部应对重大突发事件能力至关重要。但正如"过河"需要解决"桥"和"船"的问题，要达到提升领导干部应对重大突发事件能力的目标，也要解决"桥"和"船"的问题，即方法路径的问题。解决好这个方法路径的问题，既是现实工作所需，也是本研究的落脚点。

习近平总书记在学习贯彻党的二十大精神研讨班开班式上强调："要加强能力提升，让领导干部特别是年轻干部经受严格的思想淬炼、政治历练、实践锻炼、专业训练，在复杂严峻的斗争中经风雨、见世面、壮筋骨、长才干。"② 这既对新时代领导干部提出了加强能力提升的要求，也指明了有效提升能力（包括应对重大突发事件能力）的主要路径，即加强思想淬炼、政治历练、实践锻炼、专业训练；从组织的角度来看，还要着重强化各类保障条件，以此为领导干部提升应对重大突发事件能力创造良好

---

① 《习近平谈治国理政》（第一卷），外文出版社2018年版，第402页。
② 《正确理解和大力推进中国式现代化》，《人民日报》2023年2月8日。

条件和环境,其实,强化这些保障条件的过程,本身也是提升领导干部应对重大突发事件能力的过程。

关于提高领导干部应对重大突发事件的"组织培养"路径,本研究以省部级以下领导干部和应急管理系统工作人员为对象,前后进行了两次问卷调查。第一次问卷调查结果显示:选择"加强各级党组织建设,将提升突发事件应对能力融入日常组织生活"的,占调研对象的比率为21.86%;选择"选派领导干部到复杂环境(事故多发地、灾害多发地、矛盾多发地)中实践锻炼"的,占调研对象的比率为21.56%;选择"增加领导干部多岗位(领导机关、业务部门、基层)锻炼机会"的,占调研对象的比率为21.56%;选择"加强领导干部有针对性的应急管理培训和应急模拟演练"的,占调研对象的比率为19.71%;选择"通过智慧平台建设提升信息技术能力"的,占调研对象的比率为15.04%;此外还有0.26%的调研对象选择了其他选项(见表4-1)。

表4-1 关于"提升领导干部应对重大突发事件能力的'组织培养'路径"的第一次调查结果分析

题目	选项	频数	普及率(%)	响应率(%)
从组织层面来说,您认为提升领导干部应对重大突发事件能力最主要的途径是什么?	A. 加强各级党组织建设,将提升突发事件应对能力融入日常组织生活	580	82.62	21.86
	B. 选派领导干部到复杂环境(事故多发地、灾害多发地、矛盾多发地)中实践锻炼	572	81.48	21.56
	C. 增加领导干部多岗位(领导机关、业务部门、基层)锻炼机会	572	81.48	21.56
	D. 加强领导干部有针对性的应急管理培训和应急模拟演练	523	74.50	19.71
	E. 通过智慧平台建设提升信息技术能力	399	56.84	15.04
	F. 其他	7	1.00	0.26
合计		2653	377.92	100.00

第四章 提升领导干部应对重大突发事件能力的"组织培养"路径

第二次问卷调查结果显示,"加强各级党组织建设""增加实践锻炼机会""加强应急管理培训""加强应急模拟演练"这4项的响应率(见图4-1)和普及率明显较高。

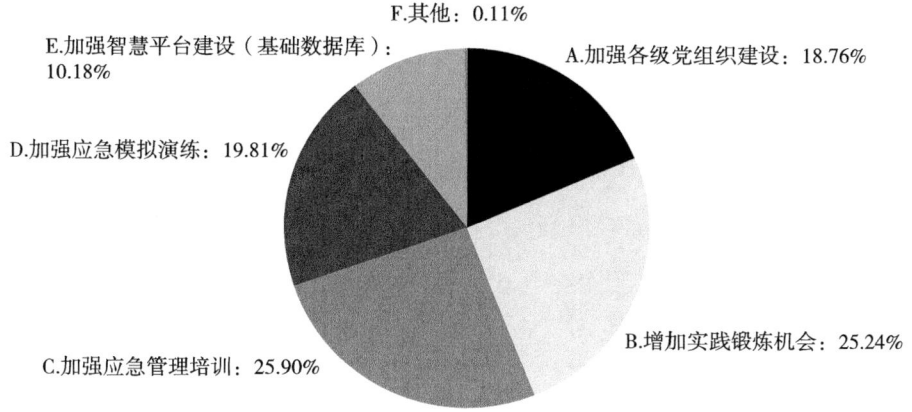

图4-1 关于"提升领导干部应对重大突发事件能力的'组织培养'路径"的第二次调查中各选项的响应率

关于提高领导干部应对重大突发事件的"组织培养"路径,本研究选取了多个领域、多个层级的有代表性的领导干部进行深度访谈调研。访谈调研对问卷调查进行了很好的补充,并就其中的一些重要结论进行了确认、修正和完善。关于提升领导干部应对重大突发事件能力的"组织培养"路径,访谈对象的意见主要包括但不限于如下6条:(1)建章立制,健全应对重大突发事件的体制机制,组织开展应对重大突发事件预演,提高快速反应能力(访谈Y市委常委、宣传部部长,2023年3月15日);(2)开展有针对性的培训,党校(行政学院)系统要专门开设相关课程,加强专业培训和模拟演练,特别是接近实务的培训和模拟演练(访谈J省地质局党组成员、副局长,2023年3月16日);(3)建立高规格的领导机制、全方位的协调机制、多渠道的保障机制和严肃处理的问责机制(访谈S市G区委副书记、区长,2023年3月25日);(4)强化应对重大突发事件的事前预防意识，守好底线思维以筑牢思想的"防火墙"、统筹整合资源以织密主要阵地"防护网"（访谈 N 市消防救援支队特勤大队大队长，2023 年 4 月 10 日）；（5）把应对突发事件作为一项重点内容纳入年度目标考核当中，给予一定的系数权重和比例（访谈 J 省地质局 R 地质大队大队长，2023 年 4 月 25 日）；（6）从政策导向、力量配置、经费保障等方面向基层倾斜，切实增强基层应对突发事件实力，提高基层应对能力（访谈 F 市 C 县 Y 镇镇长，2023 年 4 月 30 日）。

依据习近平总书记的相关重要论述，基于问卷调研和访谈调研的结果分析，本研究着重从强化领导干部思想淬炼、强化领导干部政治历练、强化领导干部实践锻炼、强化领导干部专业训练和强化能力提升的保障条件等五个方面，展开如下讨论。

第一节　强化领导干部思想淬炼

理论是行动的先导，思想是前进的旗帜。习近平总书记指出："没有意识到风险是最大的风险。"[①] 领导干部只有思想上保持清醒，时时保持警惕警觉，才能主动增强风险意识、危机意识，才能增强提升应对重大突发事件能力的自觉性，才能更好地解决精神懈怠问题、本领恐慌问题、能力不足问题。提升领导干部应对重大突发事件的能力，首要的是以马克思主义，特别是习近平新时代中国特色社会主义思想武装头脑，进行思想淬炼。各级党委、组织部门要高度重视思想建设，把加强领导班子和干部队伍思想建设和理论武装作为党的建设的重要内容；党校（行政学院）、干部学院等作为党组织的专门干部教育培训机构，在这方面要充分发挥主渠道主阵地作用。

---

① 习近平：《在网络安全和信息化工作座谈会上的讲话》，人民出版社 2016 年版，第 17 页。

第四章
提升领导干部应对重大突发事件能力的"组织培养"路径

一、强化理论武装

习近平总书记在2022年春季中央党校（国家行政学院）中青年干部培训班开班式上指出："年轻干部要胜任领导工作，需要掌握的本领是很多的。最根本的本领是理论素养。"[①] 这一重要讲话虽然直接对象是年轻干部，但对其他领导干部同样也适用；这一重要讲话既指明了理论素养在领导能力中的极端重要性，也指明了领导干部提高领导能力（包括应对重大突发事件能力）的基本途径。

提升领导干部理论素养，首先要强化理论武装。各级党委（党组）、组织部门和干部教育培训机构要重点加强对领导干部马克思主义基本理论的教育培训，使他们切实掌握蕴含其中的立场、观点和方法；要加强习近平新时代中国特色社会主义思想的教育培训，使各级领导干部进一步学懂弄通习近平新时代中国特色社会主义思想，不断提高政治判断力、政治领悟力、政治执行力；要持续加强党史教育，使各级领导干部从党的历史中汲取战胜风险挑战的智慧和力量，使他们在新时代的伟大实践中不断锤炼斗争精神和斗争本领，变得更加敢于直面矛盾问题和困难挑战，更加自觉发扬历史主动精神，切实做到履职尽责和勇于担当作为；要持续强化对党忠诚教育，铸牢领导干部对党忠诚、对人民负责的思想政治根基，牢记"国之大者"，坚持"全国一盘棋"，善于算大账、总账、长远账，在应对重大突发事件和处理急难险重工作时，能自觉同党的理论和路线方针政策对标对表、及时校准偏差，切实做到不偏向、不变通、不走样，确保党中央作出的决策得到坚决执行，切实以无比的政治忠诚强化防范化解风险意识和提升应对重大突发事件的能力。

[①] 《筑牢理想信念根基树立践行正确政绩观 在新时代新征程上留下无悔的奋斗足迹》，《人民日报》2022年3月2日。

坚决贯彻落实"第一议题"制度、集体学习制度。"两个确立"是党的十八大以来党的建设最重大政治成果，是应对不确定性的最大确定性。提升领导干部应对重大突发事件的能力，首先要在捍卫"两个确立"、做到"两个维护"上下功夫。要聚焦政治建设这个党的根本属性，把学习习近平新时代中国特色社会主义思想、习近平总书记重要讲话精神和指示批示，以及党的会议精神，作为党委（党组）会的"第一议题"，第一时间组织传达学习；党委（党组）理论学习中心组要组织深入学习研讨，支部党员大会要及时传达学习，使领导干部在日常政治学习制度中、双重组织生活中受到理论教育，经受思想淬炼。各级党委、组织部门、党校（行政学院）和干部学院，要把学习贯彻习近平新时代中国特色社会主义思想作为各级领导干部教育培训的首要政治任务，综合运用线上、线下教育培训基地，每年有计划地对领导干部进行普遍培训；进一步完善课程体系、教材体系、资源体系，着力构建习近平新时代中国特色社会主义思想教学体系，使之更好地进教材、进课堂、进头脑；要教育引导各级领导干部从马克思主义理论渊源中，从党百年奋斗历程中，从新时代取得的历史性成就和历史性变革中，深刻把握"两个确立"的理论逻辑、历史逻辑、实践逻辑，把坚定拥护"两个确立"、坚决做到"两个维护"作为最高政治原则和根本政治责任；要使领导干部坚信在习近平新时代中国特色社会主义思想的科学指引下，在以习近平同志为核心的党中央坚强领导下，一切风险都可以被抵御，一切复杂局面都可以被驾驭，一切困难都可以被战胜。

二、厚植为民服务的情怀

以人民为中心的价值立场，体现在应对重大突发事件中，就是要坚持人民至上，生命至上。习近平总书记指出，"在保护人民生命安全面前，我们必须不惜一切代价,我们也能够做到不惜一切代价,因为中国共产党的根本宗旨是全心全意为人民服务,我们的国家是人民当家作主的社会主义国家","为了保护人民生命安全,我们什么都可以豁得出来!"①习近平总书记还强调:"如果连安全工作都做不好,何谈让人民群众生活得更美好?!"②习近平总书记的这一系列重要论述,为各级党委、政府和领导干部做好应急管理工作、应对重大突发事件提供了根本遵循。民心无影又无形,却是人间定盘星。正因为无形无相,才蕴藏着无穷的力量。应对好重大突发事件,既是一项紧迫任务,也是一项民心工程。提高领导干部应对重大突发事件的能力,首先要使他们过好"思想关"、成为"明白人",即要弄清楚"为谁提高"和"如何提高"的问题,并通过多途径的思想淬炼,使他们始终贯彻党的全心全意为人民服务的宗旨,坚守以人民为中心的价值立场和价值追求,在大是大非面前,立场坚定、旗帜鲜明,决不用党的原则和人民的利益去做交易和交换。

通过丰富的内容和多样的方式,加强各级领导干部唯物史观教育和宗旨意识教育,引导他们坚信人民群众是历史的创造者,相信蕴含在人民群众中的伟大力量,使他们能在实际行动中始终坚守人民立场和坚持人民至上;教育他们要始终实现好、维护好、发展好最广大人民根本利益,把人民拥护不拥护、赞成不赞成、高兴不高兴、答应不答应作为衡量一切工作得失的根本标准;督促他们关心人民、贴近人民,了解人民的需求、理解人民的难处,立足于人民的立场做事情,真心实意地为人民做好事、办实事。具体到应对重大突发事件的过程中,则要求他们坚持把人民的利益和人民群众的生命财产安全放在第一位,将人民立场贯穿于应对重大突发事

---

① 《习近平著作选读》(第二卷),人民出版社2023年版,第344—345页。
② 中共中央党史和文献研究院编《习近平关于城市工作论述摘编》,中央文献出版社2023年版,第83页。

件的全过程，并融入应急预案编制、突发事件处置、事件善后及恢复重建的具体行动中；切实强化忧患意识，做好做实防范工作，做到有备无患、有患有方，最大限度地防范各类风险事故发生；在做好重大突发事件处置时，十分注重做好安抚民心、安置灾民、基本生活保障和心理疏导等工作，并采取积极措施帮助人民群众恢复正常的生产生活。此外，还要加强对人民群众的风险意识教育和能力训练，提高广大群众自我抗风险意识和能力，夯实风险治理的社会韧性，为成功应对重大突发事件提供坚实的群众基础。

三、强化担当作为的责任感

党的二十大报告强调，加强干部斗争精神和斗争本领养成，着力增强防风险、迎挑战、抗打压能力，带头担当作为，做到平常时候看得出来、关键时刻站得出来、危难关头豁得出来。领导就是责任，当官必须尽责。敢于担当，就是要关键时刻站得出来、顶得上去，并发挥得了作用。所谓大事难事看担当，危急时刻显本色。"防范化解重大风险，是各级党委、政府和领导干部的政治职责，大家要坚持守土有责、守土尽责。"[①]习近平总书记指出："当干部就要有担当，有多大担当才能干多大事业，尽多大责任才会有多大成就。"[②]2020年2月在北京调研指导疫情防控工作时，习近平总书记要求党政领导干部"靠前指挥、强化担当"，做到"守土有责、守土担责、守土尽责"，确保"把每一项工作、每一个环节都做

[①] 中共中央党史和文献研究院、中央"不忘初心、牢记使命"主题教育领导小组办公室编《习近平关于"不忘初心、牢记使命"论述摘编》，党建读物出版社、中央文献出版社2019年版，第224页。

[②] 中共中央党史和文献研究院编《习近平关于防范风险挑战、应对突发事件论述摘编》，中央文献出版社2020年版，第244页。

到位"。① 正是有为民负责、担当作为的信念情怀的驱使，各级领导干部在面临重大突发事件时，才不考虑自身权力、不算计个人私利，而是通过科学决策、正确履职和率先垂范成为维护人民群众利益的政治家，带领人民战胜各类严峻挑战。

在各类重大突发事件发生后，各级党委要充分发挥领导核心作用，做到哪里有急难险重任务，哪里就有党组织坚强有力的工作；坚持围绕应对各类重大突发事件的需要，建好建强基层组织，切实发挥基层党组织的战斗堡垒作用和党员干部的先锋模范作用，做到"共产党员先上"。各级党委和组织部门、纪检部门要不断强化领导干部"时时放心不下"的责任感，使他们不但在平时工作中带头履职尽责，注重做好做实日常风险预防工作，最大限度减少各类风险事故和突发事件的发生，更能在面对重大风险、重大困难和重大斗争时，保持政治清醒和战略定力，勇于直面问题、解决问题；使他们在应对重大突发事件的过程中，能紧紧围绕党中央的决策部署，以高度的使命感和责任心，带头履职尽责、担当作为，向党和人民交出一份为民负责、担当作为的合格答卷。习近平总书记指出，"干部敢于担当作为，这既是政治品格，也是从政本分"，"要在选人用人上体现讲担当、重担当的鲜明导向"，"选拔任用敢于负责、勇于担当、善于作为、实绩突出的干部"。② 实践中，要十分注重在应急处突一线考察识别领导班子和领导干部。同时，做好应急处突过程中的监督工作。对表现突出的，要表扬表彰、大胆使用；反之，对于不敢担当甚至失职渎职的，则要严肃问责。以此，强化各级领导干部应对重大突发事件的责任感。

---

① 《以更坚定的信心更顽强的意志更果断的措施 坚决打赢疫情防控的人民战争总体战阻击战》，《人民日报》2020年2月11日。

② 习近平：《努力造就一支忠诚干净担当的高素质干部队伍》，《求是》2019年第2期。

四、加强科学思维方法的培训

科学思维鼓励人们用观察、实验和逻辑的方法理解世界和解决问题。科学思维十分强调数据的收集和分析，注重记录观察结果、整理数据和制作图表，并从中提取有用的信息。科学方法旨在解决科学问题或验证科学假设，包括提出问题、收集数据、分析和解释数据、形成新的科学知识或假设、评估和修正假设等步骤。科学思维是一种思考方式，旨在更好地理解世界并解决问题；而科学方法则是一种系统化的探究过程，旨在促进科学发展并产生新知识。科学思维和科学方法在应对各类风险和重大突发事件中，具有十分重要的作用。提升领导干部运用科学思维和科学方法的能力，首先要加强马克思主义理论的学习培训，因为马克思主义是共产党人最根本的"科学"。各级党委、组织部门和干部教育培训机构要采取有效措施，加强各级领导干部的马克思主义基本理论教育，不断提高领导干部运用马克思主义立场、观点、方法分析和解决问题的能力；要加强习近平总书记关于科学思维和科学方法方面重要论述的教育培训，使各级领导干部提高"战略思维、辩证思维、系统思维、创新思维、历史思维、法治思维、底线思维能力"；要加强习近平总书记关于防范化解重大风险重要论述精神的教育培训，使各级领导干部能准确把握应对重大突发事件的基本原则、重点领域、实践路径和科学方法。

居安思危，思则有备，有备则无患，预防是最好的化解和前置的应对。习近平总书记在省部级主要领导干部坚持底线思维着力防范化解重大风险专题研讨班开班式上强调，"要强化风险意识，常观大势、常思大局，科学预见形势发展走势和隐藏其中的风险挑战，做到未雨绸缪"[①]。各级党委和相关部门要突出强化对各级领导干部防范风险方面的教育培训，主动下好防范风

---

① 《习近平著作选读》（第二卷），人民出版社2023年版，第248页。

险的"先手棋",既打好风险防范的准备战,又打好风险化解的战略主动战,切实实现"关口前移",将工作重心从事后处置前移到事前的防控。习近平总书记还特别指出,"要善于运用'底线思维'的方法,凡事从坏处准备,努力争取最好的结果,这样才能有备无患、遇事不慌,牢牢把握主动权"[①]。各级党委和相关部门要突出强化领导干部的底线思维,并通过有效举措增强他们的底线意识,使他们善于立足底线,做好最坏的打算,做好最全的准备。此外,还要加强领导干部现代控制方法、信息方法、系统方法、结构－功能方法、模型化方法等的训练培训,提升他们运用现代科学思维方法的能力,切实以思维方法的科学性提升他们应对重大突发事件的有效性。

第二节 强化领导干部政治历练

政治能力是领导干部干好工作的第一位的能力,也是最根本的能力。习近平总书记强调,"必须增强政治意识,善于从政治上看问题"[②],"要不断提高各级领导干部特别是高级干部把握方向、把握大势、把握全局的能力,辨别政治是非、保持政治定力、驾驭政治局面、防范政治风险的能力"[③]。重大突发事件的发生,既影响到人民生命财产安全和社会稳定,也关系到党和国家的政治安全。及时有效地应对好各类重大突发事件,既是各级党委、政府和领导干部的重要政治责任,也是更好保证国家安全和维护社会稳定的应有之意。对于领导干部来说,讲政治任何时候都是安身立命之本,只有时刻保持政治过硬、立场坚定和头脑清醒,才能经受住各种困难、风

---

① 中共中央宣传部编《习近平总书记系列重要讲话读本(2016年版)》,学习出版社、人民出版社2016年版,第288页。
② 《加强政治建设提高政治能力坚守人民情怀 不断提高政治判断力政治领悟力政治执行力》,《人民日报》2020年12月26日。
③ 《习近平谈治国理政》(第三卷),外文出版社2020年版,第97页。

险的考验检验。新时代要有效应对各类重大挑战、抵御各类重大风险、克服各类重大阻力、解决各类重大矛盾，必须进行具有许多新的历史特点的伟大斗争。斗争精神和斗争本领是新时代领导干部应具备的重要素质能力，也是应对各种风险挑战的重要思想基础和所需要的精神状态。领导干部要做敢于斗争、善于斗争的模范。提升领导干部应对重大突发事件能力，要十分注重提升他们从政治上看待、应对重大突发事件的能力，特别是提升他们的斗争精神和斗争本领，这些都是强化领导干部政治历练的重要方面。

就"从政治层面来说，您认为提升领导干部应对重大突发事件能力最主要的途径是什么？"这一问题，本研究第一次问卷调查的统计结果显示：选择"加强思想淬炼，坚定应对突发事件中的人民立场"的，占调研对象的比率为29.05%；选择"加强政治历练，增强'四个意识'、坚定'四个自信'、做到'两个维护'"的，占调研对象的比率为26.68%；选择"严格党内政治生活，增强斗争精神和斗争本领"的，占调研对象的比率为22.39%；选择"强化政治问责，通过及时责任追究增强政治担当"的，占调研对象的比率为21.57%；此外，选择其他选项的占0.32%（见表4-2）。

表4-2 政治层面能力提升路径的第一次调查结果分析

题目	选项	频数	普及率（%）	响应率（%）
从政治层面来说，您认为提升领导干部应对重大突发事件能力最主要的途径是什么？（多选题）	A.加强思想淬炼，坚定应对突发事件中的人民立场	637	90.74	29.05
	B.加强政治历练，增强"四个意识"、坚定"四个自信"、做到"两个维护"	585	83.33	26.68
	C.严格党内政治生活，增强斗争精神和斗争本领	491	69.94	22.39
	D.强化政治问责，通过及时责任追究增强政治担当	473	67.38	21.57
	E.其他	7	1.00	0.32
合计		2193	312.39	100.00

第二次问卷调查结果显示,"加强政治历练""健全激励机制""加强思想淬炼""强化政治问责""严格党内政治生活"这5项的响应率(见图4-2)和普及率明显较高。

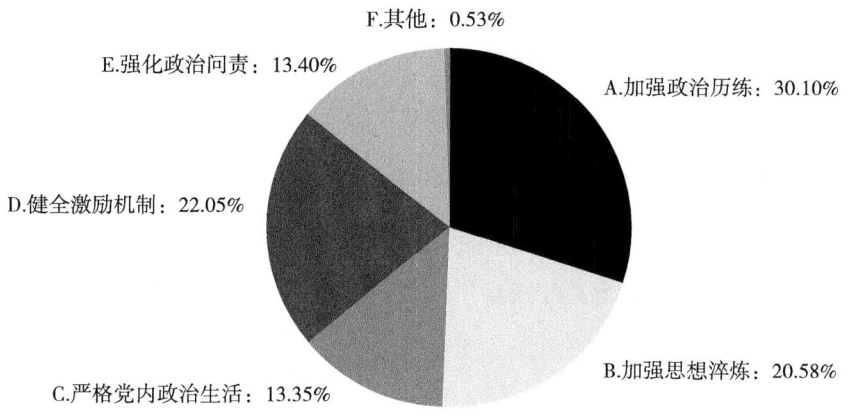

图4-2 政治层面能力提升路径的第二次调查中各项的响应率

一、加强党性教育

我们党一贯重视加强党员特别是领导干部的党性教育,在不同的历史时期,总是联系当时面临的形势和任务,针对党员和领导干部的实际情况,提出党性锻炼的重点和要求,加强对党员干部的党性教育,帮助党员干部提高自己的党性修养。党校(行政学院)、干部学院等干部教育培训机构要加强对参训领导干部的党性教育。《中国共产党党校(行政学院)工作条例》明确:"以坚定理想信念、增强宗旨观念和改进作风为重点加强学员的党性修养";"党校(行政学院)教学应当突出党的理论教育和党性教育的主业主课地位";"党性教育应当贯穿学员管理全过程"。各级党校(行政学院)、干部学院等干部教育培训机构要充分履行"立根固本""补钙壮骨"的重要职责,强化主业主课地位,不断加大党性教育力度,重点开展理想信念、党的宗旨、革命传统、党风廉政教育,突出党章和党规党纪学习教育，强化政治忠诚教育，加强政治纪律和政治规矩教育，加强斗争精神和斗争本领养成；要把党性教育贯穿到干部教育培训全过程各环节，引导参训领导干部知晓党性锻炼的重要性、党性锻炼与能力提升的关系，明晰党性锻炼的有效途径和方法。

加强党性教育，要引导领导干部做实党性分析。党性分析是党员坚持和运用党性原则，对照党章党规和相应的标准要求，实事求是地分析自身存在的问题、剖析问题的根源、提出改进措施办法的过程。党性分析是加强党性修养和党性锻炼，提升党性觉悟的重要手段和重要途径，是增强党性的一项重要制度设计。各级党组织要抓实党员特别是党员领导干部的党性分析，让党员领导干部对照党章党规的规定和党员领导干部的条件，对照习近平总书记的要求，联系思想和工作实际，全面评估、总结、反思自己的工作表现和成长过程，认真查找自身政治、思想、工作、作风、廉洁等方面存在的问题，分析问题产生的深层次原因，明确努力方向和整改措施。党校（行政学院）等干部教育培训机构要加强对参训领导干部党性分析的培训，要按照干部教育培训的有关规定和要求，对1个月以上的主体班次应当安排参训学员进行党性分析，并提出明确的要求。带班教师要积极引导参训学员拟订党性锻炼计划并明确相关主题，增强他们党性锻炼的自觉性和针对性；要就党性锻炼进行理论研讨和谈心谈话，以充分交流思想并形成基本共识；要指导参训学员结合学习情况写好自身党性状况的自述性、反思性的分析报告，认真撰写党性分析材料；要指导学员支部组织专题组织生活会，让参训学员相互之间开展批评和自我批评；还可进一步组织班级党性交流会，学员个人提炼党性修养要则，以进一步巩固党性分析成果。通过科学而严格的党性分析，不断增强领导干部自我净化、自我完善、自我革新和自我提高的能力。通过做实党性分析，养成领导干部加强政治历练、发扬斗争精神、增强斗争本领的自觉，提升应对各类风险挑战和重大突发事件的政治敏感性、政治鉴别力和政治决断力。通过做实党性分析和检视整改，更好实现领导干部"对于新的关系模式、新的推论模式及相似的集体能力的发现、创造和获取"①，使领导干部实现自我能力提升和思维上的创新，与时俱进地提升应对重大突发事件的能力，以更好地应对各种急难险重任务和各类复杂局面。

二、严格党内政治生活

习近平总书记在2021年春季中央党校（国家行政学院）中青年干部培训班开班式上强调："要自觉加强政治历练，接受严格的党内政治生活淬炼，不断提高政治判断力、政治领悟力、政治执行力，使自己的政治能力同担任的工作职责相匹配。"② 开展严肃认真的党内政治生活，是我们党的优良传统和政治优势。在长期实践中，我们党形成了以实事求是、理论联系实际、密切联系群众、批评和自我批评、民主集中制、严明党的纪律等为主要内容的党内政治生活基本规范，为加强党的建设和为保证完成党在各个历史时期中心任务发挥了重要作用。党内政治生活是党组织教育、管理、监督党员和党员开展党性锻炼的主要平台，既是一座锤炼党性的熔炉，也是一座提升政治能力的学校。各级党组织要坚持以改革创新精神，持续加强和规范党内政治生活，着力增强党内政治生活的政治性、时代性、原则性、战斗性；要在党内政治生活中加强对领导干部的政治信仰、政治立场、政治定力、政治能力和政治纪律的教育，使领导干部在党内政治生活中发挥带头示范作用，严肃认真参加党内政治生活，不放过任何一次接受教育和提高自身的机会，不断在严格的党内政治生活中加强政治历

---

① 米歇尔·克罗齐耶、埃哈尔·费埃德伯格：《行动者与系统：集体行动中的政治学》，上海人民出版社2007年版，第379—380页。

② 中共中央党史和文献研究院编《习近平关于全面从严治党论述摘编（2021年版）》，中央文献出版社2021年版，第156页。

练和提升素质能力。

党的组织生活是党内政治生活的重要内容和载体,严格党内政治生活要切实抓好党的组织生活制度的落实。要严格执行《中国共产党章程》《关于新形势下党内政治生活的若干准则》《廉洁自律准则》和各项党规党纪,从严落实党的组织生活制度;要通过民主生活会、组织生活会、"三会一课"、民主评议党员、政治谈话、主题党日、重温入党誓词、过"政治生日"等,引导党员领导干部强化党的意识、党员意识。党员领导干部,不论担任何种职务,其第一政治身份是"党员",都必须编入党的一个支部、小组或其他特定组织,参加党的组织生活,接受党内外群众的监督。尤其要注意的是,在党内,不论职务高低,相互间都是平等的同志关系。在民主生活会和组织生活会上,要突出加强党员的党性锻炼,切实以整风精神勇于进行思想交锋、揭短亮丑、直面问题、较真碰硬,旗帜鲜明坚持真理、修正错误,不搞无原则和不分是非的一团和气和庸俗的团结,增强党内政治生活的原则性、战斗性,磨炼党员特别是党员领导干部过硬的政治品格。在党支部、党小组生活会上,党员领导干部应该以普通党员的身份,同其他同志一样,积极参加学习讨论,如实汇报思想情况,认真开展批评与自我批评,自觉接受党组织和党员的监督。各级党组织要通过严格党内政治生活,加强各级领导干部的政治历练,使党内政治生活真正起到教育改造提高党员、干部的作用,使他们始终牢记初心和使命,恪守党的性质和宗旨,持之以恒锤炼忠诚、干净、担当的政治品格;使他们在应对重大风险挑战、处置重大突发事件等严峻复杂的斗争中,既保持战略定力又无私无畏,能摒弃外界一切不必要的干扰因素,科学有力有效地推动工作。

三、增强做好群众工作本领

群众是真正的英雄，人民群众中间蕴含着无限伟力。群众路线是中国共产党和政权机关处理同人民群众关系问题的根本态度、工作方法和思想认识路线。在相信群众、依靠群众、全心全意为人民服务的基础上，采取"从群众中来，到群众中去"的方法，即将群众的意见（分散的无系统的意见）集中起来（经过研究，化为集中的系统的意见），又到群众中去作宣传解释，化为群众的意见，使群众坚持下去，见之于行动，并在群众行动中考验这些意见是否正确，然后再从群众中集中起来，再到群众中坚持下去，如此无限循环，一次比一次更正确、更生动、更丰富。习近平总书记指出，"直接与基层干部群众接触，面对面地了解情况和商讨问题，对领导干部在认识上和感受上所起的作用和间接听汇报、看材料是不同的"①。密切联系群众是党的优良传统和特殊政治优势，既是领导干部做好各项日常工作的重要基础，也是领导干部组织好风险防范化解和应对重大突发事件的一项基本功。因为无论是发挥好党的领导作用还是调动群众积极性，密切联系群众都十分重要，发挥群众的智慧和力量也十分重要。

在应对重大突发事件过程中，要强化领导干部的群众观念，使他们切实贯彻好党的群众路线，做到工作中相信群众、发动群众、依靠群众，打赢风险防范和应对重大突发事件的人民战争；使他们自觉到基层群众中和工作一线去，借助广泛深入的实际调查研究，去发现风险隐患、识别风险状态，对各种潜在风险和可能发生的突发事件做到心中有数，切实增强工作的预见性、前瞻性、主动性和有效性；使他们在制定预案和应急决策中，充分听取人民群众的意见，善于汇集民智和集中民力，更好保证工作的科学性和有效性。各级党委和组织部门要不断创新方式，通过挂职帮

---

① 习近平：《谈谈调查研究》，《学习时报》2011年11月11日。

扶、蹲点调研、社区报到等，让领导干部多到基层一线、项目前端和人民群众最需要的地方去，在推动经济社会发展、解决日常实际问题、化解矛盾冲突的实践中提升做群众工作的能力；使领导干部十分注重平时扎实做好群众工作，增强同人民群众的联系和感情，提升他们在应对各类风险和重大突发事件时促进共识形成、整合社会资源和凝聚各方力量的能力。

第三节　强化领导干部实践锻炼

领导干部应对重大突发事件的能力，既是持久积累的综合素质能力的一个重要部分，更是一种对实践操作能力要求很高的解决实际问题的能力。唯物史观认为，人的才能来源于社会实践，是社会实践的产物，离开社会实践就不会有任何才能。习近平总书记在2019年春季中央党校（国家行政学院）中青年干部培训班开班式上指出，"干部成长无捷径可走，经风雨、见世面才能壮筋骨、长才干"①。温室里难以养出花朵，无数实践表明，加强实践锻炼是培养领导干部的有效途径。现实中仍然有不少领导干部缺乏基层一线任职、关键岗位锻炼和复杂环境考验的经历。针对这种情况，要坚持把火热实践作为最好课堂，将强化实践锻炼作为培养领导干部、提升领导干部本领的重要途径，创造条件，搭建平台，使他们在复杂环境、大战大考中，砥砺意志品质、锻炼胆识能力，加强斗争精神和斗争本领养成，提升解决难题、驾驭风险和应对重大突发事件的能力。

一、放到基层任职锻炼

"宰相必起于州部，猛将必发于卒伍。"基层工作千头万绪、纷繁复杂，可谓"上面千条线，下面一根针"。同时，基层又是基础差、矛盾集

---

① 习近平：《论党的宣传思想工作》，中央文献出版社2020年版，第363页。

中的地方，各种微观利益交织、盘根错节，可以说"麻雀虽小，五脏俱全"，工作难度很大。基层工作是群众的工作，需要贯彻党的群众路线，密切联系群众，帮助群众解决现实问题；基层工作是务实的工作，基层工作干得好坏，事情干得怎么样，可以说一目了然；基层工作是理论和实际相结合的工作，干好基层工作既要掌握吃透上级的方针政策，又要了解当时当地的实际，并创造性地把二者有机地结合起来。基层工作非常考验人和锻炼人，对领导干部来说，基层既是个"大熔炉"，也是个"考验场"，基层任职锻炼对领导干部成长十分重要，很多优秀的领导干部都有基层任职的经历。在基层工作锻炼出来的是真本领、硬功夫，能在基层胜任领导工作，往往也能胜任更大范围的工作，能更好地锻造他们过硬的工作能力，包括应对重大突发事件的能力。

坚持把基层一线作为干部培养锻炼的"主阵地"，建立干部基层一线教育培养工作机制，把基层工作经历特别是基层领导岗位任职经历作为干部成长的必经之路，越是具有专业素养、综合素质好、有发展潜力的干部，越是要安排到基层一线历练；要坚持把基层一线作为领导干部选拔的"主渠道"，树立重视基层导向，建立干部从基层一线选拔培养的有机链条，注重选拔长期在基层艰苦一线工作的干部；要把基层一线作为干部淬炼提升的"主战场"，建立并常态化推进上级机关优秀干部到基层一线"回炉""淬火"制度，进一步丰富和完善机关优秀年轻干部到基层一线挂职、任职工作机制；要把基层一线作为检验干部实绩的"主窗口"，树立以实绩论英雄、凭实绩用干部的用人导向，突出既看做了没有、更看做到了没有、效果怎么样的评价标准，健全多元化的实绩评价机制，注重对履职行为进行实绩实效评估，引导广大干部在基层一线干事创业；要大力推行"一线工作法"，有计划地安排领导干部到重要任务、重点项目、重大工程一线去实践锻炼，让他们在基层一线经风雨、长才干，全方位提升素质能力。

二、放到关键岗位"压担子"

"压担子"是一个比喻性的用语,指把重任或责任放在一个人的肩上,使其承受并努力完成。这个词常用于描述在工作中,上级或领导给予下属更多的工作职责或任务,以培养和锻炼其能力。"压担子"通常意味着对下属的信任和期望,认为他们有能力胜任更复杂和重要的工作,只要愿意学习、有责任心和态度认真,就能"跳起来把桃子摘到",就一定能够把工作干好。大部分领导干部的成长,都经历了从最初不太重要的岗位到重要岗位的过程,如果一直不敢给他们"压担子",则再长的工作时间、再多的工作经历,也可能是没有质的提升的"简单的量的增长"。这既影响领导干部个人的持续成长,更可能影响整个党和国家事业的健康发展。当前,我们一些领导干部从"学校门"到"机关门",长期在机关工作,办文办会和理论务虚多,一线具体事务特别是急难险重任务处理得少;有的领导干部在业务部门从事专业性较强的工作,工作中很少需要参与应急管理工作,造成风险防范和应急管理的意识薄弱,也导致他们应对重大突发事件能力的欠缺。

针对上述这些情况,要有计划地安排领导干部特别是优秀年轻干部,在承担具有挑战性的工作中"挑大梁",到一定层次的关键吃劲岗位去"担大任",担任主要负责人和抓全面工作,让他们使出浑身解数去圆满完成工作任务,使他们熟悉主要负责人的工作程序、体会关键责任的分量、积累全面的领导经验;要让他们有更多机会面对复杂的问题和困难,鼓励他们在工作中敢打硬仗、善打硬仗、敢于担当、勇于创新,提出新的想法和问题的解决方案,激发他们的斗争精神、创新精神和创造能力。关键吃劲岗位历练要有完整周期,这有助于他们真正受到锻炼,增长本领。同时,加强对领导干部的工作指导和监督,确保他们能够按照要求完成工作任务，并及时给予反馈和建议，帮助他们改进工作方法和提高工作效率；要为他们提供必要的培训和支持，帮助他们掌握新的知识和技能，提高他们的综合素质和领导能力；要建立合理的激励机制，对他们在关键岗位上的优良表现进行奖励和表彰，使他们继续努力工作和更好地为组织贡献力量。

三、放到复杂环境受考验

习近平总书记指出，"防范化解重大风险，需要有充沛顽强的斗争精神。领导干部要敢于担当、敢于斗争，保持斗争精神、增强斗争本领，年轻干部要到重大斗争中去真刀真枪干"[①]。在复杂环境和艰苦地方工作，有利于磨炼领导干部心性、意志，培养他们的斗争精神和斗争本领，有利于提升他们解决错综复杂矛盾的本领和能力。党的二十大报告强调，加强实践锻炼、专业训练，注重在重大斗争中磨砺干部，增强干部推动高质量发展本领、服务群众本领、防范化解风险本领。经过党的十八大以来的全面从严治党，我们解决了党内许多突出问题，在革命性锻造中变得更加坚强有力，但党面临的执政考验、改革开放考验、市场经济考验、外部环境考验将长期存在，面临的精神懈怠危险、能力不足危险、脱离群众危险、消极腐败危险将长期存在。当前，中华民族伟大复兴虽然展现出前所未有的光明前景，但前进的道路也绝非一帆风顺，随时可能遇到各种难以预料的风险，准备经受风高浪急，甚至是惊涛骇浪的考验。当前形势下，要求我们各级领导干部保持清醒头脑，前瞻性地做好斗争准备，不但要在平时工作中履职尽责，更要在面对重大风险、重大困难和重大

---

① 中共中央党史和文献研究院、中央"不忘初心、牢记使命"主题教育领导小组办公室编《习近平关于"不忘初心、牢记使命"论述摘编》，党建读物出版社、中央文献出版社2019年版，第225页。

突发事件时勇于迎难而上、直面问题、解决问题，切实在严峻复杂的环境中经风雨、见世面，锻造出过硬的斗争本领，成为打不倒、压不垮的烈火真金。

创新干部培养方法，坚持哪里任务最艰巨、哪里工作最紧要，优秀干部就往哪里派，有计划组织领导干部特别是优秀年轻干部参加巡视巡察、专项督查、信访维稳、应急处突、援派帮扶等工作，推动领导干部在艰苦斗争最前沿练就硬脊梁、铁肩膀、真本事；对学历层次较高、任职经历相对比较单一、具有培养前途和发展潜力的优秀年轻干部，要有针对性地把他们放到急难险重的地方，在时间要求紧迫、矛盾问题集中、任务艰巨繁重和局面纷繁复杂的环境中锤炼本领，接一接"烫手的山芋"，当一当"热锅上的蚂蚁"，直面并解决工作实践中碰到的热点、痛点、难点问题；对长期在一个系统领域、部门单位和工作岗位担任重要职务的干部，进行定期轮换或交流任职，丰富他们的任职经历、改善他们的知识结构，提升他们对工作的适应性和应对各种复杂情况的领导能力。

第四节　强化领导干部专业训练

《中华人民共和国突发事件应对法》第三十八条明确规定："县级以上人民政府应当建立健全突发事件应对管理培训制度，对人民政府及其有关部门负有突发事件应对管理职责的工作人员以及居民委员会、村民委员会有关人员定期进行培训。"培训的内容和课程方面，根据我们针对领导干部的第一次问卷调研统计，18.50%的调研对象选择"实训演练类课程"，16.65%的调研对象选择"政策法规类课程"，14.07%的调研对象选择"科学技术类课程"，11.63%的调研对象选择"基础理论类课程"，还有其他一些答案（见表4-3）。

表 4-3　专业课程对能力提升影响的第一次调查结果分析

题目	选项	频数	普及率（%）	响应率（%）
对于提升领导干部应对重大突发事件能力，您认为以下哪类课程帮助较大？（多选题）	A. 思想理念类课程	481	68.52	15.89
	B. 政策法规类课程	504	71.79	16.65
	C. 基础理论类课程	352	50.14	11.63
	D. 科学技术类课程	426	60.68	14.07
	E. 实训演练类课程	560	79.77	18.50
	F. 安全监管监察实务类课程	400	56.98	13.21
	G. 不同行业专业基础类课程	298	42.45	9.84
	H. 其他	6	0.85	0.20
	合计	3027	431.18	100.00

提升领导干部应对重大突发事件能力，不仅需要基础知识的大力支撑，还需要应急管理知识、法治能力的大力支持。要通过扎实的专业训练，特别是有针对性的应急管理培训，以更好地实现知识素质向能力技能转化。相关研究表明，在有时间压力的紧急情况下，人脑决策能力面临"速度－精度"难以两全的困境。这就需要决策者能将对陌生环境（问题）的耗时性分析转为对熟悉环境（问题）的即时识别。提升领导干部应对重大突发事件的能力，需要他们持续积累应急管理经验，以更好地采用"识别－启发"决策的模式对环境实时准确快速地作出反应。这就要求他们在事件发生之前对环境和各种可能的情景有足够的了解、有预先准备的方案，对每一种方案有足够的经验积累。实现"通过心理模拟推测每一种方案的可行性，从而达到在紧急事件发生时从容不迫、应对自如的效果"[①]。

[①] 范维澄、闪淳昌等：《公共安全与应急管理》，科学出版社2017年版，第167—168页。

一、加强应急管理基础知识的培训

基础知识是领导干部履职尽责的重要基础，无论是哪个领域、哪个岗位的领导干部，只有具备扎实的基础知识，才能更好地履行职责、发挥作用。掌握扎实的基础知识，能够帮助领导干部建立完整的知识体系，提高学习能力、适应能力和创新能力，为推动事业创新发展提供源源不断的动力。基础知识是领导干部决策科学化的保障，通过分析、判断、综合运用各种信息，领导干部能够更加全面、准确地了解情况，作出科学、合理的决策。基础知识还有助于领导干部团结带领群众，只有具备扎实的基础知识，才能更好了解群众的需求、与群众有效沟通、掌握工作的规律，并更好地组织和指导群众，调动群众的积极性和激发群众的创造力。按照"干什么学什么、缺什么补什么"的原则，结合不同战线、不同领域、不同岗位的专业化、个性化需求，加强基础知识、基础素质的教育培训，帮助领导干部以崭新的知识结构推动理念更新、思维模式转变、素质能力的提升再造。

要加强各级领导干部的应急管理基础理论、基本知识的教育培训，帮助他们了解和掌握各类风险和重大突发事件的发生机理和发展规律，为做好防范和应对工作储备丰厚的应急知识基础；要加强对领导干部的领导力培训，提升他们在应急状态下的综合性能力，包括现场决策能力、贯彻执行能力、统筹协调能力、心理调适能力、心理沟通能力等；特别是要提升他们在应急情境下的心理意志力，使他们在面临困境乃至极端困难时，仍然能扛住各方压力而保持镇定自若，清醒理智地推进应急救援工作。除上述与应急管理最直接相关的知识培训外，还要加强对领导干部履职所需各类科学技术知识、社会科学知识和人文知识的教育培训，使他们从这些知识中不断汲取营养，掌握与风险防范和应对重大突发事件相关的新知识、新理念和新技能。当前,还要特别加强各级领导干部在大数据、人工智能、互联网、云计算、区块链等方面的科技知识技能培训,帮助他们熟悉掌握通信系统、计算机网络系统、视频会议系统、移动应急平台、安全支撑系统、备份系统等的运用,提升他们运用这些工具和平台进行风险防范化解、重大突发事件应对和社会综合治理的能力。

二、加强依法处突能力的培训

法治的核心是依法办事,关键是制约权力。[①] 在防范化解重大风险和应对重大突发事件中,必须坚持法治原则,使各项权力在法律规定的范围内行使。法治思维意味着领导干部在思考问题和作出决策时应该遵循法律的原则和精神,以宪法法律为依据准绳,确保决策施政和个人行为都符合法律规定。法治能力是指领导干部在实际工作中运用法律知识解决具体问题的能力,这包括对法律文书的阅读和理解,对法律程序的掌握,以及在特定情况下运用法律知识进行决策和解决问题的能力。现实中,面临时间紧、任务重、事务杂的境况,为获得更大的行动能力、资源调配能力以及时有效地应对重大突发事件,需要扩展处置的权力,有时可能会造成权力与权利关系的紧张。需要注意的是,不能轻易以牺牲法治为代价而一味追求短期效率。其实,越是紧急时刻、关键时期,越要坚守法律底线,坚持依法决策、依法行政和依法治理,才能推动矛盾的实质解决和治理进步。

加强领导干部的法治教育培训。加强法治意识教育培训,教育他们自觉遵守法律法规,树立依法行政、依法管理的理念,确保在应急管理中始终坚守法治原则,提高领导干部对法治思维、法治办法的认识和理解,增强他们运用法治方式解决问题的能力。加强对应急管理相关法律法规的教

---

① 董石桃:《新时代科学防范和化解重大风险的五个维度——学习习近平总书记关于防范和化解重大风险的重要论述》,《社会主义研究》2021年第1期。

育培训,使领导干部明确在应急管理体系中的职责和权限,熟悉应急管理工作的流程和标准;要在全社会加强应急管理相关法律法规的宣传和普及,提高全社会对应急管理的认知和重视程度,便于领导干部在依法处置突发事件时更加顺畅。各级党委、政府和相关部门,要建立健全应急管理法治机制,包括应急预案的制定、应急资源的整合、应急响应的协调、灾后恢复和重建等方面,确保各级领导干部在应急管理中能够按照法律法规的要求,迅速、有效地应对突发事件,减少灾害损失。在重大突发事件发生后的处置过程中,要采取有力措施督促保障相关领导干部运用法治思维、法治办法和法治工具开展工作,提高应对和处置重大突发事件的科学性和有效性,防止因违法违规、简单粗暴造成二次灾害的发生。

三、加强应急管理专业技能培训

应急管理涉及应对突发事件和处置紧急情况的整个过程,需要专业的知识和技能。应对重大突发事件不只是一个主观态度和精神状态问题,更是一个专业能力和工作本领问题。获得这种能力本领,需要领导干部个人有意识地学习,包括向书本学和在工作实践中学,更需要有组织的专业技能培训。加强领导干部应急管理专业技能的培训,有助于增强领导干部应对重大突发事件的自信心,并增强他们做好工作的自觉性、责任感和使命感;可以增强他们对应急管理的认识和理解,掌握专业的技能和方法,提高应对突发事件和紧急情况的能力和水平。通过加强领导干部有针对性的应急管理专业技能的培训,使他们更好熟悉了解掌握应急管理的主要过程、关键环节和重点问题,知晓基本流程和基本装备工具的使用,进而有效提高应对各类重大突发事件的实战能力。

坚持把应急管理能力培训作为干部教育培训的重要内容。充分发挥党校(行政学院)、干部学院、干部培训基地等平台载体的作用,建立全领域、标准化、进阶式、分级分类的应急管理培训课程体系。在进修班、任职班、轮训班等主体班次，针对不同层次、不同群体的培训对象开展针对性应急管理培训，突出宏观政策解读、应急管理基本理论方法、应急管理实践发展趋势方面的培训，提高领导干部的应急管理思想认识和理念意识；对于应急管理专题培训班次，为领导干部提供专业性和系统性强的培训，夯实应对重大突发事件的坚实基础。系统化地加强领导干部在应急管理过程中的研判、决策、协调、媒体应对等实际能力的培训。要完善教学设施和教学资源，提供案例分析、模拟演练等培训方式，提高领导干部的实际操作能力。要不断加强应急管理专业的课程建设，针对应急预案制定、应急资源整合、应急响应协调、灾后恢复和重建等方面，开发专业的课程和教材，开展相关专题教学，提高领导干部的专业理论水平。要建立专业的应急管理师资队伍，引进具有丰富理论知识的专家学者来讲授相关课程，特别是要让从事过重大突发事件处置的业内人士，为领导干部提供专业的指导和培训。组织参训领导干部进行应急模拟演练，要努力增强无脚本演练的次数和规模，创造一个逼真的演练环境，强化演练教学中的实战氛围，进行近似实战的综合性训练，既提升领导干部应急研判、情势分析、应急决策等"程序"能力，又提升他们探索解决现实关键问题的"实体"能力。通过实训，帮助领导干部提升应对突发事件的能力，做到第一时间拿出切实可行的预案、有效推动风险应对工作，不因能力不足而胆怯、惧怕。

加强单位、系统应急演练，提升各级领导干部应急处置的能力。《国家突发公共事件总体应急预案》明确规定："地方各级人民政府和有关部门、单位要加强应急救援队伍的业务培训和应急演练。"应急演练既包括干部教育培训机构训练场所的模拟演练，还包括地方政府及各有关单位、系统组织的应急演练。这种应急演练是为检验应急预案和法律法规规定的应急准备工作的有效性，进行的一种应急处置的演习实践活动。应急演练种类一般可分为单项演练、综合演练和各种形式的联合演练，要重点围绕易发频发的各类自然灾害、公共卫生等方面突发事件，开展有针对性的应急演练。从应急演练的内容看，要重点突出应急准备、应急响应、应急处置、应急救援等任务的组织实施，做到准备充分、思路清晰、程序清楚和处置科学。要建立健全应急预案常规性演练机制，定期从严从实开展应急演练，通过定期组织应急预案的演习演练，更好地提高所属地方和单位主要领导的实战指挥水平、中层管理者和一线实务人员的现场应急管理能力；督促领导干部在应急演练中，真正"进入情境"，"零距离"融入模拟场景中，切实感受和体验突发事件处置的复杂状况和对能力素质的要求。各级党委、政府要切实履行应急管理主体责任和监督责任，在做好本地区综合性预案和组织好应急演练的同时，切实加强对驻地企事业单位应急预案编制和应急演练的指导监督；加强所在区域的专业性的应急救援队伍建设和应急演练，通过开展形式丰富、种类多样的应急演练、技能比拼等，提高专业应急救援队伍的行动速度与综合救援能力；督促责任单位严格进行应急演练，提升相关单位的突发事件应对能力；督促各个行业、部门或生产单位，增强做好应急管理的自觉性，主动加强或积极参与各类应急演练。通过以上所述的行动或过程的反复实施，提高单位、行业、系统的领导干部应对重大突发事件的能力。

四、持续优化和创新培训方法

做好做实领导干部的应急管理培训，选择合适的内容很重要，选择合适的培训方法同样也十分重要。既有必要通过常规的专题学习、课题研究、集中研讨等方法，学习理论、知识、技能等基础素质性的内容；也有必要突出问题导向开展案例教学，结合本地实际案例，提供"有用、能用、管用"的应急管理经验及需汲取的教训;更有必要通过体验式、模拟式、演练式教学等实训方式,锻炼参训者的意志力、坚忍力、自制力等应急心理特质性素质,提升参训者的实际操作能力和实战能力。这种实训方法注重以学习者为中心,强调学习者参与和切身体验,不但可以让受训者习得知识和技能,更可持续改变和提升他们的心理特质,非常适合在领导干部应急管理培训中运用和推广。通过这种参与式的实训方法,引导领导干部在模拟情境中深入体验、反思过往经验,更好地认清自己的优势和不足、明确自己提升能力的方向和重点。在模拟演练等实训方法中,一些教育培训机构倡导"六无"式盲演,即无演练脚本、无演练内容、无演练流程、演练方式事先未告知、没有确定演练角色、没有进行预演,这种做法具有重要的借鉴价值。这种方法使演练过程中的应急处置全靠学员平时的应急管理知识和经验,带给学员更真实的体验,进而提升其实际应急处置能力。此外,还可组织整建制应急演练培训,让领导干部"本色出演",增强领导干部的团队协作能力,强化不同层级和相关部门整体应对能力,用团队学习、行动学习的方式提升学习训练的整体效能。根据不同的演练目标任务和实际状况,可以有针对性地采取不同方式,把技能培训、桌面推演和现实演练结合起来,既强调综合素质的考验又突出强调实战需要的内容,以更好地深化领导干部对应急管理的认识并提升实战能力。开展应急演练要突出"实战化"要求,其本质要求是真枪实弹的"练",以确保应急演练真正起到效果、达到目的,防止演练沦为装模作样的"演",出现重形式、走过场的情况。

对于领导干部的应急管理培训,还要特别注意培训效果评估的环节。实践中,可借用帕特里克(Patrick)的由反应层、学习层、行为层和效果层构成的"四级评估模型"来展开,即通过观察学员主观反应、了解学员培训收获、衡量学员参训前工作表现和考察受训后组织绩效的变化来评估效果。① 此外，通过行为事件访谈法（behavioral event interview，BEI），可以更好地了解受训学员培训前后的能力变化，进而有效提升应急管理培训效果评估的科学性和准确性。行为事件访谈法主要是通过开展访谈和收集关键事件的描述，找到影响组织整体绩效的那个（些）人，并通过绩优者和普通者所拥有素质的比对，进而确定特定职位的工作所需要的核心素质是什么。这种方法可运用于评估领导干部参与应急管理培训的效果，具有高度灵活性和适应性，并有利于"在组织绩效状况和个体行为（效果层和行为层）之间建立有效联系，避免单纯从反应层和学习层进行评估的不足"②。通过有效的教学培训评估，查找应急管理培训中的不足，特别是查找培训的场景与实际突发事件处置间的差距。从教学角度讲，可通过评估更好地进行教学流程设计和优化导调程式，提升教学培训效果。

第五节　强化能力提升的保障条件

"兵马未动，粮草先行。"重大突发事件的应对和处置如同行军打仗一样，不能没有后方的有力支持。只有具备强大的后勤保障作支撑，才能更好地保障前方行动取得成功。党的二十大报告提出，提高防灾减灾救灾和重大突发公共事件处置保障能力，加强国家区域应急力量建设。这明确了国家加强重大突发事件处置保障能力建设的重点和要求。保障能力既包括物质资料、技术工具等以有形形态出现的"硬件"，也包括制度、机制等以无形方式存在的"软件"。实践中，既要重点加强应急管理物资保障体系建设，包括物资生产、供应、储备，以及设备调试等方面，还要重视

---

① 吴志华、刘晓苏：《公共部门人力资源管理》，复旦大学出版社2007年版，第250—251页。

② 刘晓苏：《素质模型在领导干部培训中的运用》，《领导科学》2009年第12期。

加强应急管理的"一案三制"、相应支持制度、科技工具和平台建设。完善这些保障设施和保障条件的过程，本身就是提升领导干部应对重大突发事件能力的过程，而有了强有力的保障条件，又能使领导干部在应对重大突发事件的实际过程中，更好地发挥自身能力，提升应对重大突发事件的效能。

一、不断加强应急管理物质保障

应对重大突发事件其实就是在"作战"，只有将前方"作战"所需的设备、工具、材料等物资源源不断地向前方供应，才能有条不紊地处置好突发事件。在应对重大突发事件时，救援人员需要充足的应急物资来开展救援工作，如救援所需的工具、设备、车辆等物资都是必不可少的，只有保障这些物资的充足供应，才能使救援工作顺利开展，并提高救援效率。同时，在应对重大突发事件等紧急情况下，要十分注意安置好受灾群众，使他们得以正常生活。如果不能及时提供充足的应急物资，特别是食品和饮用水等基本生活物资得不到保障，就可能引起社会混乱和导致社会不稳定。此外，在重大突发事件发生后，需要大量的重建物资、生活物资、医疗物资等，可以说应急物资保障对于灾后的恢复重建也至关重要。近年来，虽然我们取得了应对洪水地震和新冠疫情等大灾大难的重大胜利，但这过程中也暴露出我国应对重大突发事件方面存在的一些短板，包括应急物资保障体系方面存在的问题。

各级党委、政府要认真分析我国现行应急物资保障体系方面存在的短板和不足，并采取有力有效措施进行完善。一是要编制修订应急物资储备保障指导目录及标准，切实根据不同地区、不同应用领域、不同灾种的特殊需求，以符合应急保障的实战标准，尽快推动编制修订工作。二是要积极推进一体化的国家应急物资采购供应体系建设，以一体化的体系建设保障应急物资采购供应的稳定、高效和可控,实现应急救援物资的统一采购、集中管理、有序调拨和配送。三是要建立集中生产调度机制,按照各地的产业特点和优势布局应急物资生产力,既要避免应急物资生产的重复建设也要避免生产不足或空白;要加强物资生产的前瞻谋划和产能保障,通过建设原材料基地、定点物资生产基地和规范化的供应流程,确保应急物资保障的有序有力。四是要科学布局备灾仓库和畅通应急物流,依据灾情分布规律和现实需要,科学合理地规划和布局救灾物资仓库,方便应对突发事件时的物资调配;打造全国统一立体化物资运送系统,打通全国应急物资运送的"绿色通道",确保应急物资在应对突发事件中的高效调配。

二、强化能力提升的科技支撑

科技改变世界,将重新塑造我们的生产生活方式,引发经济、社会和伦理层面的变革;科技也改变国家治理和应急管理,在提高预警能力、提升救援效率、优化资源配置、促进信息共享、推动灾后恢复等方面发挥着重要作用。在可预见的未来,随着科技的不断发展,应急管理的智能化、自动化和专业化将是大势所趋,科技在应急管理中的作用将越来越大、应用也将越来越广。习近平总书记指出:"要适应科技信息化发展大势,以信息化推进应急管理现代化,提高监测预警能力、监管执法能力、辅助指挥决策能力、救援实战能力和社会动员能力。"[①] 领导干部在应急管理中的技术和工具运用能力,是领导干部应急管理能力的重要方面,其水平会直接影响风险防范和突发事件应对处置的成效。实践中,既要通过督促他们自学或选派他们参加培训的方式提升他们的相关能力,也要通过大力完善应急管理技术装备和管理数字化技术平台等,为他们能力的提升创造条件

---

① 中共中央党史和文献研究院编《习近平关于防范风险挑战、应对突发事件论述摘编》,中央文献出版社2020年版,第81页。

和提供支持。

各级党委、政府要加快推进应急管理信息化平台体系建设,实现跨区域跨层级政府的应急救援信息快速共享机制,支持后续应急救援工作开展与问责调查;加快政府应急管理信息管理和服务平台建设,使相关党政领导干部、应急管理人员和人民群众,能够便捷地根据相关权限获得相关信息和支持;积极开发应急管理物资编码技术,对国家应急物资进行统一编码,建设全国性的应急物资生产和储存数据库等物资信息平台,自动生成相应的物资需求清单、物资采购流程、物资配送地和相关的使用指南,实现应急物资在关键时刻能精准找到、及时调出和有效用上;善于运用大数据、人工智能、互联网和移动互联网、云计算等网络信息技术手段,推进应急管理方面的数字能力建设,方便信息收集、报送和发布,提高应对重大突发事件的信息化水平。总之,就是要充分运用好现代信息技术手段,更准确地掌握重大突发事件及其应对的实际情况,有效提升风险预防和突发事件应对的水平。从更大的范围看,还要加快构建智慧社会、智慧城市、智慧社区,通过这一系列智能智慧平台将各类组织、人群、资源和业务,连接成一个相互衔接的有机协作系统,有效提高领导干部进行数字化、智能化和精细化治理的能力,进而增强风险防范、突发事件应对和基层治理的效能。

三、完善应急管理"一案三制"

邓小平提出,"组织制度、工作制度方面的问题更重要","领导制度、组织制度问题更带有根本性、全局性、稳定性和长期性"[①]。习近平总书记

---

① 《邓小平文选》(第二卷),人民出版社1994年版,第333页。

指出,"真正实现社会和谐稳定、国家长治久安,还是要靠制度"[①],要"善于运用制度优势应对风险挑战冲击"[②]。具体到应对重大突发事件,就是要加强风险防范和应急管理方面的基础制度建设,形成完善的制度体系,更好发挥制度优势和释放制度效能。只有拥有良好的制度环境并通过有效的制度化途径,才能为重大突发事件应对和领导干部提升应对重大突发事件能力提供稳定的预期、相应的正向激励。随着2007年《中华人民共和国突发事件应对法》的颁布实施,以预案、体制、机制和法制为主体的"一案三制"应急管理法制体系逐步形成,为我国突发事件的应对提供了基本的制度框架和法治基础,也为提升各级领导干部应对突发事件能力提供了制度化路径。

当前,我国以"一案三制"为主体的应急管理法制体系,仍然还需进一步完善优化。应急预案方面,要适时修订和细化预案内容,并进一步规范预案体系,出台预案及相关要件的规程指南,统一规范编制预案及相关规程的标准、程序和技术,并对各类预案的内容加以精致化和科学化改进;要按照突发事件的演化过程,加强每一事件预案的统筹性,对事前、事发、事中、事后进行全面考虑,在做好充分调查研究的基础上,对于应急处突工作人员的具体职责、操作程序等进行明确规定,增强实践层面的可操作性;同时,对突发事件发生地周边的应急资源储备、应急主体能力等具体实际也纳入考虑范畴,强化预案标准的兼容和衔接,实现相关预案的体系化,整体性提升应急方案的科学性。应急体制方面,我国"统一领导、综合协调、分类管理、分级负责、属地管理为主的应急管理体制"的主体框架已经明确,但实践中还需要更好地明确各部门、各主体的法律责

---

① 中共中央文献研究室编《十八大以来重要文献选编》(上),中央文献出版社2014年版,第548页。

② 中共中央党史和文献研究院编《习近平关于防范风险挑战、应对突发事件论述摘编》,中央文献出版社2020年版,第201页。

任，切实形成应急管理过程中的各部门合力。应急机制方面，主要包括监测预警、分析研判、决策处置、协调联动、信息发布、调查评估、灾后恢复重建、监督问责等方面内容，当前要重点加强信息管理机制和风险协同治理机制两个方面的机制建设。应急法制方面，除了要进一步系统化应急法律体系并注重党内法规和国家法律法规的对接协同，还要进一步清晰明确《中华人民共和国突发事件应对法》等应急法律的执法部门和执法机构，切实使执法做到有力有效。

四、加强应急管理的支持制度建设

除应急管理的"一案三制"外，重点还要加强考评、奖惩，特别是容错纠错等支持性制度的建设。这些支持性制度对领导干部应对重大突发事件能力的发挥具有重要作用。

注重在风险预防和突发事件处置一线中考察识别干部。要提升领导干部应对重大突发事件能力，既要靠突发事件处置过程中的经验积累，还要加强平时常态化的考评。实践中，要十分注重在风险预防和突发事件处置一线中考察识别干部，并将其在危机监测、排查、预警、防控中的现实表现，作为干部绩效评估的重要内容，突出对他们关键时刻、关键行为的考察，看他们在急难险重任务面前的能力与表现，精准研判他们防风险、化危机的能力和素养，将表现突出的干部作为评选先进和提拔重用的重点对象；同时，也要在应急管理培训和处突模拟中测评相关领导干部的表现，并将其记录在领导干部学习培训的档案中；此外，要结合突发事件处置中和处置后的民意评价、舆情评价，作为领导干部应对突发事件能力测评的重要参考。从更大的范畴来说，要进一步改革各级政府的绩效考核体系，设立应急管理方面的绩效指标；同时，积极将绩效管理贯穿于应急管理的全过程。激励领导干部担当作为、提高应对重大突发事件能力。

严格落实责任追究。无惩罚的制度是无用的制度。对此，党的十八届四中全会指出，建立重大决策终身责任追究制度及责任倒查机制。对于那些在应对重大突发事件的过程中缺乏担当责任、作风懒散、玩忽职守、失职渎职、应对不力等领导干部要及时给予追责问责，以确保制度的威慑力。问责制度方面，我国目前已有诸多相关的规定，发挥了积极作用，但与形势发展和现实需要相比，这方面的制度建设仍然需要健全完善。如《中国共产党问责条例》第七条明确了应予问责的11种情形，包括履行管理、监督职责不力，职责范围内发生重特大生产安全事故、群体性事件、公共安全事件，或者发生其他严重事故、事件，造成重大损失或者恶劣影响的，这其中包括了对领导干部应对突发事件情况的问责。这些问责侧重于对应对突发事件中失职渎职和风险善后不利的问责，对领导干部主动防范风险不力方面的问责内容还不够具体。此外，目前关于领导干部应对突发事件的问责规定，主要是零散地分布在不同的党内法规和国家法律中，尚没有专门针对领导干部应对突发事件方面的统一的问责规定。为此，有必要进一步完善先导性的应急责任制和责任追究制度，明确党政领导为主的责任制，确保"党政同责、一岗双责"，切实提升各级领导干部责任意识。加强对领导干部在应对突发事件中不当行为的问责，既有利于预防、消解失职失责行为和不良后果，也有利于通过纠偏、问责、惩戒等方式，倒逼领导干部提升应对重大突发事件的能力。

健全完善容错纠错机制。由于突发事件的突发性、变化性和复杂性，使得相关的问责工作变得高度复杂，也使得容错纠错机制十分重要。常态化的情况下，对政府的要求是"法无明文规定不可为"；而在应对处置突发事件过程中，则要"按照法律的基本精神及合理性原则做出处理，采取合乎情理、符合实际的措施及时解决人民群众面临的现实困难，不得以法律没有明确授权为由消极无为、袖手旁观"[①]。在应对突发事件特别是重大突发事件过程中，既要强调严肃问责的重要性，也要切实落实容错纠错，使领导干部不会因为问责的存在而变得缩手缩脚，更好地为在应急处突中积极担当作为的干部撑腰鼓劲。2018年5月，中央办公厅印发了《关于进一步激励广大干部新时代新担当新作为的意见》，为激励新时代领导干部担当作为提供了遵循；2022年10月，应急管理部印发了《应急管理行政执法人员依法履职管理规定》，结合应急管理工作实际，明确了12项尽职免责的情形。实践中，就是要切实落实好这些政策文件精神，切实做到"三个区分开来"，鼓励和保障领导干部在应急管理过程中敢于尽职尽责和担当作为。

---

① 江必新：《用法治思维和法治方式推进疫情防控工作》，《求是》2020年第5期。

第五章
提升领导干部应对重大突发事件能力的"个人努力"路径

领导干部能力的提升，既靠组织培养，也靠自身努力。在前章分析探讨提升领导干部应对重大突发事件能力的"组织培养"路径基础上，本章着重对新时代提高领导干部应对重大突发事件能力的"个人努力"路径进行探索。就"个人努力"路径而言，需要学习深造、实践历练和日常养成，具体包括在学习贯彻党的创新理论中提升素质能力、从党的百年历史中汲取智慧和力量、从中华优秀传统文化中得到启发和借鉴、从学习掌握现代信息技术中提升、在工作实践中总结提升、在自我修炼中健康身心等。

第五章
提升领导干部应对重大突发事件能力的"个人努力"路径

领导干部应对重大突发事件的能力是领导干部能力的一个重要方面,是综合能力的体现。提高领导干部应对重大突发事件能力的路径,归结起来就是"组织培养"和"个人努力"两个方面。从外因分析,毋庸置疑,组织的教育、培养、管理是至关重要的,思想淬炼、政治历练、实践锻炼、专业训练是组织提升领导干部能力的主要路径。从内因分析,领导干部个体是能力提升的决定性因素,其自我学习、领悟、锻炼、总结的意愿和努力,最终影响能力能否提升及提升的程度。当然,领导干部能力的提升,对组织而言,是一个坚定的目标,即使领导干部个体化的努力也应纳入组织考核、管理的范围。实际上,组织的培养和个体的努力是相互交织、浑然一体的,提升领导干部应对重大突发事件能力也是如此。

组织培养是强大的外部力量,自身努力是不竭的内部动力。组织的培养归根到底还是要靠领导干部个体吸收愿望和吸收能力。领导干部个体自身内在的自我驱动力和坚持不懈的精进磨砺,并付出方法得当的辛勤努力,组织的培养才会发挥巨大的作用。因此领导干部个体对能力提升的孜孜以求,是能力提升的决定性因素。同样,应对重大突发事件能力的提升,领导干部个体努力也是至关重要的,领导干部要不断地给自己"加油""充电"。

就"从个人层面来说,您认为提升领导干部应对重大突发事件能力最主要的途径是什么"这一问题,第一次问卷调查结果显示:选择"加强应急管理的理论和专业学习"的,占调研对象的比率为18.24%;选择"加强党性锻炼"的,占调研对象的比率为15.51%;选择"增强风险意识"的,占调研对象的比率为15.09%;选择"注重实践经验教训的总结"的,占调研对象的比率为13.49%;选择"掌握现代信息技术"的,占调研对象的比率为12.66%;选择"积极主动参加应急演练"的,占调研对象的比率为12.45%;选择"深入调查研究"的,占调研对象的比率为12.39%;还有0.18%的调研对象选择了其他选项(见表5-1)。

表5-1 关于"提升领导干部应对重大突发事件能力的个人努力路径"的第一次调查结果分析

题目	选项	频数	普及率(%)	响应率(%)
从个人层面来说,您认为提升领导干部应对重大突发事件能力最主要的途径是什么?(多选题)	A.加强党性锻炼	522	74.36	15.51
	B.加强应急管理理论和专业学习	614	87.46	18.24
	C.掌握现代信息技术	426	60.68	12.66
	D.深入调查研究	417	59.40	12.39
	E.增强风险意识	508	72.36	15.09
	F.注重实践经验教训的总结	454	64.67	13.49
	G.积极主动参加应急演练	419	59.69	12.45
	H.其他	6	0.85	0.18
合计		3366	479.47	100.00

第二次问卷调查结果显示,"加强应急管理理论和知识学习"、"加强党性锻炼"、"提高科学思维能力"、"加强常规工作与突发事件处置的综合统筹"、"主动加强应急管理演练"、"深入调查研究"、"掌握现代信息技术"等7项的响应率(见图5-1)和普及率明显较高。

关于提高领导干部应对重大突发事件的"个人努力"路径,本研究同样进行了深度访谈调研,这对问卷调查进行了很好的补充,并就其中的一些重要结论进行确认、修正、完善。访谈对象认为关于提高领导干部应对重大突发事件能力的"个人努力"路径,主要包括:(1)要加强学习,强化个人综合能力,切实提高预防突发事件、处置突发事件、维护社会稳定

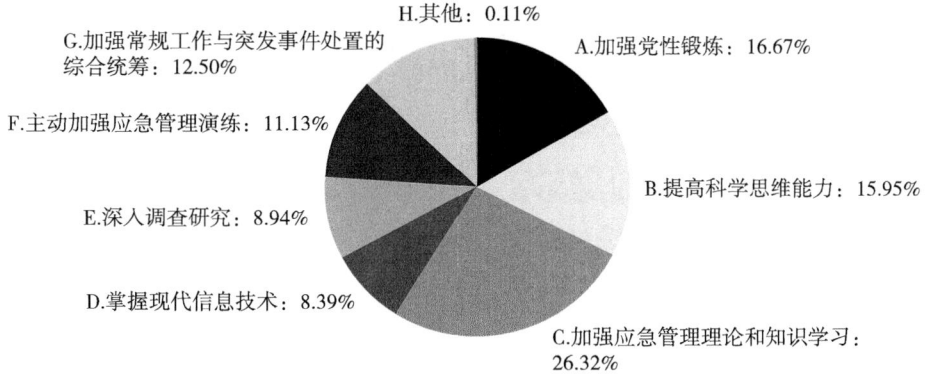

图 5-1　关于"提升领导干部应对重大突发事件能力的个人努力路径"的第二次调查中各项的响应率

的综合素质（访谈 Y 市委常委、宣传部部长，2023 年 3 月 15 日）；（2）要通过学习，提升相关技能，特别是要在实训实战中提升能力（访谈 J 省民政厅党组成员、副厅长，2023 年 3 月 17 日）；（3）要准确理解和全面把握职责要求，不断增强做好应急处突工作的使命感和责任感（访谈 S 市 G 区委副书记、区长，2023 年 3 月 25 日）；（4）增强风险意识，坚持底线思维，善于预见和预判各种风险挑战，开展风险评估，摸清风险底数，对所在地区和部门存在的各类风险，必须做到心中有数，建立定期重大风险评估制度，形成科学完整的风险地图（访谈 J 省地质局 R 地质大队大队长，2023 年 4 月 25 日）；（5）科学参与应急预案制定、体制机制建设、突发事件现场处置、信息报告和信息发布，以及媒体沟通等全过程（访谈 F 市 C 县 Y 镇镇长，2023 年 4 月 30 日）。

问卷调查和深度访谈对我们研究提高领导干部应对重大突发事件能力的个体路径提供了有益的参考。按照干部成长和能力养成规律，提高领导干部应对重大突发事件能力，从个体层面来说，大致有学习深造、实践历练、日常养成这三个方面。学习的内容很多，实践的范围也很广，日常养成也涉及方方面面，本研究重点从以下六个方面进行探讨。

第一节　在学习贯彻党的创新理论中提升素质能力

理论上清醒，政治上才能坚定。领导干部提升应对重大突发事件能力，首要的是必须高度自觉地坚持不懈用习近平新时代中国特色社会主义思想武装头脑。这里强调"高度自觉"，指的是自知学习党的创新理论是提升思想认识、提升精神境界、提升能力方法的最重要途径，坚持原原本本学、全面系统学、融会贯通学，持之以恒地读原著、学原文、悟原理，努力掌握这一科学思想体系的理论框架、丰富内涵、严密逻辑，以及蕴含其中的立场观点方法、道理学理哲理，而且要带着真情学、带着信仰学、带着责任学、带着问题学，从党的创新理论中找方向、找答案、找方法。通过情真意切、扎扎实实、如饥似渴的学习，不断增强政治自觉、思想自觉、行动自觉，学懂弄通做实习近平新时代中国特色社会主义思想，坚持好、运用好贯穿其中的立场观点方法，学出政治忠诚，学出如磐信念，学出过硬担当，学出思路办法。

要达到"高度自觉"，就必须充分认识到，习近平新时代中国特色社会主义思想是当代中国马克思主义中国化时代化最新成果、二十一世纪马克思主义，是中华文化和中国精神的时代精华，是党和人民实践经验和集体智慧的结晶，是中国特色社会主义理论体系的重要组成部分，是全党全国人民为实现中华民族伟大复兴而奋斗的行动指南；要充分认识到，"我们要赢得优势、赢得主动、赢得未来，战胜前进道路上各种各样的拦路虎、绊脚石，必须把马克思主义作为看家本领，以更宽广的视野、更长远的眼光来思考把握未来发展面临的一系列重大问题，不断提高全党运用马克思主义分析和解决实际问题的能力，不断提高运用科学理论指导我们应对重大挑战、抵御重大风险、克服重大阻力、解决重大矛盾的能力"[1]。

一、筑牢信仰的根基

理论上的成熟是政治上成熟的基础，政治上的坚定源于理论上的清醒，要筑牢信仰之基、补足精神之钙、把稳思想之舵。习近平总书记指出："坚定理想信念，坚守共产党人精神追求，始终是共产党人安身立命的根本。"[2] 习近平总书记多次强调："对马克思主义的信仰，对社会主义和共产主义的信念，是共产党人的政治灵魂，是共产党人经受住任何考验的精神支柱。"[3] 中国共产党的理想信念，就是马克思主义真理信仰，共产主义远大理想，中国特色社会主义共同理想。领导干部在应对重大突发事件的紧要关头，理念信念是其意志、能力的根本内核。只有坚定理想信念，才能在应对重大突发事件时政治坚强、本领高强、意志顽强。

坚定理想信念，就要坚定对马克思主义真理信仰、共产主义远大理想。共产党人的理想信念，不是凭空产生的，而是建立在马克思主义科学真理之上。马克思主义的唯物史观和剩余价值学说，创造性地揭示了人类社会发展的一般规律，人类社会最终进入共产主义是不以人的意志为转移的历史趋势。坚定理想信念，就要坚定对中国特色社会主义的信念、对实现中华民族伟大复兴中国梦的信心。在新时代，坚定信仰信念，最重要的就是要坚定中国特色社会主义道路自信、理论自信、制度自信、文化自信，坚持和发展中国特色社会主义，坚持和巩固党的领导地位和执政地位，以中国式现代化全面推进中华民族伟大复兴。做到虔诚而执着、至信而深厚，保持政治上的清醒与党性原则的坚定。坚定理想信念就要提升理

---

[1] 《习近平谈治国理政》（第二卷），外文出版社2017年版，第67页。
[2] 《习近平谈治国理政》（第一卷），外文出版社2018年版，第15页。
[3] 《习近平谈治国理政》（第一卷），外文出版社2018年版，第15页。

论素养。习近平新时代中国特色社会主义思想集中反映了中国共产党人的政治品格、价值追求、精神风范，闪耀着真理和人格的光芒。要通过深学细思，不断增进对这一重要思想的政治认同、思想认同、理论认同、情感认同，把学习成果转化为真心爱党、时刻忧党、坚定护党、全力兴党的信念和行动。要坚决站稳党性立场，坚持以党的旗帜为旗帜、以党的方向为方向、以党的意志为意志，深刻领悟"两个确立"的决定性意义、坚决做到"两个维护"，自觉坚持党的全面领导，维护党中央权威和集中统一领导，不断提高政治判断力、政治领悟力、政治执行力，真正做到在思想上政治上行动上同以习近平同志为核心的党中央保持高度一致。

理想信念坚定与否是有明确衡量标准的，主要看是否能在重大政治考验面前有政治定力，是否能树立牢固的宗旨意识，是否能对工作极端负责，是否能做到吃苦在前、享受在后，是否能在急难险重任务面前勇挑重担，是否能经得起权力、金钱、美色的诱惑。坚定理想信念不是一朝一夕的事，需要一辈子学习进步，一辈子改造提高。坚定理想信念，要从自身做起、从现在做起，经常对标对表、及时校正偏差，在大是大非面前敢于亮剑，在矛盾冲突面前迎难而上，在危机困难面前挺身而出，在歪风邪气面前作坚决斗争。

二、站稳政治立场

习近平新时代中国特色社会主义思想的根本立场就是以人民为中心，人民性是其基本特征。以人民为中心是习近平新时代中国特色社会主义思想的核心要义和理论内核，是习近平新时代中国特色社会主义思想的逻辑起点、价值原点与实践支点。以人民为中心，一切为了人民，一切依靠人民，"人民对美好生活的向往就是我们的奋斗目标"，是我们防范化解重大风险价值依归的重要出发点和落脚点。领导干部坚决站稳人民立场，强

第五章
提升领导干部应对重大突发事件能力的"个人努力"路径

化初心使命意识,必须自觉站在人民立场想问题、作决策、办事情、干事业,始终把为人民谋幸福作为根本使命,始终同人民群众心心相印,同甘苦、共命运,把忧民爱民为民之心转化为具体行动。

干部的应急处突能力,工作中显性体现出的是一种能力,但究其根本还在于一个干部的立场、思维。站稳人民立场,必须自觉把维护公共安全放在维护最广大人民根本利益中来认识,放在贯彻落实总体国家安全观上来思考。习近平总书记指出:"平安是人民幸福安康的基本要求,是改革发展的基本前提。"国泰民安是人民群众最普遍的愿望,公共安全是最基本的民生。习近平总书记强调,"各级党委和政府、各级领导干部要牢固树立安全发展理念,始终把人民群众生命安全放在第一位"①。要健全公共安全体系,完善安全生产责任制,既要在工作中想方设法坚决防范和遏制重大安全事故,又要提高应对重大突发事件的使命感和能力。突发事件常直接危及人民群众的生命安全、身体健康和财产安全,保障人民群众的生命财产安全是领导干部的职责所在,要切实把保障人民生命财产安全放到第一位。由于事件的突发性和难以预知性,在紧急时刻,面对非常规情况,领导干部有时不得不采取非常规决策,采取非常规的手段和方法,在可能面临多种责任冲突的情况下,要从政治上考量、在大局下行事,始终把人民放在心中最高位置,始终全心全意为人民服务,坚持人民至上、生命至上,把人民利益摆在至高无上的地位,将以人民为中心的理念贯穿于应对重大突发事件全过程。同时,要坚持人民主体地位,坚持依靠人民群众战胜各种风险挑战。在抵御重大风险、应对重大突发事件过程中,要善于动员群众、组织群众,尊重人民群众的首创精神,坚持"一切为了群众,一切依靠群众",坚持"从群众中来、到群众中去的领导方法和工作

---

① 中共中央文献研究室编《习近平关于全面建成小康社会论述摘编》,中央文献出版社2016年版,第136页。

方法",坚持密切联系群众,任何情况下都不能脱离群众,依靠广大人民群众的力量战胜困难和挑战,取得应对重大突发事件的最好结果。

三、强化责任意识和担当精神

习近平总书记指出:"干部敢于担当作为,这既是政治品格,也是从政本分。"担当起该担当的责任,积极作为,知重负重。习近平总书记强调:"防范化解重大风险,是各级党委、政府和领导干部的政治职责,大家要坚持守土有责、守土尽责,把防范化解重大风险工作做实做细做好。"①

强化责任意识和担当精神,必须做到责任过硬。任何一个工作岗位尤其是领导岗位都有明确的职责要求,"责任重于泰山",领导干部要以党员意识、责任意识、岗位意识、角色意识,思考肩上的担子、应尽的职责,明确自身担负的职责使命,以积极担当作为的精气神为党和人民履好职、尽好责。以"为官避事平生耻"的品格,敢于担当作为,敢于攻坚克难。强化责任意识和担当精神,必须勇于承担防范化解重大风险的政治责任,领导干部在工作中要有"时时放心不下"的责任感,担当作为,求真务实,防止各类"黑天鹅""灰犀牛"事件发生。"一些地方在疫情防控、抗击自然灾害、生态环境保护、安全生产等方面出现这样那样的问题,核查下来,其中一个重要原因就是一些干部作风不务实、工作不扎实、责任不落实。"②"党员、干部特别是领导干部要以居安思危的政治清醒、坚如磐石的战略定力、勇于斗争的奋进姿态,敢于闯关夺隘、攻城拔寨。遇到重大风险挑战、重大工作困难、重大矛盾斗争,要第一时间进行研究、拿

---

① 中共中央党史和文献研究院编《习近平关于防范风险挑战、应对突发事件论述摘编》,中央文献出版社2020年版,第243页。

② 《习近平谈治国理政》(第四卷),外文出版社2022年版,第530页。

出预案、推动工作，决不能回避、绕着道走，更不能胆怯、惧怕。"[1]

强化责任意识，在日常工作中"要强化风险意识，常观大势、常思大局，科学预见形势发展走势和隐藏其中的风险挑战，做到未雨绸缪"，居安思危，有备无患。在应对重大安全事件、重大突发事件、重大自然灾害事件等时，要深入一线、靠前指挥，及时协调解决突出问题，及时回应社会关切。在应对重大突发事件这种急难险重任务和关键时刻，要有"舍我其谁"的责任担当，要有"明知山有虎、偏向虎山行"的劲头，敢字为先、干字当头，具有敢接"烫手的山芋"和敢当"热锅上的蚂蚁"的胆魄，拿出"狭路相逢勇者胜"的精神，豁得出来、顶得上去，知重负重、攻坚克难，以坚忍不拔的意志和无私无畏的勇气战胜前进道路上的一切艰难险阻，真正成为带领人民群众战风险、渡难关的主心骨，在有效应对重大挑战、抵御重大风险、克服重大阻力、解决重大矛盾中冲锋在前、建功立业。

胆识是应急处突能力的重要支撑和责任要求，有勇有谋的过人胆识，是敢作敢为担当精神的根底所在。大事难事看担当，当严峻形势和风险挑战摆在面前时，领导干部的胆识就体现在骨头硬，不胆怯、不当逃兵，敢于出击、敢战能胜的坚韧意志上，就体现在"关键时刻冲得上、危难关头豁得出"的担当本色上，就体现在大是大非面前敢于亮剑，在歪风邪气面前敢于坚决斗争的高超本领上。

要正确担责履责，自觉接受监督，手中的权力只能用来为党分忧、为国干事、为民谋利，要正确行使权力，依法用权、秉公用权、廉洁用权，做到心有所畏、言有所戒、行有所止，处理好公和私、情和法、利和法的关系，任何时候包括在应对重大突发事件过程中都要自觉接受组织和人民

---

[1] 中共中央党史和文献研究院编《习近平关于防范风险挑战、应对突发事件论述摘编》，中央文献出版社2020年版，第244页。

群众的监督。

四、提升思维能力

习近平新时代中国特色社会主义思想的方法论，是关于推进中国特色社会主义建设的哲学方法、思想方法和思维方式的基本理论，包括哲学方法论、思想方法论和思维方式论。① 辩证唯物主义和历史唯物主义是科学的世界观和方法论，是"马克思主义关于自然、社会和人类思维规律的科学认识，是对自然界规律和人类社会实践经验的科学总结"。党的创新理论既解决我们前进的方向问题，也解决干什么、怎么干的问题。要努力学会运用习近平新时代中国特色社会主义思想所贯穿的马克思主义思想方法和工作方法，不断增强马克思主义哲学智慧，切实提升分析解决实际问题的思想水平和工作能力。思维方式论的理论依据是马克思主义科学世界观和方法论，其现实指向是分析和解决中国特色社会主义实践中遇到的现实问题。2023年5月，习近平总书记在听取陕西省委和省政府工作汇报时发表的重要讲话中指出："要提升思维能力，把新时代中国特色社会主义思想的世界观、方法论和贯穿其中的立场观点方法转化为自己的科学思想方法，作为研究问题、解决问题的'总钥匙'，切实提高战略思维、辩证思维、系统思维、创新思维、历史思维、法治思维、底线思维能力，做到善于把握事物本质、把握发展规律、把握工作关键、把握政策尺度，增强工作科学性、预见性、主动性、创造性。"习近平总书记的重要论述，为我们掌握运用科学思想方法、提升思维能力指明了方向，提供了根本遵循。

"七种思维能力"是唯物辩证法基本规律在思维活动中的体现，是想问题、作决策的具体方式方法。不断提高"七种思维能力"是提高应对重

---

① 陈胜云：《习近平新时代中国特色社会主义思想的本体论、认识论与方法论》，《广西社会科学》2022年第1期。

大突发事件能力的必然要求。提高思维能力，要适应时代进步和事业发展要求，广泛学习经济、政治、文化、社会、生态文明，以及哲学、历史、法律、科技、国防、国际等各方面知识，并在实践中思考，深入领悟党的创新理论的科学思想方法。不断提高战略思维能力，必须树立大局意识、全局意识，提高政治站位，增强政治敏锐性，放眼全局谋一域，把握形势谋大事，从全局的高度、事件的趋势来发现、分析和解决重大风险问题，应对重大突发事件，坚持"全国一盘棋"。不断提高辩证思维能力，必须准确识变、科学应变、主动求变，勇于开顶风船，善于转危为机，既打好防范和抵御风险的有准备之战，也打好化险为夷、转危为机的战略主动战。不断提高系统思维能力，必须站在系统风险的全局角度，从总体上防范化解重大风险，全周期应对风险危机，善于运用制度威力应对风险挑战的冲击，最大限度地实现理念、制度、体系与应对重大突发事件的匹配。不断提高创新思维能力，必须针对不同风险、不同突发事件的特点，临机应变，灵活运用战略战术，快速作出准确判断和行动，及时果断化解、处置；必须善于利用现代信息技术提升风险防范和应急处突的能效。不断提高历史思维能力，必须从长期的历史进程中来把握风险问题规律和洞察现实，知古鉴今，既反思过往历史中反复重演风险事件的教训，也借鉴历史经验，使化解风险、应对突发事件的态度和结果要对得起我们的祖先和后代。不断提高法治思维能力，必须尊崇法治，做到在法治之下、而不是法治之外、更不是法治之上想问题、作决策、办事情，善于运用法治思维和法治方式，依法处置各类风险问题。不断提高底线思维能力，必须增强忧患意识，凡事要从坏处准备，随时准备应对更加复杂困难的局面，做到有备无患，要见微知著，抓早抓小，着力避免发生重大风险或危机，努力争取最好结果。

第二节　从党的百年历史中汲取智慧和力量

"欲知大道，必先为史。"历史中蕴藏着治国理政、应对风险挑战的经验。中华民族向来有重视从历史中吸取经验教训的传统，以史为鉴是中国实用理性注重历史逻辑特质的重要体现。中国共产党也一贯重视学习历史，善于总结历史经验，增强历史思维。习近平总书记指出："当前，我国发展面临着前所未有的风险挑战，既有国内的也有国际的，既有政治、经济、文化、社会等领域的也有来自自然界的，既有传统的也有非传统的，'黑天鹅'、'灰犀牛'还会不期而至。要更好应对前进道路上各种可以预见和难以预见的风险挑战，我们必须从历史中获得启迪，从历史经验中提炼出克敌制胜的法宝。"①

对领导干部而言，学习历史重点要学好党史。党史是"最好的教科书"、"最好的营养剂"、"最好的清醒剂"和"前进的必修课"。《中共中央关于党的百年奋斗重大成就和历史经验的决议》指出："党在内忧外患中诞生、在历经磨难中成长、在攻坚克难中壮大，为了人民、国家、民族，为了理想信念，无论敌人如何强大、道路如何艰险、挑战如何严峻，党总是绝不畏惧、绝不退缩，不怕牺牲、百折不挠。"② 我们党在100多年的奋斗历程中，经历了无尽的风险磨难，并成功战胜了困难，取得了辉煌成就。从一定意义上说，中国共产党的光辉历史，就是一部团结带领人民不断破解重大风险挑战的历史。领导干部必须以崇仰之情、敬畏之心认真学习党的历史，铭记光辉历史、传承红色基因，从中汲取应对风险挑战的

---

① 《习近平谈治国理政》（第四卷），外文出版社2022年版，第513页。

② 《中共中央关于党的百年奋斗重大成就和历史经验的决议》，人民出版社2021年版，第69页。

智慧和力量,增加历史自信和历史主动精神,不断提高应对重大突发事件能力。

一、学习对党忠诚的政治品质

习近平总书记指出:"对党忠诚,是共产党人首要的政治品质。我们党一路走来,经历了无数艰险和磨难,但任何困难都没有压垮我们,任何敌人都没能打倒我们,靠的就是千千万万党员的忠诚。"

中国共产党历来要求党员严格遵循和模范践行对党忠诚。党的一大制定的党纲就指出,申请入党者必须是"承认本党纲领和政策,并愿成为忠实党员的人"[1]。党的二大通过的党章强调,申请入党者必须"承认本党宣言及章程并愿忠实为本党服务"[2]。我们党成立100多年来,对党员的忠诚要求始终如一。入党誓词历经百年演变,几经调整,但是"永不叛党"作为一条铁律贯穿至今。对党忠诚,是中国共产党人披荆斩棘、攻坚克难的力量源泉。自中国共产党成立以来,千千万万共产党人恪守对党忠诚的政治品格,一生爱党至死不渝、一心向党无怨无悔、一切为党义无反顾,创造了一个又一个彪炳史册的人间奇迹。在党的奋斗史上,无数革命先烈、革命先辈用鲜血和生命、用无私和奉献诠释了对党的无限忠诚。红五军团三十四师师长陈树湘受伤被俘后绞断自己肠子牺牲的壮烈,赵一曼"未惜头颅新故国,甘将热血沃中华"的凛然,江竹筠十指被钉入竹签而永不叛党的坚贞,方志敏始终做党的正确路线的拥护者和执行者,江西省苏维埃政府主席刘启耀当腰缠万贯的"叫花子",等等,革命先烈对党的纯粹的、无条件的、绝对的忠诚,在任何时候任何情况下都不改其心、不移其志、

---

[1] 中共中央文献研究室编《建党以来重要文献选编(1921—1949)》(第一册),中央文献出版社2011年版,第1页。

[2] 中共中央文献研究室编《建党以来重要文献选编(1921—1949)》(第一册),中央文献出版社2011年版,第164页。

不毁其节的对党忠诚，为我们树立了标杆和典范。

忠诚是中国共产党人首要的政治品质和坚守的政治底线，是中国共产党人的根本政治担当，是党员入党宣誓时的政治承诺。对党忠诚是最核心的政治要素，是中国共产党人政治身份最基本也是最重要的认定。要学史崇德，增强爱党之情。列宁曾指出："没有'人的情感'，就从来没有也不可能有人对真理的追求。"作为一种关系概念，忠诚只能建立在主体内心自觉自愿的基础之上。无数革命先辈和革命先烈正因为对党具有深厚感情，才发自内心对党忠诚。要以党的历史上许许多多对党赤胆忠心的共产党人为镜砥砺赤诚之心，把对党忠诚的红色基因渗进血液、浸入心扉。要学党史悟原理，增强对党忠诚的理性自觉。习近平总书记指出，忠诚决不是自然而然产生的，对党既要有朴素的感情，更要有理性的自觉。"理性的自觉从哪儿来？那就要坚定对马克思主义的信仰、对中国特色社会主义的信念。"要从红色基因中汲取强大的信仰力量。革命先烈夏明翰牺牲前挥笔写出"砍头不要紧，只要主义真"，方志敏牺牲前书写"敌人只能砍下我们的头颅，决不能动摇我们的信仰，因为我们信仰的主义，乃是宇宙的真理！"他们以生命诠释对党的忠诚，就是他们认定了马克思主义真理信仰和共产主义远大理想。要坚守中国共产党人的初心和使命，忠诚党的信仰，矢志永远奋斗，努力成为百折不挠、终生不悔的马克思主义战士。要学党史见行动，把对党忠诚见诸具体、见诸实践。新时代党员领导干部对党忠诚，必须体现到对党组织的忠诚上，体现到对党的理论和路线方针政策的忠诚上；要激发力量、唤起动力，将忠诚化为增强"四个意识"、坚定"四个自信"、做到"两个维护"的政治定力，化为"我将无我、不负人民"的责任担当，化为言行一致、表里如一、守信践诺的政治品格，化为坚强的意志力、坚忍力、自制力，在防范化解重大风险挑战、应对重大突发事件的关键时刻，顾全大局，听党指挥，为党分忧，为党尽责，百折不挠，坚韧不拔。

二、学习敢于斗争、敢于胜利的精神

习近平总书记指出："我们党诞生于国家内忧外患、民族危难之时，一出生就铭刻着斗争的烙印，一路走来就是在斗争中求得生存、获得发展、赢得胜利。"① 在党史学习教育动员大会上，习近平总书记要求，"总结运用党在不同历史时期成功应对风险挑战的丰富经验，做好较长时间应对外部环境变化的思想准备和工作准备，不断增强斗争意识、丰富斗争经验、提升斗争本领，不断提高治国理政能力和水平"②。

100多年来，我们的党历经各种坎坷挫折，但越挫越奋、越战越勇。在应对各种困难挑战中，我们党锤炼了不畏强敌、不惧风险、敢于斗争、勇于胜利的风骨和品质，这是我们党最鲜明的特质和特点。在严酷的革命战争年代，共产党人在理想的感召下，不信邪，不怕压，越是艰险越向前，克服了一个又一个常人难以想象的困难。井冈山斗争时期，以毛泽东、朱德等为代表的中国共产党人在中国革命的危急关头，鲜明亮出党的旗帜，领导人民群众在罗霄山脉中段实行武装割据、进行土地革命，在白色恐怖中与数倍于己的敌人英勇斗争，浴血奋战。井冈山斗争锤炼了我们党和军队不畏强敌、不惧风险、敢于斗争、勇于胜利的风骨和品质。三年南方游击战争，留守的红军将士浴血奋斗，在艰苦卓绝的斗争中，陈毅赋诗"此去泉台招旧部，旌旗十万斩阎罗"，是何等豪迈的奋斗精神！万里长征中，红军不畏艰险、艰苦奋斗、勇往直前、无坚不摧，突破敌四道防线，强渡乌江，占领遵义，四渡赤水，巧渡金沙江，强渡大渡河，飞夺泸定桥，爬雪山过草地，胜利到达陕北，摆脱几十万敌军围追堵截，这场惊

---

① 《习近平著作选读》（第二卷），人民出版社2023年版，第302页。
② 《习近平谈治国理政》（第四卷），外文出版社2022年版，第513页。

心动魄的远征,历时之长,行程之远,敌我力量之悬殊,自然环境之恶劣,史所罕见,表现了中国共产党人敢于斗争、敢于胜利,坚决做到压倒一切敌人而不被任何敌人所压倒、征服一切困难而不被任何困难所征服的革命精神和英雄气概。

"防范化解重大风险,需要有充沛顽强的斗争精神","各级领导班子和领导干部要加强斗争历练,增强斗争本领,永葆斗争精神,以'踏平坎坷成大道,斗罢艰险又出发'的顽强意志,应对好每一场重大风险挑战,切实把改革发展稳定各项工作做实做好"。[①] 我们现在学习党史,传承红色基因,必须学习共产党人敢于战斗、敢于胜利的风骨。要明确斗争方向,凡是危害中国共产党领导和我国社会主义制度的各种风险挑战,凡是危害我国主权、安全、发展利益的各种风险挑战,凡是危害我国核心利益和重大原则的各种风险挑战,凡是危害我国人民根本利益的各种风险挑战,凡是危害我国实现"两个一百年"奋斗目标、实现中华民族伟大复兴的各种风险挑战,只要来了,就必须进行坚决斗争,而且必须取得斗争胜利。"我们共产党人的斗争,从来都是奔着矛盾问题、风险挑战去的。"[②] 要敢于直面任何风险挑战,不为任何风险所吓,不为任何干扰所惑,敢于斗争、善于斗争,勇于担当负责,积极主动作为,坚决顶起自己该顶的那片天,永葆"越是艰险越向前"的英雄气概和"敢教日月换新天"的昂扬斗志,始终保持革命者的大无畏奋斗精神,以坚忍不拔的意志和无私无畏的勇气战胜前进道路上的一切艰难险阻、风险挑战。

[①] 中共中央党史和文献研究院编《习近平关于防范风险挑战、应对突发事件论述摘编》,中央文献出版社2020年版,第217页。

[②] 《习近平著作选读》(第二卷),人民出版社2023年版,第258页。

三、学习和弘扬党的优良作风

2021年3月1日，习近平总书记在中央党校（国家行政学院）中青年干部培训班开班式上强调："我们党团结带领人民取得了革命、建设、改革的伟大成就，很重要的一条就是我们党在长期实践中培育并坚持了一整套光荣传统和优良作风。"弘扬党的优良作风是提高应对重大突发事件能力的重要方面。要通过学习党的历史，树立良好作风的标杆，发扬红色传统、传承红色基因，改进工作作风，形成求真务实、联系群众、严格自律、直面矛盾、只争朝夕等工作作风，鼓起精气神，以适应新时代应对重大突发事件的需要。

坚持理论联系实际。中国共产党人在顽强奋斗、不懈探索的过程中，把马克思主义基本原理与中国实际相结合，正确地解决历史中和革命中所发生的实际问题，从中总结规律，作为行动的向导。在长期的革命斗争中，理论联系实际成为中国共产党三大优良作风之一。继承和弘扬理论联系实际优良作风，一方面，要学懂弄通党的基本理论特别是习近平新时代中国特色社会主义思想，努力掌握蕴含其中的立场观点方法、道理学理哲理；另一方面，要坚持实事求是、求真务实，从实际出发谋划事业和工作，具体地分析具体的情况，深入实际，调查研究。反对主观性、片面性和表面性，使提出的点子、政策、方案符合实际情况，在应对重大突发事件中，要创造性开展工作，做老实人，说老实话，干老实事。坚持理论联系实际，还要在理论学习中把思想摆进去、把职责摆进去、把工作摆进去，联系自身实际、工作实际，取得学习的实效。

坚持密切联系群众。全心全意地为人民服务，一刻也不脱离群众；一切从人民群众的利益出发，而不是从个人或小集团的利益出发；坚持向人民负责和向党的领导机关负责的一致性，并坚持把这些原则作为党的一切工作的出发点。中国共产党成立以来，无论在革命战争年代，还是在和平建设时期，始终坚持群众路线，同人民群众结成密不可分的鱼水关系。在中央苏区时，苏区干部关心群众生活，注意工作方法，团结带领苏区群众形成坚不可摧的铜墙铁壁。苏区干部好作风为我们党在苏区应对各种重大风险、开展重大斗争发挥了十分重要的作用。习近平总书记强调，"共产党最基本的一条经验是一刻也不能脱离人民群众"[1]，"群众的实践是最丰富最生动的实践，群众中蕴藏着巨大的智慧和力量"[2]。人民是我们党的力量源泉，今天，密切联系群众，就要践行初心使命，通过保持同人民群众的血肉联系，同人民群众结合起来，把和群众的关系搞好，帮助他们解决困难，不断把人民群众的智慧和力量转化为防范化解风险、推动事业发展的强大力量。在应对重大突发事件决策中，要科学决策，向专家问计，向群众问计。

坚持批评和自我批评。开展批评和自我批评是我们党的优良传统和作风，是无产阶级政党区别于其他政党的重要标志，是我们党强身治病、保持肌体健康的锐利武器，也是加强和规范党内政治生活的重要手段，还是党员加强政治历练、提高自身素质能力的重要方式。中国共产党在自己的政治生活中正确地开展批评和自我批评，延安整风用此方法分清党内思想矛盾和是非，团结同志，使我们党达到了空前的团结。新时代领导干部要经常性开展政治体检，自觉打扫思想政治灰尘，积极开展批评和自我批评，不断增强政治免疫力。要经常对照党章党规，对照党中央决策部署，对照初心使命，对照先进典型、身边榜样，查找自身在政治、思想、组织、作风、能力、廉洁等方面存在的差距和不足，深刻检视剖析，认真抓好整改落实。要涵养接受批评的胸怀和气度，胸襟开阔。在应对重大突发

---

[1] 习近平：《之江新语》，浙江人民出版社2007年版，第146页。

[2] 习近平：《之江新语》，浙江人民出版社2007年版，第61页。

事件中因工作失误或疏忽受到批评时,要虚心接受,并及时改进。

第三节 从中华优秀传统文化中得到启发和借鉴

中华民族几千年的历史发展,饱经风霜,有过天灾,有过人祸,有过内乱,遭过外患,却又百折不挠、自强不息,繁衍不息,从逆境中奋起,勇敢面对各种艰难险阻,战胜各种挑战,不断创造物质文明和精神文明的辉煌,持续向前发展,依然屹立在世界的东方。习近平总书记指出:"中华民族历史上经历过很多磨难,但从来没有被压垮过,而是愈挫愈勇,不断在磨难中成长、从磨难中奋起。"[1]

中华民族之所以能在磨难中成长、从磨难中奋起,靠的是中华智慧、中华精神,靠的是坚韧的民族意志和实践精神,靠的是源远流长、薪火相传的中华优秀文化。中华优秀传统文化的思想精华至今仍然是我们战胜艰难险阻的精神力量。习近平总书记指出,中国传统文化博大精深,学习和掌握其中的思想精华,对树立正确的世界观、人生观、价值观很有益处。"中国优秀传统文化的丰富哲学思想、人文精神、教化思想、道德理念等,可以为人们认识和改造世界提供有益启迪。"[2]习近平总书记高度重视中华优秀传统文化对党员理想信念的深刻影响,秉持大历史观,指出要依靠文化自信坚定理想信念,"没有中华优秀传统文化、革命文化、社会主义先进文化的底蕴和滋养,信仰信念就难以深沉而执着"[3]。领导干部要按照

---

[1] 中央党史和文献研究院编《习近平关于统筹疫情防控和经济社会发展重要论述选编》,中央文献出版社2020年版,第91页。

[2] 中共中央文献研究室编《习近平关于社会主义文化建设论述摘编》,中央文献出版社2017年版,第143页。

[3] 中共中央文献研究室编《习近平关于社会主义文化建设论述摘编》,中央文献出版社2017年版,第17页。

习近平总书记的要求,从中华优秀传统文化中汲取有益养分,不断提高应对重大突发事件的能力。

一、从"时中""因时制宜"中汲取应急处突智慧

"中"在中国传统文化中是个很重要的概念,一般指道德准则或行事原则。据儒家典籍及解读,尧传位给舜时的政治交代为"允执厥中",舜传位给禹时,在此基础上加了十二个字,也就是后代所说的"十六字心传"。"十六字心传"的核心是"执中"。这里的"中",既是道德的、仁的要求,也是智的要求。甲骨文"中"为"王旗"形,表示王法之中道,后延伸为道德之中正、认识之正确,以及人性之至诚、人情之中节。因为"中"的重要性,所以要"允执厥中",要始终坚持"中"。

在"执中"同时,孔子提出"时中"概念,"君子之中庸也,君子而时中"。所谓"时中",主要指的是合乎时宜和随时变通。这里的"时",不仅是指时间,还包括空间,指敏锐感知于时变、形势和几微,预测未来的睿智力和判断力,根据实际情况领悟如何行动的实践力。"时中"虽然主要是一种道德认识和道德实践的方法,但其中也具有一般知识论的认知理性内容,表征着一种理性的求知态度、认知精神和实践理性。"时中"的内涵包括无时不中和即时而中,实质在依时而中、与时俱进,具有强烈的适应进取精神,蕴含着鲜明的知识理性内容。孔子也提出了"权"的概念,"可与共学,未可与适道;可与适道,未可与立;可与立,未可与权",把"权"摆在一个很高的德行和能力位阶,只是未直接将"权"与"中"相关联。孟子把"权"引入"时中",指出"执中无权,犹执一也"。把一般的"执中"与特殊的"权变"结合起来,从而使"时中"的运用更具操作性,并超越于一般的"两端"范围,应用于更广泛的"例外"领域中。他还举了一个经典的突发事件情况下的"权变"事例,"男

女授受不亲，礼也；嫂溺，援之以手者，权也。"在"礼"与"溺"的冲突中，作出"权变"抉择。心学大师王阳明进一步阐释："中只是理，只是易。随时变易，如何执得？须是因时制宜。"明确提出"中"本身就是变化的，必须"因时制宜"。"执中"与"时中"、与"权变"就形成一个在中正基础上的智的特殊从政要求。"时中"、"执中用权"与《论语》中的"三达德"之一的"智"有相通之处。这也是《论语》中孔子推崇的"敏"的表现，是从政者能够"有功"的必备品格。而"因时制宜"作为中国一项传统的决策原则，王阳明不但将其与"中"作了深刻的联结，他自身也更是多有实践，在平定南赣之乱、宁王之乱、两广之乱等重大突发事件中，他因时制宜的决断和处置能力表现得淋漓尽致，这也使他成为中国历史上少有的"立德立功立言""三不朽"人物。

"时中""因时制宜"非常适用应对重大突发事件的决策和现场处置，可以从中学习应对重大突发事件非常规情况下的决策和现场处置的精神和方法。《孙子兵法》言："兵无常势，水无常形，能因敌变化而取胜者，谓之神。"（《孙子兵法·虚实篇》）这说明世界上完全一样的突发事件从来都不会有，必须根据具体情况采取相应措施。重大突发事件，不是常规性事件，对领导干部而言，每个突发事件都是陌生而独特的，而且猝然发生，危害很大，急需处置。事件的猛烈性、变异性、迅速蔓延性与处置时资源的有限性构成矛盾，事件处理的紧急性与常规办法、常规程序可能有冲突。这种情况下，领导干部要知机应变，"唯变所适""因时制宜"，知将变未变之微，主动积极适应突发情况，具体地分析实际情况，进取创新，敏锐把握时机，在错综复杂的情况下抓住事物的本质，以风险决策的本领和当机立断的魄力，果断决策，迅速处置。这要求在平时就善于从"时中""因时制宜"等中华智慧中汲取营养，加强唯物辩证思维训练，在日常工作中不断积累通权达变的智慧和经验。

二、从"事君能致其身"、"勇"德中汲取奋不顾身、敢于担当精神

"事君能致其身"是孔子对从政修养的一个最重要的要求。"致其身"意味着什么？就是向前担当，鞠躬尽力，为公而忘我、无我，奉献一切。"致其身"是孔子对从政者修养的最终要求和最高境界，具有强烈的职业道德色彩和实践属性，其中包含诸多从政实践要求。忠诚、敬业、勤政是"致其身"的应有之义。孔子在论为政时说："居之无倦，行之以忠。""事上也敬"与"临其民以庄"，在臣事君的行为要求上，孔子希望臣子事君，"敬其事而后食"。春秋时期政治家子产也云："政如农功，日夜思之。"公正、廉洁是"致其身"的另一要求，孔子说"政者正也"，集中体现了孔子对政治活动本质的认识，"正"必然要"公"，忘其私，"唯公然后可正天下"。这些从政品德的修炼，必然转化为应对突发事件的素质和能力。对官员而言，"勇"德也是"致其身"的一种要求和表现。当然，"勇"为中国古代"三达德"之一，有其丰富的内涵。这里着重就"勇"德对应对重大突发事件的意义作一阐述。

中国传统文化强调"勇"与道德和理性相依，才是真勇。老子"慈勇"，孔子"仁勇""义勇"。孔子说："仁者必有勇，勇者不必有仁。""见义不为，无勇也。"兵家常把忠勇、义勇相联，强调"勇"德的重要性。"勇"与"礼""义""仁""智""孥""忠"相依；不是为一己之私之勇，非"为乱""为盗"之勇。要在修养中涵养大勇，老子"外其身而身存"的大智大勇，庄子"临大难而不惧"的"圣勇"，孔子"见危授命""杀身成仁"、孟子"舍生取义"的勇于牺牲精神，以及孔子"自反而缩，虽千万人，吾往矣"、孟子"舍我其谁"的豪迈担当，这些都是传统勇德的崇高境界。

勇能克难。小勇克小难，大勇克大难，无勇不能克难。这样，从一个人所经受、应对的患难之大就可以反观其勇，即《淮南子·氾论训》所云"视其更难，以知其勇"。勇之所以能克难，道理有三：其一是"见危授命"，具有面对危难挺身而出、不惜牺牲个人的担当精神和崇高品质；其二是"临大难而不惧"，具有面对重大灾患、重大突发事件的超强心理素质；其三是"断疑以发大计"，敢于决断，敢于行动，担当开拓排难解纷。

"勇"所包含的责任担当精神是个体在对自身行为可能产生不利影响的预判基础上，主动将责任目标进行实践性转化的行动自觉。敢于担当、勇敢果断，徇义不怕、刚健不屈，英勇顽强、不怕困难，不畏强敌、敢于斗争，敢于牺牲、勇于奉献，是中华优秀传统文化的精华。压倒一切敌人，战胜一切困难，是中华民族饱经磨难、历久弥新、越挫越勇、越挫越奋的不竭动力。对当今领导干部提升应对重大突发事件的能力有诸多启示，在重大关头，要不计个人得失，敢于担当，勇于负责，克服畏惧，敢打头阵，雷厉风行。当然担当之勇是在坚持党性原则、坚持党的领导、坚持人民至上原则上的大勇，是在大局观下的大勇，是在理性判断下的大勇，决不是为了局部利益、小团体利益甚至个人利益的"乱""盗"之"勇"，也不是鲁莽的犯险冒进。

三、从阴阳辩证、自强不息思想中铸造坚韧品性

中国古代哲学范畴有阴阳、动静、常变、力命等，均有刚有柔，一刚一柔，刚柔相济，表现出无比的韧性。一切事物均具有正反两面，但并非绝对的，在一定的条件下能够相互转化。与这种哲学思想相联系又各有其独特意义的忧患意识、自强不息精神，也是中华传统文化的瑰宝。这些优秀传统文化为培养民族及国民的韧性品质、韧性精神发挥了重要作用，也

将为今天的领导干部增强防范化解风险及应对突发事件的意识和能力提供理路。

第一，增强忧患意识。"如临深渊，如履薄冰"，"生于忧患死于安乐"，《管子·重令》云"天道之数，至则反，盛则衰"，《周易》云"安而不忘危，存而不忘亡，治而不忘乱"，皆强调"备豫不虞，为国常道"，未雨绸缪。忧患意识不是悲观主义和厌世主义，而是面对事物发展变化应持有的态度，是崇高的社会责任感使命感的表现，也是对可能遭遇的困境和危难抱有警惕并由此激发奋发图强的决心和勇气。忧患意识是中华民族生存智慧的体现，也是应对重大风险挑战的弥足珍贵的经验，正因为有浓厚的忧患意识，中华民族才能屡经磨难，仍绵延数千年，并为人类文明的发展和进步作出巨大贡献。强化忧患意识有利于提高领导干部的思想素质，居安思危，在成就面前保持清醒的头脑，有利于在领导活动中发现经济社会发展中的潜在矛盾、风险和困难，把风险化解在源头，"图之于未萌，虑之于未有"，做到积极主动、未雨绸缪、见微知著、防微杜渐。作为领导干部，就是要树立前瞻性、主动性的风险防控意识，将应对重大突发事件的重心从事后处置前移到事前的风险防控。只有这样做，才能更好地在第一时间控制危机，尽可能减少因突发事件造成的损失。

第二，坚信否极泰来。"否""泰"昭示的一个基本道理是对立的统一，矛盾双方相互排斥而又相互依存，在一定的条件下可以互相转化，否极泰来揭示了事物发展变化的辩证法，揭示了危中有机。"或多难以固其国""塞翁失马，焉知非福"都含有相似的道理。这种危中有机、坏事变好事、灾难应对得当可能带来进步的思想，给困境中的人们带来精神支柱和希望，使人乐观奋发，在磨难中看到转机，看到希望，坚定必胜信心，保持战略定力，专注于把握时机，扭转局面，化险为夷，转危为机。坚信否极泰来，有助于领导干部在突如其来的事件和困难面前保持镇定和信心,"每临大事有静气""卒然临之而不惊",在磨难面前沉着镇定,奋发有为,展现出惊人的逆境中奋起的能力。

第三,刚健有为、自强不息。中华传统文化中的刚健有为、自强不息思想,也是一种韧性精神的体现。作为中国人积极人生态度和生活准则的集中体现,自强不息思想早在先秦时期就已经产生。"天行健,君子以自强不息",这一精神培育了中华民族坚韧不拔、顽强拼搏、奋发向上、不断进取的坚定信念和坚强品质,具有强烈的激励作用,使中国人愈是遭遇困难和挫折,愈是具有坚韧不拔、奋力抗争的坚强意志和精神风貌,在中华民族的历史延续中起了非常重要的作用。这一精神对于当今领导干部应对重大突发事件能力建设也同样具有重要的意义。

第四,乐观通达。"仁者无忧""乐以忘忧"。个体内心的通达,或者说乐观通达,在应对变动不居的生活世界中,是十分重要的。《论语》的开篇即直接表达对于这种乐观通达的重视,所谓"学而时习之,不亦说乎?有朋自远方来,不亦乐乎?人不知而不愠,不亦君子乎?"这段话就倡导一种乐观通达的个体境界。宋儒对于"孔颜乐处"推崇备至。儒家"孔颜乐处"人生境界范畴,在世俗生活中标举崇高的生存格调,包含着积极奋发的精神内涵,凝聚为具有超越性的理想人格和生命境界,体现出了中国人的积极入世态度和现实精神。用内心的快乐、精神的追求战胜外部较差的客观环境,追求道德理性的满足,达成"富贵不能淫,贫贱不能移"的境界。乐观通达是个体日常修养、处事的态度,也是个体应对各种危机、突发事变的心理基础。因而,乐观通达有益于当今领导干部应对重大突发事件的心理建设,即建设强大的内心、坚韧的人格,面对压力、失败、挫折,不逃避,不退缩,而是坚定信心,抖擞精神,迎难而上,压不垮,打不烂。

第四节　从学习掌握现代信息技术中提升

新时代是数字时代，数字技术成为国家治理的新理念和新手段。党的十九大进一步对建设网络强国、数字中国、智慧社会作出战略部署，加速了治理的数字化转型；党的二十大再次强调要加快建设网络强国、数字中国。《中华人民共和国国民经济和社会发展第十四个五年规划和2035年远景目标纲要》提出"加快数字化发展、建设数字中国"的战略目标，要求"加快建设数字经济、数字社会、数字政府，以数字化转型整体驱动生产方式、生活方式和治理方式变革"。

习近平总书记强调："要适应科技信息化发展大势，以信息化推进应急管理现代化。""各级领导干部要加强学习，懂得大数据，用好大数据，增强利用数据推进各项工作的本领，不断提高对大数据发展规律的把握能力，使大数据在各项工作中发挥更大作用。"[①]

领导干部要坚持系统开放性原则，通过理论与实践的学习，以现代信息技术赋能，提高数字化领导力，使应急处突能力在环境动态变化中与时俱进，提高突发事件处置效率。

一、提升数字化治理的认知能力

伴随着大数据、区块链、人工智能等新一代信息技术的飞速发展，我国社会加速向数字时代转型，数字技术全面嵌入社会各领域和全过程，数字资源快速融入政府治理的各方面。现代科学技术的发展也为应急处突的

[①] 中共中央党史和文献研究院编《习近平关于防范风险挑战、应对突发事件论述摘编》，中央文献出版社2020年版，第81页；中共中央党史和文献研究院编《习近平关于网络强国论述摘编》，中央文献出版社2021年版，第40页。

实践注入了新动力，数字科技以其智能化、精准化优势与突发事件治理的内在价值契合，在应对重大突发事件中发挥着越来越重要的作用。领导干部的应急处突工作已经离不开现代化的治理工具和手段、种类繁多的基础数字工具和错综复杂的治理平台，必须努力提升数字化治理风险的认知能力。

首先，要认识到数字素养本质上是具有政治性的，看到数字技术的政治特点和利用数字技术达到政治目标，这就是数字素养的政治能动性，[1] 善于利用数字技术提高领导水平、治理能力，达到服务人民群众、巩固党的执政地位等重要政治目标。其次，重视数字素养的文化属性，跳出狭隘的工具主义陷阱，超越单一专业技能，既解决紧迫的现实问题，同时还要培养适应未来的能力，提升适应未来应急处突场景的能力，善于利用数字工具进行自主学习，成为讲知识、讲信息、讲数字的领导，形成"用数字决策、用数字服务、用数字对话、用数字创新"的领导治理模式。最后，要正视创新、开放、共享的信息化思维特征，数字素养不只是一个实用技能问题，更是一个思想观念问题。如大数据不仅是分析预测的技术手段，而且还是一种统筹全局的理念和能力。在数字技术的加持下，数字治理面临的不仅是一场治理工具的改变，更是一场治理思维与治理理念的革新。要主动适应、主动求变。数字时代，改革者进，创新者强，改革创新者胜。现代信息技术作为一种中介，能给领导干部带来能力红利，同时也促进领导干部顺应技术发展的趋势，形成一种匹配时代特征的数字治理思维，建立精准、高效、智能的数字治理理念，采取相应的领导方式，通过运用现代信息技术来提高领导活动的理性化和科学化水平。领导干部要在治理实践中应用数字技术改变传统科层管理存在的弊端，精准研判、及早预

---

[1] 季海群：《论新时代领导干部数字素养的概念框架及其提升策略》，《南京航空航天大学学报》（社会科学版）2022年第4期。

警、紧急处置突发性重大公共事件，针对数字世界各类复杂问题进行治理创新。

同时，也要认识到，尽管数字治理向纵深不断推进，但数字治理面临技术并未成熟、应用背离初衷、配套政策制度与法规滞后于治理实践等问题。此外，要认知技术限度，把控数字化风险，防止对数字化技术的过度崇拜导致弱化治理实际效果，防止对数字技术在治理实践中"无所不能"的盲目乐观。要注意到对数字化技术的过度依赖和推崇将可能致使治理主体性匮乏，治理创新不足。另外，数字技术应用不当还可能加大技术独裁和人文精神衰败。因此，要超越技术限度，提升治理效能，避免技术主义先导倾向，破除数据本位主义思想，防范社会治理中的数字技术歧视效应。

二、提升信息化运用能力

新一代信息技术的迅猛发展为风险治理带来了丰富的手段和革命性的变化。现代信息技术在应对重大突发事件、提升公共安全保障能力、驱动安全社会建设上，发挥着重要的作用。大数据、物联网、人工智能、区块链、云计算等新技术与安全科技相结合，为公共安全与应急管理提供更好的技术支撑。

信息化运用能力是指领导干部运用信息技术提升业务的能力，强调信息化技术和业务能力的融合。要抓住数字化的机遇，提升风险的感知力、管控力和处置力，实现风险治理的质量变革、效率变革、动力变革。当前数据集纳处理能力、大模型分析能力等数字基础设施正在不断完善，先进的数智技术不断迭代，人类已经具备面对重大突发事件的"计算治理"能力。[①] 要与时俱进，提高运用现代信息技术能力。在风险监测预警方面，善

---

① 《数智技术如何支撑智慧应急体系建设》，《科技日报》2023年12月8日。

于运用物联网、大数据等前沿技术，提升动态监测、实时预警、提前预防能力，以更精准地预测安全隐患和突发事件，检测出安全漏洞所在，加强对各种风险源的调查研判，提升企业、社会的安全防控和治理能力，推进风险防控工作科学化、精细化。在安全生产方面，可应用人工智能技术在危险化学品、建筑施工、机械制造等重点行业领域开展一线工作，从源头上降低行业安全风险。在决策指挥方面，在数字政府的加持下，领导干部应急处突的决策、指挥面临全新的数字化工作场景，善于获取数据、分析数据、运用数据，是领导干部做好工作的基本功。一方面，要借助数字设备与治理平台收集、下载、筛选、分析、整合数据信息，提取数字治理所需的信息和知识，提高辅助决策能力，以作出科学决策。另一方面，要借助数字技术整合行政资源，优化组织结构，增强统筹协调，实现数据共享、信息融通，以提高辅助指挥能力，提高决策执行的效率。要充分运用信息技术的灵活性、易调节性，促进任务协作和复杂管理的实施，更好实现应急管理中的理性、命令与控制。要善于运用先进技术，特别是大数据、云计算、物联网、人工智能、区块链等信息技术，以信息化推动应急管理现代化，实现应急管理跨越式发展。

诚然，现代信息技术可以在应对重大突发事件中单独使用，但毋庸置疑，在风险治理、应急处突中，现代信息技术总是与风险相关领域的专业结合使用，而且领导干部运用现代信息技术应急处突，还涉及法治等更高层面的内容。所以，领导干部提高应急处突中的现代信息技术专业能力，不仅要学习熟悉现代信息技术本身，还要知晓所在领域的相关业务，熟悉数字治理的法律法规，熟悉应急管理的相关流程及相关制度，成为本领域工作的行家里手。因此，一方面，要加强数字技术与管理理论的学习。另一方面，要加强所从事专业的学习，加强数字治理方针政策、法律法规的学习，加强应急管理知识及法规的学习。对领导干部而言，应急管理法规及数字治理方针政策、法律法规的学习是提高数字治理技能、用数字赋能应急处突的最佳途径。

三、提高网络社会动员和舆论引导能力

网络信息化时代对应对突发事件能力提出新要求,领导干部要重视并善于运用网络了解民意、开展工作,并不断增强自身通过互联网有效组织群众、正确宣传群众、科学引导群众和用心服务群众的本领,提高网络社会动员能力和网络舆论引导能力。"领导干部要学网、懂网、用网,了解群众所思所愿,收集好想法好建议,积极回应网民关切。"只有深学,才能会用;只有真懂,才能善治。

要深学真懂,提高网络社会动员能力。当前以大数据、开放数据、云计算、移动互联网、物联网、智慧城市等为代表的新一代信息技术,以及与之相应的新理念已经深刻改变了组织和个人的互动方式,数字时空的去中心化、扁平化不断变革传统的干群关系层级和结构,网络越来越成为各种社会思潮、多种利益诉求的汇聚地和传递社情民意的新平台,互联网也日益成为同群众交流沟通的新平台,了解群众、贴近群众、为群众排忧解难的新途径,发扬人民民主、接受人民监督的新渠道。要学习网络知识、深入理解网络发展的方针政策,熟悉网络技术方法,懂得用网络思维方式察民情、会民意,善于通过网络感知社会态势,提升对互联网的亲和力,善于通过网络体民情、察民意、知民心,网上"键对键"和网下"面对面"双网联动,构建网上网下同心圆,强化通过网络走群众路线的执政本领。应急处突中动员群众、组织群众,要主动适应互联网发展潮流,建设面向社会的网上快速动员系统,增强通过网络进行社会动员的意识,充分发挥党组织在数字化社会治理及网络治理中总揽全局和协调各方的核心领导作用,通过基层党组织建设夯实党委领导数字化社会治理的根基,同

时，处理好党组织和其他治理主体在数字化基层治理结构中的逻辑关系，做到平滑衔接、协调运转，大大提高社会动员的效率，降低社会动员的成本。要善于利用网络发布突发事件信息、应对处理进展、有关决策情况，稳定群众情绪，广泛动员群众理解、参与和支持，不断创新应急处突中的群众工作机制。

要掌握网络舆论生态新特征，提高网络舆论引导能力。进入新媒体时代，网络已经逐步成为民众舆论聚集地，网络舆论生态出现新特征。网络成为社会舆论放大器，一句话、一张图、一篇文章、一段视频通过互联网，短时间内就能形成爆发式传播，并产生海量数据。网民也作为舆论生产者和传播者参与到舆论的生产、传播环节，一些突发事件发生时，网民的反应速度甚至可能超过政府部门和主流媒体。[①] 网络上存在的海量信息良莠不齐、真伪并存，网络圈群现象容易造成网民接收信息的有限化，形成"信息茧房"，后真相现象、情感差序格局使一些网民易失去怀疑和批判能力，甚至一些虚假信息经过炒作形成的网络舆情，会成为突发性事件的导火索或助推器。突发公共事件的网络舆情引导不及时将引发信任危机，管控不彻底容易忽略非逻辑、非理性力量，统筹思维落实不到位危及健康网络舆论生态构建。无论是在事件诱发、进展阶段还是深化阶段，有时网络舆论可以起到巨大作用，使事件变异转化，甚至可能使事件的性质、规模、强度发生巨大变化，演变为严重危机。因此，网络舆论引导工作是应急处突工作的重要部分。

提高网络舆论引导能力，首先，要认识到舆论引导的本质是争取人心，要惯于透过偏激、情绪化，甚至是荒谬的舆论看到问题和矛盾所在，看到人心所向，进而在这种人心所向下因势利导作出相应的矛盾化解和问

---

① 刘杨祎伊、沙飒：《重大突发事件网络传播特征与舆情危机处置》，《媒体融合新观察》2023年第3期。

题处理方案，争取到更多的人心，争取到更多人对应急处突措施的理解、认同和支持。其次，要及时发布事件情况及应对信息，稳定公众情绪，保持社会的稳定性。英国危机公关专家里杰斯特提出的危机处理"3T"原则，即 tell your own tale（以我为主提供情况）、tell it fast（尽快提供情况）、tell it all（提供全部情况），强调了危机时期信息发布的重要性。要发挥好融媒体矩阵的先锋作用，在关键时刻、重大问题上要敢于善于发声，实现信息公开透明，积极回应、真诚沟通，合理疏导社会心理，起到"定音鼓""风向标"作用，有效引导舆论走向，引导社会心态向着积极方向发展，掌握网络舆论场主动权和主导权。

第五节　在工作实践中总结提升

习近平总书记多次强调："广大党员、干部要在经风雨、见世面中长才干、壮筋骨，练就担当作为的硬脊梁、铁肩膀、真本事，敢字为先、干字当头，勇于担当、善于作为，在有效应对重大挑战、抵御重大风险、克服重大阻力、解决重大矛盾中冲锋在前、建功立业。"[①]2021年2月，在党史学习教育动员大会上，习近平总书记指出："我们党一步步走过来，很重要的一条就是不断总结经验、提高本领，不断提高应对风险、迎接挑战、化险为夷的能力水平。"[②] 这些重要论述，阐明了实践锻炼、实践总结对提高本领、提高应对风险、迎接挑战、化险为夷的能力水平的意义。对重大突发事件的应对与处置，看起来是在关键时刻的"灵机"水平和技巧，但其实真正考验的却是干部的平时积累和日常锻炼。领导干部要按照习近平总书记的要求自觉加强实践锻炼，经风雨、见世面，同时善于总结

---

① 《习近平著作选读》（第二卷），人民出版社2023年版，第303页。
② 《习近平谈治国理政》（第四卷），外文出版社2022年版，第512页。

实践经验，不断提高应对重大突发事件的能力。

一、在实践磨炼中提升

恩格斯在论述党的领导者应具备的基本条件和健康成长的正确道路时指出，"在我们党内，每个人都应该从当兵做起；要在党内担任负责的职务，仅仅有写作才能或理论知识，甚至二者全都具备，都是不够的；要担任领导职务，还需要熟悉党的斗争条件，掌握这种斗争的方式，具备久经考验的耿耿忠心和坚强性格，最后还必须自愿地把自己列入战士的行列中"①。这充分说明了领导者要经受实践锻炼的重要性。心学大师王阳明也强调，"人须在事上磨炼，做功夫乃有益。若只好静，遇事便乱，终无长进"。

"人才自古要养成，放使干霄战风雨。"只有在各种工作岗位上经一事长一智，再由此及彼、举一反三，才能逐渐练就攻坚克难的真本领、真功夫。"心无备虑，不可以应卒。"只有经过实践的锻炼，通过日常小矛盾、局部冲突化解的历练，才能不断提高自身的见识和胆识，在应对重大突发事件时临危不惧，指挥若定。实践锻炼对领导干部能力的增长有多方面意义。

一是在深入调查研究中增进同人民群众的感情，提高决策能力。调查研究是谋事之基、成事之道。要把调查研究作为密切联系群众的重要方式。列宁曾指出，领导者的素质应该包括具有政治上的成熟性和积极性；最密切地联系劳动群众，知道并理解群众的利益，赢得他们的绝对信任；能把人民团结在自己周围。要深入实际、深入基层、深入群众，多到条件艰苦、情况复杂、矛盾突出的地方解决问题，增进同人民群众的感情，夯实坚持以人民为中心的政治立场，千方百计为群众排忧解难。要把调查

---

① 《马克思恩格斯选集》（第四卷），人民出版社1972年版，第270页。

研究作为发现问题的重要途径。深入基层，要坚持问题导向，真正了解实情、洞察"隐情"，第一时间发现问题，以钉钉子精神解决问题，趁早趁小把风险防控住，避免其进一步演化升级。要把调查与研究结合起来，深入思考，系统梳理，研究论证，作出符合实际的决策。

二是在实践锻炼中磨炼顽强意志、增长本领。实践是亲身的真切的深入的实践，不是浮光掠影的、做客式的实践，一定要了解真实情况、触及内在复杂矛盾、处理棘手问题，不是浮在面上、镀金式的实践。越是条件艰苦、困难较多的地方，越能磨炼人的意志，越能培养坚忍不拔的优良品格和脚踏实地、艰苦奋斗的优良作风，最能激发人的潜能，也最能培养人处理复杂矛盾问题的能力。领导干部要在日常化解冲突的实践中提升应急处突的胆识与谋略，从而在事件处置工作中做到心中有数、解决有法、科学部署、整体推进，并最终解决。领导干部还要积极主动参加应急演练，应急演练既是一种学习培训，也是一种模拟应急实践，通过应急演练，熟练掌握应急管理要点，增强应对重大突发事件时的实际指挥协调能力。

三是在风险应对的实践中提高应对风险的能力。能力是逼出来的、磨出来的。"刀在石上磨，人在事上练。"列宁曾非常形象地说："要学会游泳，就必须下水。"同样，领导干部要增强驾驭风险的能力，就必须到风险应对的实践中去锻炼。一方面，要到急难险重一线中去动真碰硬，要主动奔着矛盾问题、风险挑战去，以"乱云飞渡仍从容"的英雄气概去积极应对，切实在真抓实干、艰苦奋斗、攻坚克难中不断增强风险斗争本领。另一方面，要敢于担当、敢于斗争，保持斗争精神、增强斗争本领。把工作实践作为最好课堂，把化危为机作为重大课题，自觉到风险挑战第一线化解矛盾，到重大任务最前沿接受考验。多经历"风吹浪打"，多捧"烫手的山芋"，多当几回"热锅上的蚂蚁"。经历一些难事、急事、大事、复杂的事，真正练就勤勉干事、担当任事的宽肩膀。

二、在边实践边总结中提升

毛泽东曾十分重视总结对提高能力的意义,他说,"我是靠总结经验吃饭的","譬如我们解放军打仗,一个战役以后,总来一次总结,克服缺点,发挥优点,继续乘胜前进,从一个胜利走向另一个胜利"。[①] 对一个组织而言,总结中蕴含着哲学思维和政治智慧。对个体而言,总结中蕴含着唯物辩证思维和人生智慧。

人的能力的提高离不开社会实践,通过社会实践提高能力的关键在于对实践的总结。这个过程就是人的认识得到深化的过程,就是人认识和掌握客观实际的过程。能力问题本质上是个认识问题。马克思主义认为,实践是认识的基础,实践是认识发展的动力,人的认识来源于社会实践。就是说,人的能力提高应来自于社会实践。人们要想取得这个基本能力,获得这个基本能力的提高必须在社会实践中得到。实践出真知,人们对社会的正确认识全部来源于实践。能力也是同样的,一个人能力的具备和提高,不是与生俱来的,而是在后天的实践中获得的,是通过社会的实践、工作的实践获得的。

认识对实践具有反作用。世界是可知的。总结是提高能力的关键,因为总结是对实践过程中的感受、认知、经验等的抽象与概括,是人们对客观事物由感性认识上升为理性认识的过程。总结就是对实践过程中学习到的、了解到的、感受到的东西进行梳理、比较,然后分析、鉴别,去粗取精、去伪存真,找出本质的规律性的东西,在此基础上再进行抽象,形成新的认识,并进行概括,从而得出新的结论。这个认识和结论反映了人的认识达到了一个新的高度。这个认识的高度就是个人或是组织工作能力的体现。有了这个认识,就掌握了事物本质,知道了事物发展变化的规律,

---

① 转引自程思远《我的回忆》,华世出版社1994年版,第267页。

知道了事物内部矛盾运动趋势，就把握住了事物的脉络，就能够正确地对待，能够娴熟地驾驭，人的能力就充分体现出来。这时就可以说，这个人或是组织具备了完成这一工作的能力。

总结是对一定时期内的工作、学习或思想进行过程复盘、分析和研究，看到得意之处、成功之点，进一步强化、提升这些做法、措施，得出工作经验，从而摸索出事物的发展规律。总结可以正确认识以往工作实践中的经验和不足，为以后提供借鉴和启发，提高工作能力。总结的过程，实际上是提高和创新的过程。方法得当，事半功倍。总结并不完全是工作之后来进行，更多的时候是边工作、边学习、边调研、边总结、坚持在学中干、干中学，在调查研究中深化学习，在总结提炼中探求规律，努力变本领恐慌为本领高强。

要特别注重在专业训练中总结提升。努力做所从事领域的行家里手，在研究状态下工作，或者说对工作保持一种探究规律的热情。要结合工作需要来学习，不断提高自己的知识化、专业化水平。由于领导工作综合性和系统性都比较强，因此领导干部需要加强扩充和更新现代知识，与时俱进，不断调整自身的知识结构，多角度、多方位、多领域锻炼自己。

三、在反思中提升

工作中的经验是财富，工作中的教训也是财富，既要善于总结经验，也要善于总结教训，善于反思。反思是自我革新、自我提高的重要方式。反思能够使领导干部从"一垫"中吸取教训，引以为戒，能够保持创新的活力，在实践中冷静思考，学会去粗取精、去伪存真、由此及彼、由表及里，保持挑战精神和创新活力。"吾日三省吾身""见贤思齐焉，见不贤而内自省也"。孔子等古圣先贤认为，反思（内省、自省）是个人提升自身道德境界、完善自我的重要方式，实际上也是当今领导干部提升自己能力的方式。领导干部的成长过程是一个长期而系统的自我反思过程，在反思过程中实现自我发展和完善。领导干部的反思能力是指领导干部开展反思活动时所应具备的个性心理特征和主观条件。

反思是增强领导干部个人能力的重要保证，不但能使领导干部更加清晰准确地认识自我，更能促使领导干部提升工作能力、督促自我成长、完善自我发展。领导干部反思能力的大小一定程度上决定其治理能力的强弱。只有正确认识自己，才能避免妄自尊大、自我陶醉的自我满足心态，才能打破常规、定式、惯例、偏见，寻找出新方法、新观点、新思路，破解治理过程中的难题。尤其是及时分析总结处理突发事件中的不足和疏漏之处，对提高应急处突能力非常重要，因为这可以把危机变成改进工作和提高执政能力的契机。

同时，要培养成长性思维。领导干部在应急处突过程中容易陷入本领恐慌的泥潭，从而选择知难而退。毕竟需要应急处突的事件都是非常规事件，带有很强的不确定性，极容易超出领导干部的传统工作范围。这时就要领导干部切实加强自身能力感的建设，构建不怕犯错、勇于开拓的成长性思维。突发事件常常需要跨部门、跨区域协作应对，领导干部要建立这样以成长性思维为基础的能力感，把应急处突当成拓展自己工作胜任力的机会，而放下对于结果成败的担忧，不逃避超出工作范围的责任，才能将担当作为落到实处。

第六节　在自我修炼中健康身心

党的十九届五中全会通过的《中共中央关于制定国民经济和社会发展第十四个五年规划和二〇三五年远景目标的建议》首次使用"身心健康素质"这一全新概念，将"身心健康素质"作为与"思想道德素质""科学文化素质"同等重要的衡量我国社会文明程度提高与否的指标之一，这对全面认识和提高我国国民素质有重大的指导意义，也对我们认识和提升领导干部应对重大突发事件能力有重大指导意义。

领导干部承担着繁重的工作任务，没有良好的身心素质是难以胜任的。身心素质是领导干部能力发展的自然基础，健康的身心是领导干部应对重大突发事件综合素质和能力的重要组成部分。应对重大突发事件，需要在巨大心理压力的情况下连续从事繁重的工作和完成紧急任务，身体和心理、精神压力陡增，对领导干部的身体和心理承受能力、精神抗压能力是一个严峻挑战。这就比平常更需要领导干部有健壮的身体、充沛的精力，保持良好的认知能力，思维敏捷，能够长时间地思考问题并始终保持灵活的反应能力；更需要有坚韧的性格和自制能力、心理承受能力和调节能力，快速适应环境的变化，克服心理障碍，有足够的心理弹性和心理韧性，保持心理健康，感情控制适宜，情绪稳定乐观，在任何情况下都能保持战略定力和慨然处之的气概。

为此，领导干部应通过严格自律，平常主动自觉锤炼健康身心，提升应对重大突发事件的抗压能力，为提高处变不惊、科学应急能力打下坚实基础。在应急处突的特殊时期，要积极主动调节个体生理和心理活动，尽快适应应急状况，科学应对压力，摆脱应激状态，维护身心健康。"要历练宠辱不惊的心理素质，坚定百折不挠的进取意志，保持乐观向上的精神状态，变挫折为动力，用从挫折中吸取的教训启迪人生，使人生获得升华和超越。"[①]

一、保持合理的规律生活

保持合理的规律生活，自觉养成锻炼身体的习惯。世界卫生组织对健

---

① 《习近平谈治国理政》（第一卷），外文出版社2018年版，第54页。

康作过这样的界定："健康乃是一种在身体上、心理上和社会上的完满状态，而不仅仅是没有疾病和虚弱的状态。"身心健康首先是身体上的"完满状态"，即积极状态。身体是革命的本钱，高压力需要强身体，健康的身体才能迅速地自我调整，抵抗住一定的压力。曾国藩修身十二法，就有二法专门要求自己日常做到"早起，黎明即起，醒后不沾恋"和"夜不出门，旷功疲神，切戒切戒"，强调有规律的作息，以养精蓄锐。周恩来在《我的修养要则》中专列一条"健全自己身体，保持合理的规律生活，这是自我修养的物质基础"，既要求保持合理的规律生活，又要求健全自己的身体。

合理的规律生活、锻炼身体是身心健康的基础，也是整个自我修养的物质基础，非常重要，要厚植身心健康基础。合理的规律生活就要劳逸结合、合理休息，健康饮食，不但平时这样，而且在应对突发事件面临压力时也要努力保持正常的作息和饮食，否则机体状况会更加恶化，影响决策行为和行动能力。锻炼身体要着眼"提升"，积极心理学根据众多实证性研究的结果，总结出身心健康"预防－提升"干预体系。预防是"防止坏事发生"，即在身心问题出现的前后进行干预，而提升是"让事情变好"，其着力点在于身心状态改善和身心功能发挥。在这一体系当中，锻炼身体被列入"一级提升"范畴，从这个意义上说，锻炼对身心健康起到锦上添花的作用。锻炼心理学、运动心理学研究中发现，动机、兴趣是影响锻炼（身心）效果的重要中介因素，能不能坚持锻炼，某种意义上说，是看有没有培养出对锻炼的内在动力，有没有把锻炼变成爱好。

把读书作为一种生活方式。这也是保持合理的规律生活的一部分。读书学习是健康情趣，也是一个好的生活方式。习近平总书记在接受俄罗斯电视台专访回答关于个人爱好的提问时说："读书已成了我的一种生活方式。"毛泽东常说："我一生最大的爱好是读书。""饭可以一日不吃，觉可以一日不睡,书不可以一日不读。"阅读要"致广大而尽精微",既广泛涉猎,又重在经典,熟读精思,得其要义。读书学习,既能从书本中求得真知,还能用书本滋养心灵、涵养性情、开阔胸怀,增强抗压能力。明朝于谦是位多次应对过重大突发事件的名臣,他曾赋诗云"书卷多情似故人,晨昏忧乐每相亲",把书籍当作情深意浓、朝夕相伴的老朋友、亲人,来及时化解忧思郁闷、分享喜乐。有关研究还发现,领导干部阅读行为和心理压力之间存在显著的负相关($r=-0.18$, $p=0.02$),这说明每天阅读时间越长的领导干部,其心理压力越小。[①] 书籍不仅可以成为领导干部知识的载体,更可以成为领导干部缓解心理压力的工具。多读书、少应酬,应当成为更多人的一种生活态度、一种生活方式、一种精神追求。

二、培养和保持乐观主义精神

领导干部加强心理能力建设,就是要聚焦目标信念、兴趣志向、成就动机、意志品格等关键心理因素,厚植心理资本。无论平常还是遇到重大情况,保持乐观非常重要。乐观是一种积极向上的心态,它能让人更加自信、勇敢地面对挑战和困难。保持乐观,就是一方面保持自信,相信自己或团队解决问题的能力,相信自己或团队的决策,轻松面对问题,认真解决问题;另一方面,耐受挫折,正视工作中的缺憾,培养和保持情绪的平衡能力,乐观接受事件的最终结果。

保持乐观需要登高望远,实现精神上的升华。心理学研究表明,目标感很强对健康有益。保持乐观根本的是要有正确的世界观、人生观、价值观,要拥有目标信念。新民主主义革命时期,毛泽东等老一辈革命家在极端困难的情况下能保持革命乐观主义精神,根本的就是革命者以对革命

---

① 万书玉:《领导干部身心健康增益因素研究——540名处级干部体育锻炼与业余爱好调查的描述性分析》,《中共南京市委党校学报》2019年第6期。

事业的历史必然性和价值合理性的深刻把握为基础，由此产生的对革命前途的坚定信念和不畏艰难困苦而积极进取的思想认识和精神面貌，以及对人民创造历史规律的把握和为人民服务的道义制高点的占据。对于领导干部来说，围绕中华民族伟大复兴宏伟蓝图建构这一激动人心的愿景，坚定"四个自信"，不仅能够鼓舞自己，还能够催生忘我工作的奋斗激情，保持乐观的基调。保持乐观的前提是充分的理性的准备，忧患意识和底线思维是乐观的坚实基石，充分的思想准备、扎实的工作基础、完善的制度机制、成熟的应急预案，是遇事不慌、乐观自信的底气。正如毛泽东在论述"战略上藐视敌人，战术上重视敌人"时指出的，"我们的战略是'以一当十'，我们的战术是'以十当一'，这是我们制胜敌人的根本法则之一。"[1]

　　保持乐观需要增强重要感，积极履职，创造性地开展工作，取得更多工作业绩，乐于助人，为群众多办实事，在给予和付出、创造和奉献的过程中内心会感到愉快和自豪，这有助于降低压力激素水平，促进身体上"有益激素"的分泌，带来乐观的情绪。保持乐观需要亲情关怀，品味人际温暖，要培养良好家风，营造健康温暖的家庭氛围；要与人为善，多交诤友、益友，在健康向上的交往中相互勉励。保持乐观还要善于艺术欣赏，中国先贤高度重视诗情画意对内心的升华作用，领导干部也可在闲暇时通过艺术审美沉浸到悠远意境，涵养健康情趣、高尚情操，荡涤心灵的尘埃，增强信心，开阔胸怀，做到心澄静、情飞扬，乐以忘忧。

三、增强心理韧性，提高抗压能力

　　心理健康能力是一个人认识现实状态并保持心态正常的调控能力。领导干部作为应对重大突发事件的中坚力量，处于矛盾和压力的夹心层，如何在应对各类突发性危机事件过程中临危不惧，镇定自若，用坚忍不拔的

---

[1] 《毛泽东选集》（第一卷），人民出版社1991年版，第225页。

毅力和决心迎难而上，以越挫越勇的信心沉着应对，明晰头绪，沉着冷静，敢于积极面对冲突与困难，在持续的压力下保持平和的内定力，是对心理调控能力的一个考验。这就要增强心理韧性，始终保持心理健康，这也是领导干部提升应对重大突发事件能力不可或缺的一个重要方面。

心理韧性作为积极心理学的一部分，强调面对逆境、创伤、威胁或其他生活重大压力时的"良好适应"。压力（stress）是指个体受到"被个体评价为超负荷的或者是超过个体资源的，威胁到个体健康的刺激"（拉扎勒斯和福尔克曼，2020）。压力过大，不管是对领导干部的身体、心理还是行为都会产生巨大影响。心理韧性就是"个体在不利环境下主动进行自我调节，积极适应环境，并迅速复原，以灵活适应复杂多变环境"的一种心理特性或能力，是"适应特定压力生活环境的动态过程"，在个体克服逆境、压力过载或一些创伤性的生活事件等危险因素时起作用，能够有效降低负性事件的影响。在应对重大突发事件中，各种矛盾、冲突，会给领导干部带来巨大的心理和精神压力，对心理韧性要求更高，这需要平常在复杂工作中锻炼，使心理韧性得到增强。任务越复杂，对心理韧性的挑战越大，越容易感到力不从心。如果个体通过积极应对并取得良好结果反馈后，会提升克服困难的信心，进而获得较高的心理韧性品质，并作为一种性格特质保留下来，成为一种重要的心理资源。工作经验尤其是克难攻坚的成功经验有助于心理韧性的增强。心理韧性的这种品质有的研究者称之为心理弹性，其作用机制是"压"与"弹"的交互作用，是应激与应对的统一。心理弹性良好意味着不仅具有较高的承压能力（应激），而且具有较强的解压甚至化压力为动力的能力（应对），表现为承受力和反弹力的动态平衡。

领导干部通过日常锻炼能建立积极的心理防御机制和应对模式，适时释放压力，让心灵得以轻松，主动地培养和运用心理韧性，增强心理弹性，进而提升压力应对能力。心理韧性是意志力的基础，而坚强的意志品质是克服困难，完成各种实践活动的重要条件。领导干部的坚强意志培养，就是在工作中表现出自觉性、果断性、坚韧性和自制性。在应对重大突发事件时，要有强大的心理素质，保持情绪稳定性，扛得住压力、稳得住心神，不仅要调整好自己的状态，而且要以自身的良好精神状态和稳定情绪影响同事和下属，统一思想，激发斗志，带好队伍，引导群众，形成坚不可摧的合力。这也是应对重大突发事件的重要能力。

习近平总书记指出："我们有坚强决心、坚定意志、坚实国力应对挑战，有足够的底气、能力、智慧战胜各种风险考验，任何国家任何人都不能阻挡中华民族实现伟大复兴的历史步伐。"每一名领导干部任何情况下都能从中受到鼓舞、感到振奋、获得力量，增强战胜风险挑战的信心，坚定克服困难的意志，在新时代新征程中压倒一切困难而不被困难所压倒。

提升领导干部应对重大突发事件能力，本质上是一种以提升风险治理关键主体能力素质为内核的能力体系建设，是推进国家治理体系和治理能力现代化的重要内容。提升领导干部应对重大突发事件能力，是一项长期而艰苦的工作，既需要各级组织完善机制、优化保障、狠抓落实，更需要各位领导干部自觉发挥历史主动精神努力进取，唯有在实践中将两者有机结合起来，才能真正实现领导干部能力不断提升、国家治理春和景明的美好图景。

参考文献

一、专著

[1] 马克思恩格斯全集：第1卷［M］.北京：人民出版社，1956.

[2] 马克思恩格斯全集：第39卷［M］.北京：人民出版社，1975.

[3] 毛泽东选集：第二卷［M］.北京：人民出版社，1991.

[4] 毛泽东文集：第三卷［M］.北京：人民出版社，1996.

[5] 邓小平文选：第三卷［M］.北京：人民出版社，1993.

[6] 江泽民文选：第三卷［M］.北京：人民出版社，2006.

[7] 习近平.在全国组织工作会议上的讲话［M］.北京：人民出版社，2018.

[8] 习近平.在统筹推进新冠肺炎疫情防控和经济社会发展工作部署会议上的讲话［M］.北京：人民出版社，2020.

[9] 中共中央文献研究室.十七大以来重要文献选编：上［M］.北京：中央文献出版社，2009.

[10] 中共中央文献研究室，中央档案馆.建党以来重要文献选编（1921-1949）：第13册［M］.北京：中央文献出版社，2011.

[11] 中共中央文献研究室.习近平关于全面深化改革论述摘编［M］.北京：中央文献出版社，2014.

[12] 中共中央党史和文献研究院.习近平关于科技创新论述摘编［M］.北京：中央文献出版社，2016.

[13]《中共中央关于坚持和完善中国特色社会主义制度、推进国家

治理体系和治理能力现代化若干重大问题的决定》辅导读本［M］.北京：人民出版社，2019.

［14］王军.突发事件应急管理读本［M］.北京：中共中央党校出版社，2009.

［15］杨伯峻.论语译注［M］.北京：中华书局，2009.

［16］王宏伟.重大突发事件应急机制研究［M］.北京：中国人民大学出版社.2010.

［17］方振邦，徐东华.管理思想百年脉络［M］.北京：中国人民大学出版社，2012.

［18］黄样兴.说古论今话修养［M］.北京：人民出版社，2014.

［19］全国党的建设研究会.中国化的马克思主义党建理论体系概述［M］.北京：党建读物出版社，2021.

［20］道格拉斯·C.诺思.制度、制度变迁与经济绩效［M］.刘守英，译.上海：三联书店，1994.

［21］J.R.科斯，A.阿尔钦，D.诺斯等.财产权利与制度变迁：产权学派与新制度学派译文集［C］.胡庄君等译.上海：三联书店，1994.

［22］彼得·圣吉.第五项修炼：学习型组织的艺术与实务［M］.郭进隆，译.上海：三联书店，1998.

［23］彼得斯.政府未来的治理模式［M］.吴爱明，夏宏图，译.北京：中国人民大学出版社，2001.

［24］盖伊·彼得斯.制度主义：新与旧［M］//薛晓源，陈家刚.全球化与新制度主义.北京：社会科学文献出版社，2004.

［25］韦伯.韦伯作品集，Ⅲ：支配社会学［M］.桂林：广西师范大学出版社，2004.

［26］M 阿尔文·托夫勒.权利的转移［M］.北京：中信出版社，

2006.

［27］福克斯，米勒.后现代公共行政：话语指向 中文修订版［M］.楚艳红，曹沁颖，吴巧林，等译.北京：中国人民大学出版社，2013.

［28］马克·H.穆尔.创造公共价值：政府战略管理［M］.伍满桂，译.北京：商务印书馆，2016.

［29］FRANK KNIGHT. Risk，Uncertainty and Profit[M].Lowa City：Houghton Mifflin Company，1971.

二、期刊、论文

［1］习近平.坚持和完善中国特色社会主义制度 推进国家治理体系和治理能力现代化［J］.求是，2020（1）.

［2］王诗宗.治理理论的内在矛盾及其出路［J］.哲学研究，2008（2）.

［3］孙兴玲.关于领导干部应急管理能力的哲学思考［J］.理论探索，2009（5）.

［4］王敏.NLP技术与领导干部心理弹性提升［J］.党政论坛，2013（5）.

［5］董明发.培养和提升领导干部反思能力［J］.唯实 2016（5）.

［6］祝卓宏.科学应对压力 维护身心健康：领导干部的心理调适和压力管理［J］.时事报告(党委中心组学习)，2017（4）.

［7］闫焱，汪琳.运用"五种思维"提升部队指挥员应急处置能力［J］.国防科技，2017（6）.

［8］陶倩，石玉莹.习近平关于增强忧患意识重要论述探析［J］.毛泽东邓小平理论研究，2019（3）.

[9]王文静.新时代领导干部风险治理能力的内涵、价值与提升进路[J].领导科学,2019(18).

[10]燕继荣.新冠肺炎疫情防控与中国治理效能[J].中央社会主义学院学报,2020(3).

[11]许先春."下好先手棋,打好主动仗":习近平关于防范化解风险挑战的战略思考[J].党的文献,2020(4).

[12]杨斌.培养提升应急处突能力[J].红旗文稿,2020(20).

[13]王永力,杨先农.中国共产党驾驭风险本领建设的中华政制文明底蕴[J].学术探索,2020(5).

[14]徐琴.突发公共卫生事件数字化治理的价值证成:基于风险社会的分析视角[J].湖北行政学院学报,2021(1).

[15]李景平,江和原.何以解压:心理韧性视角下基层领导干部抗压能力提升研究[J].科学决策 2021(11).

[16]陈砚燕.打通三大梗阻 增强三大意识:以系统观念探析如何提升领导干部应急处突能力[J].中国应急管理,2021(11).

[17]徐汉明,邵登辉.新时代依法防范化解重大风险挑战的行动指南:学习"习近平依法防范化解重大风险挑战论述"的体会[J].法治与社会发展,2021(1).

[18]王宜科,董振华.习近平关于防范化解重大风险重要论述阐释[J].学习与实践,2021(3).

[19]邓文钱.大数据为社会风险防控赋能[J].人民论坛,2022(2).

[20]严书翰.深刻领会扎实贯彻习近平总书记防范化解重大风险重要论述[J].中共福建省委党校(福建行政学院)学报,2020(2).

[21]张新勤.媒介融合环境下提升领导干部舆情素养的思考[J].

中州学刊，2022（4）.

［22］徐猛香，赵平.中国传统勇德及其当代价值［J］.行政科学论坛，2022（7）.

［23］张勇杰.习近平总书记关于防范化解风险重要论述的理论阐释［J］.中国应急管理科学.2022（9）.

［24］谢爱武.领导干部的心理调适能力及其与心理健康的关系［J］.岭南学刊，2023（1）.

［25］匡亚林，蒋子恒，张帆.数字技术赋能社会救助：缘起、风险及治理［J］.上海行政学院学报，2023（2）.

［26］王浦劬.习近平关于中国共产党人政治责任的重要论述研究：上［J］.国家现代化建设研究，2023（3）.

［27］王浦劬.习近平关于中国共产党人政治责任的重要论述研究：下［J］.国家现代化建设研究，2023（4）.

［28］MERTON, P.K.Bureaucratic structure and personality［J］.Sociale Froces, 1940, 18（4）.

［29］ARGYRIS, CHRIS. Organizational learning and management information systems［J］. Accounting, Organization and society, 1977, 2（2）.

三、报纸

［1］习近平.警惕"黑天鹅"防范"灰犀牛"［N］.人民日报海外版，2019-01-22.

［2］习近平.发扬斗争精神增强斗争本领　为实现"两个一百年"奋斗目标而顽强奋斗［N］.人民日报，2019-09-04.

［3］习近平.充分发挥我国应急管理体系特色和优势　积极推进我国

应急管理体系和能力现代化[N].人民日报,2019-12-01.

[4]虞爱华.提高新形势下宣传工作的"把握力"[N].人民日报,2016-11-18.

[5]任晓刚.强烈的政治担当 高度的理论自觉[N].人民日报,2017-06-30.

[6]中共中央政治局常务委员会召开会议研究加强新型冠状病毒感染的肺炎疫情防控工作[N].人民日报,2020-02-04.

[7]王一鸣.落实"六保"任务 稳住经济基本盘[N].人民日报,2020-07-17.

[8]韩保江.增强忧患意识 提高研判能力 发挥制度优势[N].人民日报,2020-09-17.

[9]闻言.坚持底线思维、增强忧患意识,有效防范和化解前进道路上各种风险挑战[N].人民日报,2020-10-01.

四、网络

[1]国家突发公共事件总体应急预案[EB/OL].http://www.gov.cn/yjgl/2006-01/08/content_21048.htm.

[2]中华人民共和国突发事件应对法[EB/OL].https://www.gov.cn/yaowen/liebiao/202406/content_6960130.htm.

[3]习近平.依靠学习走向未来[EB/OL].http://theory.people.com.cn/n/2014/1225/c391839-26275595.html.

[4]习近平在华东七省市党委主要负责同志座谈会上强调抓住机遇立足优势积极作为 系统谋划"十三五"经济社会发展[EB/OL].人民网,http://military.people.com.cn/n/2015/0529/c172467-27072982.html.

[5]在重庆考察调研时的讲话[EB/OL].http://theory.people.com.

cn/n1/2018/0211/c416915-29817887.html.

[6] 习近平：提高防控能力着力防范化解重大风险 保持经济持续健康发展社会大局稳定［EB/OL］.http://www.xinhuanet.com/politics/leaders/2019-01/21/c_1124021712.htm.

[7] 习近平在省部级主要领导干部坚持底线思维着力防范化解重大风险专题研讨班开班式上发表重要讲话［EB/OL］.http://www.gov.cn/xinwen/2019-01/21/content_5359898.htm.

[8] 习近平.加强党对全面依法治国的领导［EB/OL］.http://cpc.people.com.cn/n1/2019/0215/c64094-30704130.html.

[9] 习近平在党的十八届五中全会第二次全体会议上的讲话［EB/OL］.http://www.qstheory.cn/zhuanqu/rdjj/2019-02/20/c_1124139051.htm.

[10] 中共中央政治局常务委员会召开会议研究加强新型冠状病毒感染的肺炎疫情防控工作［EB/OL］.http://www.gov.cn/xinwen/2020-02/03/content_5474309.htm.

[11] 习近平总书记在北京调研指导新冠肺炎疫情防控工作时的重要讲话引发热烈反响［EB/OL］.http://cpc.people.com.cn/n1/2020/0212/c64387-31582456.html.

[12] 在中央政治局常委会会议研究应对新型冠状病毒肺炎疫情工作时的讲话［EB/OL］.http://www.xinhuanet.com/politics/leaders/2020-02/15/c_1125578886.htm.

[13] 习近平：毫不放松抓紧抓实抓细各项防控工作 坚决打赢湖北保卫战武汉保卫战.http://cpc.people.com.cn/n1/2020/0311/c64094-31626380.html.

[14] 干部沉下去、党旗飘起来：湖北省直机关万余名干部下沉社区奋力抗役［EB/OL］.http://cpc.people.com.cn/n1/2020/0313/c431601-

31630760.html.

［15］风雨无阻向前进：写在全国疫情防控阻击战取得重大战略成果之际［EB/OL］.http://cpc.people.com.cn/n1/2020/0518/c419242-31712397.html.

［16］中华人民共和国国务院新闻办公室.抗击新冠肺炎疫情的中国行动（白皮书）［EB/OL］.http://www.xinhuanet.com/2020-06/07/c_1126083364.htm.

［17］世卫组织警告新冠肺炎疫情处于"新的危险阶段"全球应准备好打防疫持久战［EB/OL］.http://www.chinapeace.gov.cn/chinapeace/c100007/2020-06/27/content_12365262.shtml.

［18］习近平.在党史学习教育动员大会上的讲话［EB/OL］.http://www.xinhuanet.com/politics/leaders/2021-03/31/c_1127278288.htm.

［19］全球经济展望报告［EB/OL］.https://www.shihang.org/zh/publication/global-economic-prospects.

［20］国务院应急管理专家组组长.新时期我国突发事件呈现出诸多新特点［EB/OL］.https://www.jfdaily.com/news/detail?id=197602.

附件 A

调查问卷1：关于领导干部应对重大突发事件能力体系的调查问卷

尊敬的先生（女士）：

您好！本次问卷调查，旨在了解大家在应对重大突发事件方面的能力需求及相关建议，以把握规律破解难题，科学构建领导干部应对重大突发事件的能力体系及提升路径。本问卷不记名，答案不分对错，内容完全保密，数据仅作研究分析，不对外公开。感谢您在百忙之中抽空填写这份问卷！

江西省委党校"国家应急管理体系建设研究专项"课题组

2021年3月20日

一、基本情况

1. 您的性别：

A. 男　　　　　　B. 女

2. 您的年龄：

A.30岁以下　　B.30～39岁　　C.40～49岁　　D.50岁以上

3. 您所在的部门属于：

A. 省直部门　　　　　　　　B. 市级或市属部门

C. 县级或县属部门　　　　　D. 街道（乡镇）

E. 其他

4. 您的行政级别：

A. 科级　　　　B. 县处级　　　　C. 市厅级　　　　D. 其他

附件 A
调查问卷1：关于领导干部应对重大突发事件能力体系的调查问卷

5. 您的文化程度：

A. 中专及以下　　B. 大专　　　　C. 本科　　　　D. 研究生及以上

二、关于领导干部应对重大突发事件能力构成要素的问题

1. 领导干部应对重大突发事件时，您认为在政治层面最需要提升的能力是什么？（多选题）

A. 增强"四个意识"、坚定"四个自信"、做到"两个维护"，保持政治定力

B. 吃透中央精神，科学制定方案的政治领悟力

C. 牢固树立党章意识，严格遵守党的政治纪律和政治规矩的政治自塑力

D. 认真把握大势，准确明辨是非的政治判断力

E. 敢于担当负责、发扬斗争精神，驾驭复杂政治局面的能力

F. 坚持底线思维、增强忧患意识，防范政治风险的能力

G. 其他_____

2. 领导干部应对重大突发事件时，您认为在专业层面最需要提升的能力是什么？（多选题，最多选3项）

A. 应对重大突发事件方面的法律法规

B. 应对重大突发事件的预案编制

C. 应对重大突发事件的体制机制

D. 重大突发事件信息报告的流程与方式

E. 重大突发事件现场处置的流程与方式

F. 重大突发事件的信息发布与媒体沟通

G. 重大突发事件的心理危机干预

H. 重大突发事件应对过程中违规违纪违法行为的追责

I. 应对重大突发事件保障体系构建（资金、物资、装备、设施等）

J. 应对重大突发事件的管理信息技术（数字治理能力）

K. 其他_____

3. 领导干部应对重大突发事件时，您认为在组织制度层面最需要提升的能力是什么？（多选题，最多选3项）

  A. 风险研判评估力　　　　B. 统筹协调力

  C. 组织动员力　　　　　　D. 媒体沟通力

  E. 依法治理力　　　　　　F. 应急处置力

  G. 其他 _____

4. 领导干部应对重大突发事件时，您认为在心理层面最需要提升的能力是什么？（多选题，最多选3项）

  A. 自我心理调适能力

  B. 帮助被救助人员的心理危机应对能力

  C. 帮助被救助人员的心理创伤修复能力

  D. 心理互助能力

  E. 其他 _____

5. 领导干部应对重大突发事件时，您认为在保障层面最需要提升的能力是什么？（多选题，最多选3项）

  A. 应急平台支撑能力　　　B. 应急资金保障能力

  C. 应急物资保障能力　　　D. 应急技术运用能力

  E. 应急物流运输能力　　　F. 应急社会救援能力

  G. 其他 _____

6. 领导干部应对重大突发事件时，您认为哪个层面的能力最为重要？

  A. 政治层面　　　B. 组织制度层面　C. 专业层面　　　D. 保障层面

三、关于提高领导干部应对重大突发事件能力路径分析的问题

1. 从政治层面来说，您认为提升领导干部应对重大突发事件能力最主要的途径是什么？（多选题）

  A. 加强思想淬炼，坚定应对突发事件中的人民立场

附件 A
调查问卷1：关于领导干部应对重大突发事件能力体系的调查问卷

B. 加强政治历练，增强"四个意识"、坚定"四个自信"、做到"两个维护"

C. 严格党内政治生活，增强斗争精神和斗争本领

D. 强化政治问责，通过及时责任追究增强政治担当

E. 其他 _____

2. 从制度层面来说，您认为提升领导干部应对重大突发事件能力最主要的途径是什么？（多选题）

A. 及时完善和更新应急预案

B. 构建科学高效的突发事件应对体制

C. 完善和优化突发事件应对机制

D. 建立健全应对重大突发事件法律体系

E. 健全后勤物资保障制度

F. 完善领导干部担当作为考核、奖惩制度

G. 其他 _____

3. 从组织层面来说，您认为提升领导干部应对重大突发事件能力最主要的途径是什么？（多选题）

A. 加强各级党组织建设，将提升突发事件应对能力融入日常组织生活

B. 选派领导干部到复杂环境（事故多发地、灾害多发地、矛盾多发地）中实践锻炼

C. 增加领导干部多岗位（领导机关、业务部门、基层）锻炼机会

D. 加强领导干部有针对性的应急管理培训和应急模拟演练

E. 通过智慧平台建设提升信息技术能力

F. 其他 _____

4. 对于提升领导干部应对重大突发事件能力，您认为以下哪类课程帮助较大？（多选题）

A. 思想理念类课程　　　　　　B. 政策法规类课程

C. 基础理论类课程　　　　　　D. 科学技术类课程

E. 实训演练类课程　　　　　　F. 安全监管监察实务类课程

G. 不同行业专业基础类课程　　H. 其他 _____

5. 从个人层面来说，您认为提升领导干部应对重大突发事件能力最主要的途径是什么？（多选题）

A. 加强党性锻炼

B. 加强应急管理的理论和专业学习

C. 掌握现代信息技术

D. 深入调查研究

E. 增强风险意识

F. 注重实践经验教训的总结

G. 积极主动参加应急演练

H. 其他 _____

6. 对于如何提高领导干部应对重大突发事件的能力，您有什么好的建议？

_____

_____

问卷结束，再次感谢您的填写！

附件 B

调查问卷 2：对领导干部应对重大突发事件能力体系认识的调查问卷

尊敬的先生（女士）：

您好！本次问卷调查，旨在了解您认为领导干部在应对重大突发事件方面的能力需求及相关建议，以把握规律破解难题，科学构建领导干部应对重大突发事件的能力体系及提升路径。本问卷不记名，答案不分对错，内容完全保密，数据仅作研究分析，不对外公开。感谢您在百忙之中抽空填写这份问卷！

江西省委党校"国家应急管理体系建设研究专项"课题组

2023 年 6 月

1. 您目前的职级是什么？

　　A. 厅局级及以上　　B. 县处级　　　C. 乡科级　　　D. 科员及其他

2. 您认为当前领导干部在应对重大突发事件时所欠缺的能力有哪些？（最多选 3 项）

　　A. 政治担当力　　B. 风险辨识力　　C. 研判决策力　　D. 监测预警力

　　E. 组织协调力　　F. 现场指挥力　　G. 舆论引导力　　H. 依法治理力

　　I. 总结反思力　　J. 恢复重建力　　K. 心理调适力　　L. 其他 _____

3. 您认为当前领导干部在应对重大突发事件时能力不足的主要原因是什么？（最多选 3 项）

　　A. 突发事件的复杂性和不确定性　　B. 风险意识不够强

C. 政治担当不足   D. 体制机制不够健全

E. 相关专业知识缺乏   F. 处置经验缺乏

G. 科技信息化支撑力度不够   H. 其他 _____

4. 您认为领导干部应对重大突发事件时，所需能力类型的重要性有何差异？（请选择您认为最符合的选项，其中5表示"非常重要"；4表示"重要"；3表示"一般"；2表示"不重要"；1表示"非常不重要"）

	能力要素	非常重要	重要	一般	不重要	非常不重要
政治层面	政治判断力	5	4	3	2	1
	政治领悟力	5	4	3	2	1
	政治执行力	5	4	3	2	1
专业层面	专业化解决问题的能力	5	4	3	2	1
	政策法规理解力	5	4	3	2	1
	应急管理方面的知识和能力	5	4	3	2	1
组织制度层面	风险评估力	5	4	3	2	1
	决策指挥力	5	4	3	2	1
	统筹协调力	5	4	3	2	1
	社会动员力	5	4	3	2	1
保障层面	应急平台支撑力	5	4	3	2	1
	应急物资保障力	5	4	3	2	1
	应急社会救援力	5	4	3	2	1
	心理调适力	5	4	3	2	1

5. 从政治层面来说，您认为提升领导干部应对重大突发事件能力最主要的途径是什么？（最多选3项）

A. 加强政治历练   B. 加强思想淬炼

C. 严格党内政治生活   D. 健全激励机制

E. 强化政治问责   F. 其他 _____

附件 B
调查问卷 2：对领导干部应对重大突发事件能力体系认识的调查问卷

6. 从制度层面来说，您认为提升领导干部应对重大突发事件能力最主要的途径是什么？（最多选 3 项）

A. 健全社会动员机制　　　　　　B. 健全重大突发事件风险评估体系

C. 健全突发事件应急预案体系　　D. 健全突发事件应急管理培训制度

E. 健全应急物资储备保障制度　　F. 健全应急通信保障体系

G. 健全突发事件监测制度　　　　H. 健全突发事件预警制度

I. 健全应对重大突发事件法律体系　J. 其他 _____

7. 从组织层面来说，您认为提升领导干部应对重大突发事件能力最主要的途径是什么？（最多选 3 项）

A. 加强各级党组织建设　　　　　B. 增加实践锻炼机会

C. 加强应急管理培训　　　　　　D. 加强应急模拟演练

E. 加强智慧平台建设（基础数据库）

F. 其他 _____

8. 从个人层面来说，您认为提升领导干部应对重大突发事件能力最主要的途径是什么？（最多选 3 项）

A. 加强党性锻炼　　　　　　　　B. 提高科学思维能力

C. 加强应急管理理论和知识学习　D. 掌握现代信息技术

E. 深入调查研究　　　　　　　　F. 主动加强应急管理演练

G. 加强常规工作与突发事件处置的综合统筹

H. 其他 _____

问卷结束，再次感谢您的填写！

附件 C

访谈提纲

1. 您认为要有效应对重大突发事件，现实中哪些影响因素最重要，其中领导干部的应对能力发挥什么作用？

2. 您认为当前我国领导干部在应对重大突发事件中，在能力方面还有哪些主要短板，造成这些短板的主要原因是什么？

3. 您认为领导干部在应对重大突发事件过程中，哪些方面的能力（如政治、专业、组织制度、保障等）最为重要？

4. 您认为自然灾害、事故灾难、公共卫生事件和社会安全事件这几类重大突发事件，对领导干部能力要求有什么异同？

5. 您认为在应对重大突发事件中，对省部级、市厅级、县处级、乡科级等这些不同层级的领导，能力要求方面有什么异同？

6. 您认为应对重大突发事件相比于应对一般突发事件，对领导干部能力要求方面有什么异同？

7. 您认为提高领导干部应对重大突发事件能力，主要有哪些现实可行路径（如政治化、制度化、组织化、个体化路径等）？

8. 对于如何提高领导干部应对重大突发事件的能力，您还有什么好的建议？

后 记

文章合为时而著,歌诗合为事而作。研究更应该适应时代的需求,为时和事而开展。中国特色社会主义进入新时代,实现中华民族伟大复兴进入了不可逆转的历史进程,又恰遇世界百年未有之大变局加速演进,机遇与挑战并存,防范化解重大风险、有效应对重大突发事件,是世界之变、时代之变、历史之变带来的一个现实课题。作为在应对重大突发事件中的"关键少数"和中坚力量,领导干部应对重大突发事件的能力至关重要。提高领导干部应对重大突发事件的能力研究,正是应时而生、为时而做的一个研究课题。

至于我进行这项研究,既有历史渊源,也算机缘巧合。2006—2009年在职读北京大学与国家行政学院合作培养的MPA时,在唐铁汉先生的指导下,我选择并完成了《健全应急管理资金保障机制的思考》论文,也就此进入应急管理研究领域。在任中国井冈山干部学院办公厅主任、中共江西省委党校(江西行政学院)副校(院)长期间,研究干部教育、党性教育是工作的一部分,先后在人民出版社出版《说古论今话修养》、在《光明日报》发表《坚持以信念人格实干立身》《中国传统文化从政修养内涵及启示》《铭记光辉历史 传承红色基因》等著作、文章。2020年2月初,就"在疫情大考中推进社会治理创新""在应对疫情风险中提高治理能力"进行研究,相关成果在《学习时报》《江西日报》发表。稍后,全国哲学社会科学工作办公室向社会发布国家社科基金"国家应急管理体系建设研究"专项,其中恰有一项为"提高领导干部应对重大突发事件能力研究"。我申报的"新时代领导干部应对重大突发事件的能力体系及提升路径研究"有幸获批立项。

为了完成好这一课题，我牵头组建课题组。课题组进行文献梳理、案例收集、问卷调研、深度访谈，对领导干部应对重大突发事件能力进行深入研究，并反复研讨，写出了课题报告并顺利结项。

本书的出版，是践行课题申报承诺之举。本书以课题研究报告为基础和主干，根据公开出版的需要及结项后的深化研究，对内容作了增减。本书各章虽各有侧重，但共为一体，围绕能力构成和提升路径发力，如关于能力构成要素，不独第三章专章论述，在第四、第五章关于能力提升路径中也从侧面有补充完善。

本书的研究和写作，课题组成员发挥了重要作用。姚亮教授写作了第一章、第三章初稿，邓顺平教授写作了第四章初稿，万华颖副研究员、邓顺平教授写作了第二章的初稿。本书在收集资料和写作的过程中，参阅了大量国内外文献，吸收并借鉴了国内外研究者的最新成果，在此，谨向他们表达衷心的感谢。作为本研究课题的责任单位，江西省委党校（江西行政学院）对本研究给予了大力支持。本书的写作，还得到了广大参与问卷调查和访谈的干部的支持，在此一并向他们表达衷心的感谢。最后，还要感谢为本书的出版贡献心力的国家行政学院出版社王莹主任。

研究越深入，越感到这项研究内容的深广。本书是从整体性视角研究领导干部应对重大突发事件的能力构成、提升路径，尝试将能力构成体系及能力提升路径作学理化和实操性的统一，这固然有其学术和实践价值；而进行分级分类的研究也很有意义，这将有待于今后的研究，本研究仅是领导干部应对重大突发事件能力研究进程中的一个过程。书稿虽然作了多次修改和打磨,但由于我学力及研究水平有限,本书难免还存在不足之处,敬请广大读者和专家学者批评指正。

黄样兴

2024年8月